건축 BIM 입문을 위한

Revit

architecture 2019

R REALITY

이세훈 저

DIGITAL BOOKS
디지털북스

건축 BIM 입문을 위한

Revit

architecture **2019**

 **REALITY**

| 만든 사람들 |

기획 IT·CG기획부 **| 진행** 양종엽·서정은 **| 교정·교열** 이강섭 **| 집필** 이세훈 **|**
편집·표지디자인 김진·최혜은·D.J.I books design studio

| 책 내용 문의 |

도서 내용에 대해 궁금한 사항이 있으시면
저자의 홈페이지나 디지털북스 홈페이지의 게시판을 통하여 해결하실 수 있습니다.

디지털북스 홈페이지 digitalbooks.co.kr
디지털북스 페이스북 facebook.com/ithinkbook
디지털북스 인스타그램 instagram.com/dji_books_design_studio
디지털북스 유튜브 유튜브 유튜브에서 [디지털북스] 검색
디지털북스 이메일 djibooks@naver.com
저자 이메일 lsh00@dagroup.co.kr

| 각종 문의 |

영업관련 dji_digitalbooks@naver.com
기획관련 djibooks@naver.com
전화번호 (02) 447-3157~8

머리말

BIM(Building Information Modeling)의 시작은 모델링부터입니다. 여러 가지 모델링 툴이 있지만, 국내에서 가장 많이 사용되는 툴이 Revit이고 저희 사무실 또한 Revit을 주요 툴로 사용하고 있습니다.

책 한권에 Revit의 모든 것을 담을 수는 없지만, Revit을 처음 접하는 분들을 위해 최대한 쉽고 따라 하기 편하게 쓰려고 했습니다. 처음부터 모든 기능과 그에 대한 설명을 하면 어렵고 지루하기 때문에 꼭 필요한 기능들로 검토부터 문서화, 렌더링까지 하나의 건축물을 완성해 나갈 것입니다.

프로젝트를 수행하게 되면 학교 과제나 실무 모두 수정의 연속입니다. 책에서도 작은 프로젝트를 수행해 가면서 한 번에 딱 맞는 부재들을 작성하는 것이 아니라, 작성하고 상황에 따라 수정하고 변형하는 방식으로 최대한 실제 작업을 하는 것처럼 Revit을 익혀 나갈 것입니다.
Revit을 처음 접하는 분들에게 작은 도움이 되길 바랍니다.

책을 따라하면서 막히는 부분이나 어려운 부분이 있다면 언제든지 페이스북 메신저로 질문해 주시면 확인하는 대로 답변을 달아 드리겠습니다.
('DA 이세훈' 혹은 'Digital design Lab' 페이스북 페이지 검색)

책을 쓰는 데 도움을 주신 Digital Design Lab의 모든 분들께 감사 인사를 드립니다.

이세훈

CONTENTS

03. 근린생활 시설 모델링

01.

Revit
시작하기

이번 Part에서는 Revit의 설치와 기본적인 조작 방법을 알아보겠습니다.

01 CHAPTER

Revit이란?

Revit은 Building Information Modeling(BIM)을 구축하기 위한 설계, 도면, 수량 및 스케줄 등을 지원하는 플랫폼입니다. 쉽게 표현하면 BIM을 위한 하나의 툴입니다.

CAD처럼 하나의 시트마다 별개로 정보를 표현하는 것이 아니라, 하나의 모델을 만들면 그 모델 안에 크기, 부피, 재료 속성 등의 여러 가지 정보가 담겨져 있고, 그 모델을 앞에서 바라보면 정면도가 되고 중간을 잘라서 바라보면 평면도가 되는 방식입니다. 이는 Revit뿐만 아니라 대부분의 BIM 모델링 툴이 가지는 속성입니다.

아래 그림처럼 하나의 벽에도 많은 정보가 담겨 있습니다.

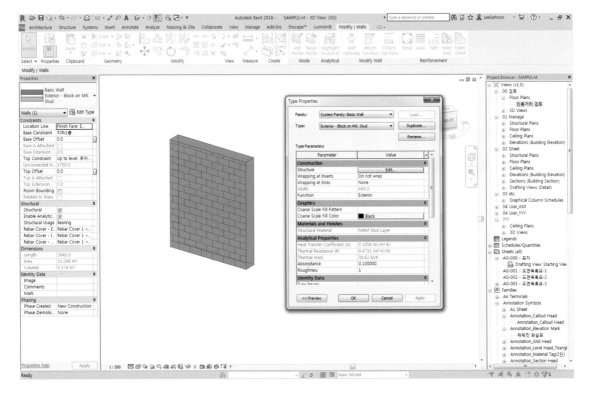

Revit은 파라메트릭 모델링입니다. 어떠한 모델에 여러 가지 정보가 담겨있고, 모델이 변경되면 그 정보는 자동으로 변경됩니다. 반대로 그 정보를 변경하면 모델도 그 정보에 맞게 수정됩니다. 즉 어떤 수치를 변경하면 직접모델을 변경하지 않아도 그에 맞게 모델이 변경되는 것입니다. 그 모델이 변경되면 그 모델과 관계되어 있는 다른 모델에도 영향을 미치고, 그 모델들과 관계된 뷰/시트, 일람표는 자동으로 변경되는 것입니다.

Revit은 현재 국내에선 가장 많은 사용자가 쓰는 BIM을 위한 모델링 프로그램입니다. 가장 많이 쓴다는 것은 충분한 경쟁력을 갖추고 있기에 가능한 결과라고 생각합니다. 건축이 손 도면에서 2D CAD로 넘어왔듯이 결국엔 3D설계, BIM으로 변화 할 것입니다.

Revit 2019 설치

오토데스크 코리아 홈페이지 http://www.autodesk.co.kr 에 접속합니다.

먼저 로그인을 클릭해서 로그인을 합니다. 계정이 없을 경우 새로운 계정을 생성합니다.

상단 메뉴에서 '무료 체험판'을 클릭하고 'Revit'을 클릭합니다.

무료체험 다운로드를 클릭합니다.

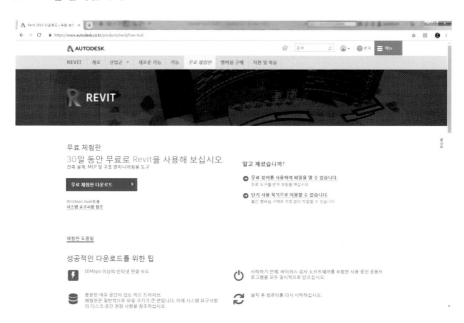

다음을 클릭해서 기본정보를 입력하고 설치파일을 다운 받습니다.

학생이라면 이메일 인증을 통해 3년간 무료 라이센스를 발급받아 자유롭게 사용할 수 있습니다.

다운받은 설치프로그램을 더블클릭하면 파일열기가 나옵니다. 실행을 클릭합니다. 설치가 시작됩니다.

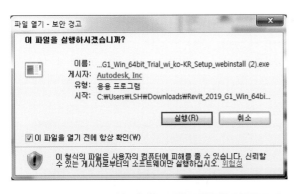
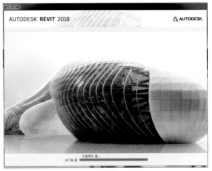

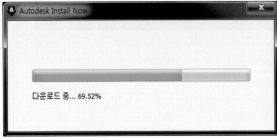

설치프로그램 다운이 완료되면 Revit 설치화면이 나타납니다.

설치를 클릭해서 Revit 설치를 시작합니다.

라이센스 및 서비스 계약에 동의하고 다음을 클릭합니다.

관심있으신 분들은 한번쯤 읽어보셔도 좋습니다만, 저는 아직까지 한 번도 안 읽어본 듯합니다.

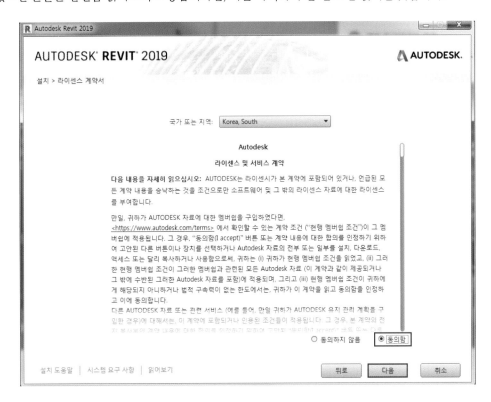

설치 공간이 부족하지 않다면 기본 설정 상태로 설치를 클릭해서 진행합니다.

부족한 경우 디스크 용량을 확보한 후 설치를 다시 진행합니다.

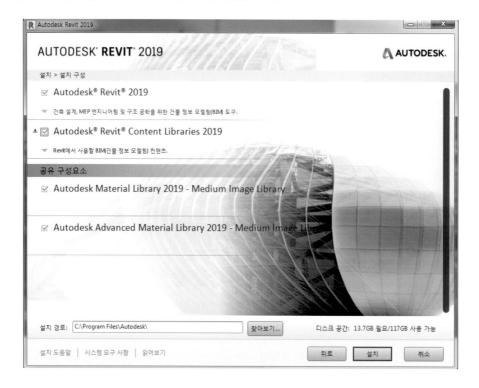

설치가 진행 중인 모습입니다. 네트워크 상태에 따라 설치 시간이 조금 다를 수 있습니다.

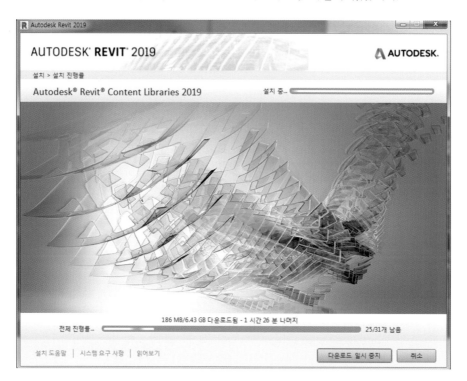

설치가 완료된 모습입니다. 지금 실행을 클릭합니다.

바탕화면에 Revit 2019 바로가기가 자동 생성 되고 설치가 완료되었습니다.

개인 보호 정책에 동의함을 클릭합니다.

30일 체험판인 경우, 실행을 클릭해서 Revit을 시작합니다. 라이센스가 있으신 분들은 활성화 버튼을 클릭해서
제품키와 일련번호를 입력하시면 됩니다.

Revit 2019가 처음 실행된 모습입니다. 상단에는 최근 작업했던 프로젝트 파일 목록이 표시됩니다. Revit을 처음
열었기 때문에 샘플 프로젝트 목록이 있습니다. 하단에는 최근 작업했던 패밀리 파일 목록이 표시됩니다. 마찬
가지로 Revit을 처음 열었기 때문에 샘플 패밀리 목록이 있습니다.

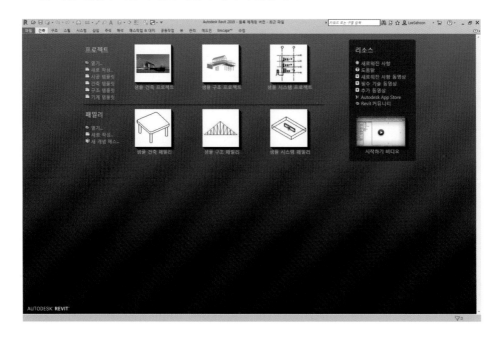

03 CHAPTER

Revit 기본 조작

Section 1　　기본 뷰 열기

Revit 2019의 기본 UI를 알아보기 위해 샘플 건축 프로젝트를 클릭해서 파일을 엽니다.

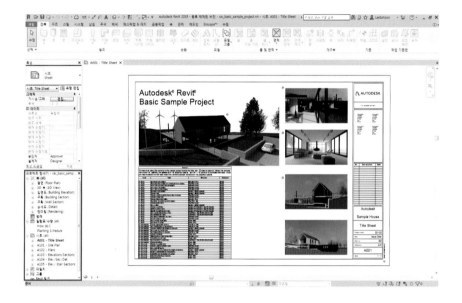

효율적인 작업을 위해 '프로젝트 탐색기' 제목을 마우스로 드래그해서 화면 오른쪽 끝으로 옮겨 줍니다.
자연스럽게 오른쪽에 위치하게 됩니다.

'특성' 창에는 선택된 개체가 없기 때문에 현재 뷰에 대한 정보가 나타납니다.

오른쪽의 프로젝트 탐색기 창을 보겠습니다. 프로젝트 탐색기는 뷰, 범례, 일람표/수량, 시트, 패밀리, 그룹, Revit링크로 구성되어 있습니다. 굵은 글씨로 표시된 부분이 현재 활성화되어 있는 뷰입니다. 현재는 시트(all) – A001-Title Sheet가 열려있습니다.

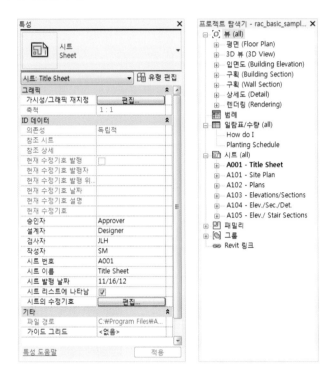

+표시가 되어 있는 부분들은 추가로 확장되는 뷰가 있다는 표시입니다. +를 클릭하거나 이름을 더블클릭하면 하위 뷰들이 확장됩니다.

평면(Floor Plan)을 더블클릭해서 나타나는 level 1을 더블클릭합니다. 이런 식으로 필요한 뷰들을 열어서 작업할 수 있습니다.

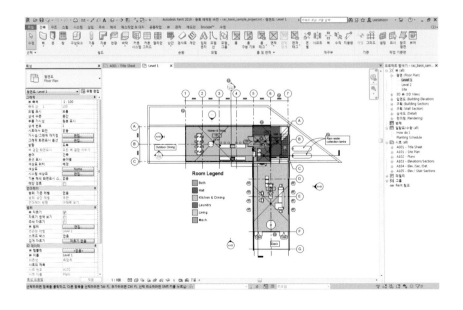

마우스 및 키보드, 뷰 큐브

화면 우측 상단의 집 모양을 클릭해서 기본 3D 뷰를 엽니다.

이 뷰에서는 전체적인 3D 형상을 확인할 수 있습니다. 3D뷰에서 마우스 조작과 뷰큐브 사용법을 알아보겠습니다. 마우스 조작은 autocad와 거의 같습니다.

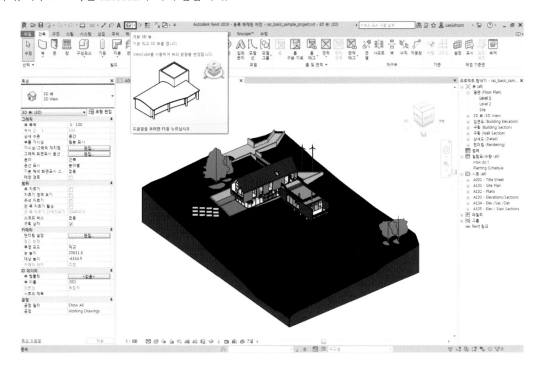

> · **TIP** 명령 버튼 위에 마우스를 대고 있으면 처음엔 간단한 설명, 조금 더 기다리면 자세한 설명이 나타납니다.

휠 : 화면 확대 축소

휠 드래그 : 화면 팬

[Shift] + **휠 드래그** : 3D 돌려보기

클릭 : 선택

[Ctrl] + **클릭** : 추가 선택

[Shift] + **클릭:** 선택 제외

왼쪽 → 오른쪽 드래그 : close선택 (개체가 선택상자 실선에 모두 포함되어야 선택)

오른쪽 → 왼쪽 드래그 : window선택 (개체가 선택상자 점선에 일부만 포함되어도 선택)

작업화면 오른쪽 상단을 보면 뷰 큐브가 있습니다. 현재 3D뷰가 보고 있는 위치를 알려주고 있습니다.
마우스를 가져가 보면 각 뷰마다 색이 변하는데 클릭을 하면 해당 방향으로 3D뷰가 이동하고 드래그를 하면 뷰 큐브와 함께 3D뷰가 회전합니다.
평면이나 입면뿐만 아니라 다양한 모서리를 클릭할 수도 있습니다.

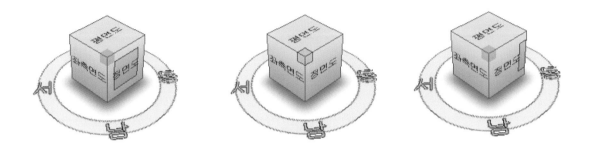

작업화면 상단에 뷰 탭이 새로 생겼습니다. 현재 열려있는 모든 뷰들이 탭 형식으로 정렬되어 있는 것을 알 수 있습니다. 탭을 클릭해서 뷰를 빠르게 전환할 수 있습니다.

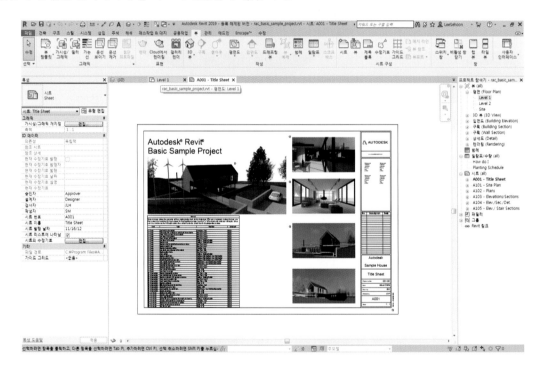

키보드 단축키는 autocad와는 다르게, 입력하고 Enter 키를 누르지 않아도 자동으로 명령이 실행됩니다. 키보드로 단축키 W T 를 입력합니다. 열었던 창들이 모두 타일정렬 되는 것을 확인할 수 있습니다.

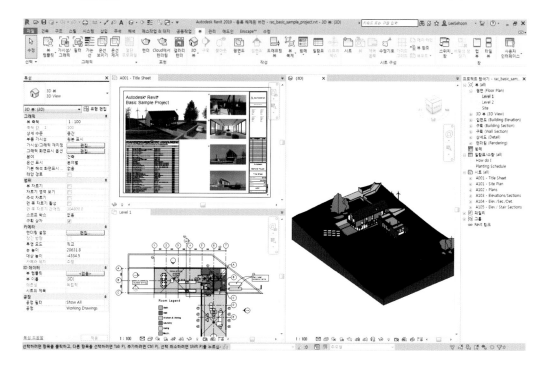

단축키 W T 는 '뷰 – 창 – 창 타일 정렬'입니다. 마우스를 아이콘 위에 대고 있으면 명령(단축키)가 나오고 간단한 설명이 아래 같이 나옵니다. 탭 뷰를 클릭하거나 단축키 T W 를 입력하면 하나의 창이 최대화가 되는 것을 알 수 있습니다.

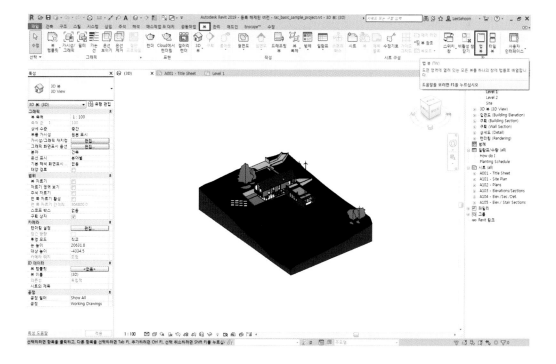

뷰 탭의 제목을 마우스로 드래그하면 별도의 독립된 창으로 열 수 있습니다. 새로 추가된 기능으로 다중 모니터를 사용할 경우 여러 개의 창을 크게 사용할 수 있는 매우 유용한 기능입니다. 아래 이미지의 경우 두 개의 모니터를 사용해서 4개의 뷰를 열고 전체화면을 캡쳐한 모습입니다.

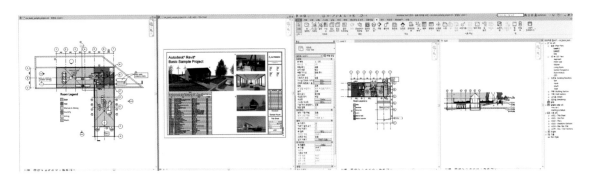

탭에 모두 표현될 수 없는 여러 개의 창이 열려있을 경우, '빠른 실행 – 창 전환'을 클릭하면 현재 열려있는 뷰 리스트가 나오고 현재 뷰가 체크되어 있습니다. 원하는 뷰를 선택해서 뷰를 전환할 수 있습니다. 뷰 탭의 화살표를 클릭해도 같은 기능을 합니다.

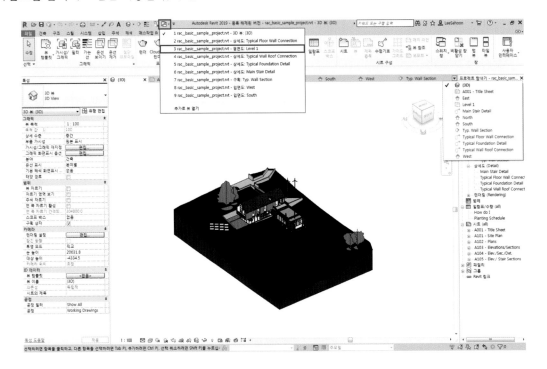

'빠른실행 – 비활성화 창 닫기'는 현재 최대화 되어 있는 뷰를 제외한 다른 뷰를 닫는 명령입니다.

클릭하면 현재 뷰 외에 다른 뷰들이 모두 닫히는 걸 확인할 수 있습니다.

여러 개의 프로젝트가 열려있는 상황에서는 각 프로젝트마다 하나의 뷰만 남기고 창을 닫습니다.

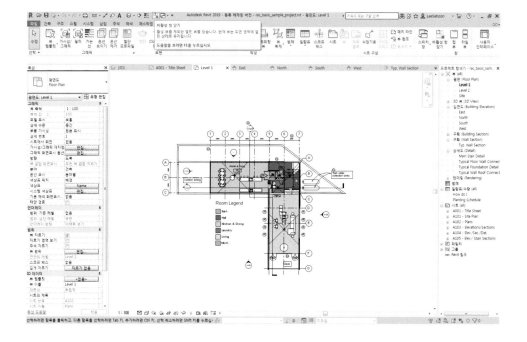

자세한 내용들은 프로젝트를 직접 하면서 필요한 부분별로 그때마다 설명을 하도록 하겠습니다. Revit 파일 메뉴를 누르고 닫기를 클릭합니다. 현재 작업 중인 프로젝트를 닫습니다. 여러 개의 프로젝트가 동시에 열려 있다면 활성화되어 있는 뷰의 프로젝트가 닫기가 됩니다.

여러 개의 프로젝트가 열려있는 상황에서는 각 프로젝트마다 하나의 뷰만 남기고 창을 닫습니다.

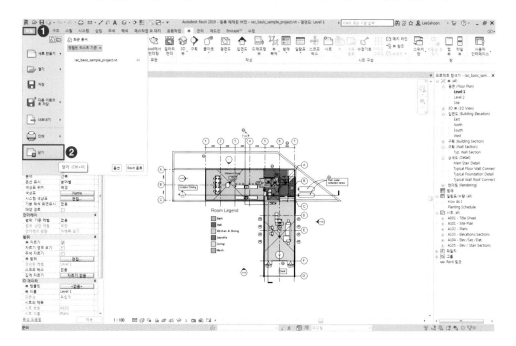

프로젝트 템플릿

프로젝트를 시작할 때는 템플릿을 이용해서 시작합니다. 템플릿은 작업을 위한 사전 세팅이라고 생각하시면 됩니다. 건축, 구조, 시공, 기계 등 프로젝트 종류에 따라 작업을 편리하게 하기 위한 설정이나 패밀리들이 각각 다르게 세팅되어 있습니다. autocad의 템플릿과 유사한 개념입니다. 새로 작성을 클릭합니다. 건축 템플릿을 선택하고 확인을 클릭합니다.

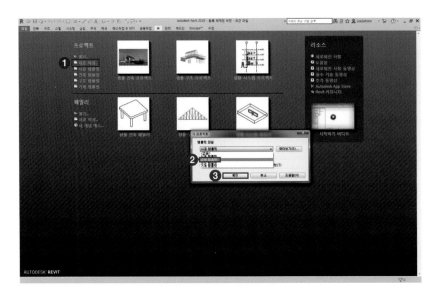

Revit 2019에서 기본적으로 제공하는 템플릿을 사용할 수도 있고, 회사나 개인설정에 맞는 템플릿을 찾아보기 버튼을 통해 지정할 수 있습니다. 따로 템플릿 파일이 있다면 찾아보기를 눌러서 파일을 직접 지정하시면 됩니다. 템플릿의 구성에 대한 자세한 내용들은 뒷부분에 실습과 함께 알아보겠습니다. 아래 그림은 각각 시공 템플릿, 건축 템플릿, 구조 템플릿, 기계 템플릿으로 열었을 때 프로젝트 탐색기의 모습입니다. 모두 조금씩 다른 것을 알 수 있습니다.

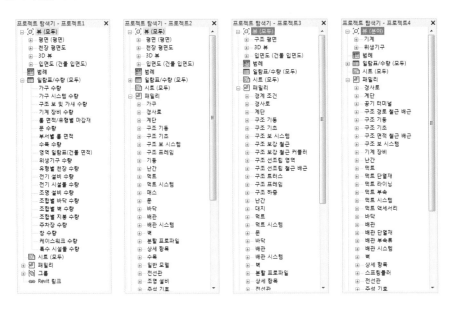

Section 4 화면 구성

건축 템플릿을 선택하고 프로젝트를 처음 시작한 모습입니다. 개략적인 화면 구성만 설명하고 실습을 통해 필요한 내용을 학습하겠습니다. 처음부터 자세한 내용을 설명하면 오히려 더 어렵게 느끼는 것 같습니다.

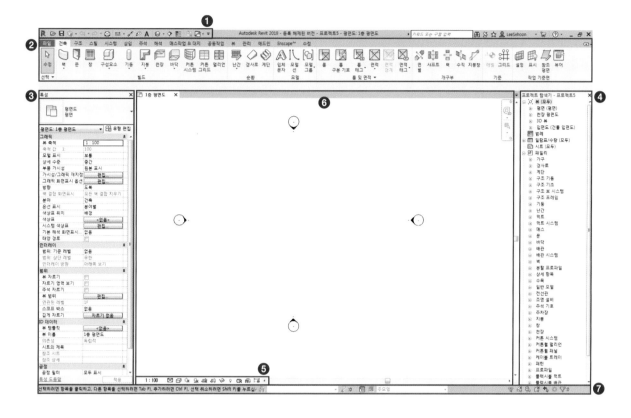

❶ **빠른 실행 :** 자주 사용하는 명령이 모여 있습니다.

❷ **리본 메뉴 :** 건축, 구조 등 실제 작업에 필요한 기능들이 탭으로 분류되어 있습니다. 명령 아이콘을 클릭하면 명령을 작성하거나 수정하기 위한 탭으로 이동되고 하단에 명령에 대한 옵션 바가 나타납니다.

❸ **특성 창 :** 아무 것도 선택되어 있지 않으면 현재 뷰의 특성을 보여 줍니다. 명령을 실행하거나 개체 선택 시, 그에 대한 특성을 보여 줍니다.

❹ **프로젝트 탐색기 :** 프로젝트의 모든 정보가 모여 있는 곳입니다.

❺ **뷰 제어 :** 현재 뷰의 상태를 조절할 수 있습니다.

❻ **작업창 :** 실제 작업을 하는 곳입니다.

❼ **선택 제어 :** 잠금 개체나, 링크, 고정된 부재들을 선택하거나 선택되지 않게 설정할 수 있습니다.

04 CHAPTER 파일 저장

프로젝트를 저장하는 방법입니다. 처음 템플릿을 열어서 작업을 한 후 저장하기 위해선 파일을 클릭하고 다른 이름으로 저장 – 프로젝트를 선택합니다. 템플릿은 현재 파일을 새로운 템플릿 파일로 만드는 것입니다.

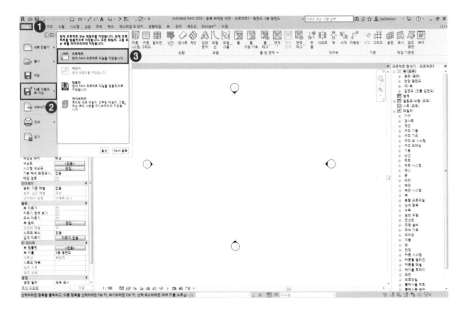

경로를 지정하고 파일 이름을 입력합니다. 실습파일이라고 입력합니다. 그리고 저장을 클릭합니다.

도구에서 환경에 현재 폴더 추가를 하면 현재의 경로를 저장해서 다음에 쉽게 저장하거나 파일을 열 수 있습니다.

다음 저장부터는 빠른 실행의 디스켓 모양의 저장 버튼만 누르면 자동으로 같은 이름으로 저장이 됩니다. Revit은 저장만 해도 백업 파일이 자동으로 생성됩니다. 아래 모습은 파일을 계속해서 저장한 모습입니다. 실습파일을 시작으로 뒷자리에 0001, 0002처럼 순서대로 번호가 붙어있는 것을 확인할 수 있습니다. 조금 다른 점은 실습파일이 최신이고 뒷자리 숫자가 그 다음이 됩니다. 뒤에 붙어있는 숫자가 작아질수록 예전 파일이 되는 것입니다. (수정한 날짜 참조) 예전으로 돌아갈 때는 그 파일을 선택해서 열기 해주면 됩니다.

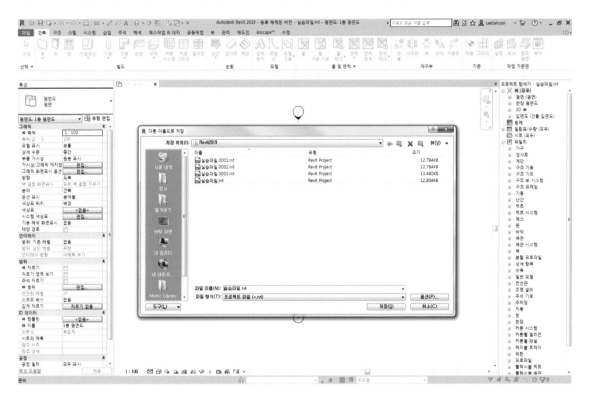

Revit 2019는 기본적으로 30분 간격으로 저장할지를 묻는 알림창이 나옵니다.

자주 저장하는 습관을 갖는 게 좋습니다. 급한 상황이 아니라면 저장창이 나올 때마다 한번 씩 저장하는 것이 좋습니다.

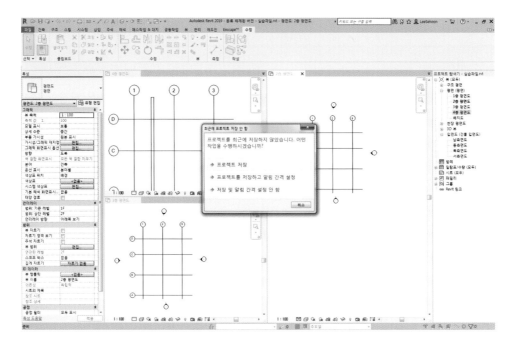

이 설정은 옵션에서 변경할 수 있습니다. '파일 – 옵션'을 클릭합니다. 옵션 창에서 '일반 – 알림 – 저장 알림 간격'을 변경하거나 알림 없음으로 설정할 수 있습니다.

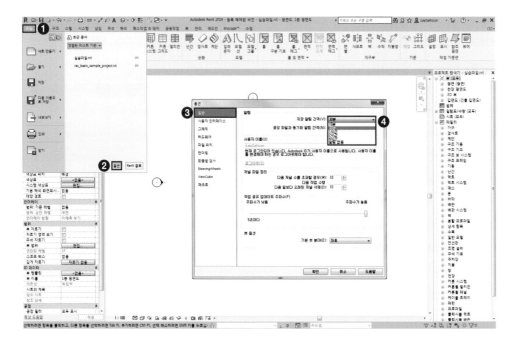

Memo:

Part

02.

기본
모델링

이번 Part에서는 그리드와 레벨을 작성하고, 기본적인 형상의 모델을 작성하면서
필수 기능들을 학습해 보도록 하겠습니다.

01 Level & Grid

CHAPTER

Section 1 기본 뷰 열기

01 프로젝트 탐색기의 평면도와 입면도를 확장하고 남측면도를 더블클릭해서 열어 보겠습니다.

입면도에 3개의 레벨이 그려져 있습니다. 레벨 각각은 하나의 뷰를 나타냅니다. 평면 뷰에는 3개의 레벨 외에 배치도 뷰가 하나 더 있습니다. 배치도 뷰는 하나의 뷰를 복제해서 사용한 것입니다.

Revit에서의 입면과 평면들은 각각 다른 뷰가 아니라 하나의 모델을 어느 방향에서 보는지(입면), 어떤 높이(레벨)에서 보는지(평면)입니다. 즉 하나의 모델이 바뀌게 되면 모든 뷰에서 모델이 바뀌는 것입니다.

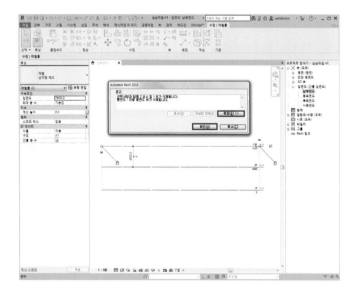

02 입면도의 지붕 레벨을 클릭해서 키보드 Delate 키를 눌러서 삭제해 봅니다. 선택 사항과 2요소 및 지붕 평면도 뷰가 삭제된다는 경고 메시지가 나타납니다.

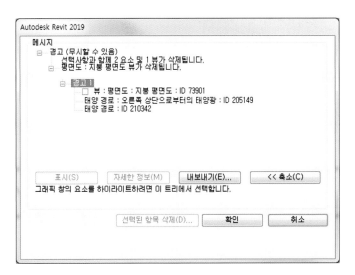

03 확장을 클릭하면 자세한 내역을 확인할 수 있습니다.

현재는 실습 파일이기 때문에 상관하지 않고 확인을 클릭합니다. 평면의 지붕 평면도 뷰가 삭제되는 것을 확인할 수 있습니다. 또한 관계된 2개의 요소가 삭제됩니다.

04 레벨을 삭제하자 그 레벨에 관련된 뷰가 삭제되는 것처럼, 평면도 뷰는 해당 레벨의 위치에서 모델을 바라보는 것입니다. 레벨을 생성해 보겠습니다. '건축 - 기준 - 레벨'을 클릭합니다.

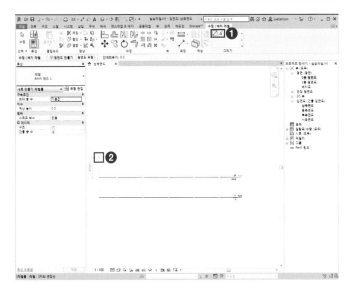

05 리본 메뉴가 수정/배치 레벨로 자동으로 바뀌는 것을 확인할 수 있습니다.

레벨은 두 개의 그리기 모드가 있습니다. 첫 번째는 직접 클릭을 해서 레벨을 지정하고 두 번째는 선을 선택해서 그리는 것입니다. 기본 선 명령을 사용하겠습니다.

마우스를 작업창의 기존 레벨 위쪽으로 가져가보면 자동으로 스냅이 걸리면서 2층 레벨과의 높이가 자동으로 표시됩니다. 마우스로 높이 값을 4000으로 조정하면서 클릭합니다.

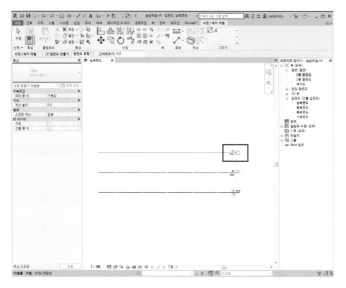

06 반대쪽도 기존 레벨 위쪽으로 마우스를 가져가면 스냅이 잡히는 것을 확인할 수 있습니다. 이때 마우스를 클릭해 줍니다. 기존 레벨들과 끝점이 정렬되면 레벨 헤드의 위치를 수정할 때 모두 함께 움직여서 수정이 편리합니다.

07 다시 한 번 위와 같이 오른쪽 끝에 스냅이 걸리는 곳에 마우스를 올려놓고, 이번에는 클릭을 하는 것이 아니라 키보드로 4000을 입력합니다. 마우스를 올려놓은 상태에서 키보드 숫자 키를 입력하면 자동으로 수치가 입력됩니다. 입력한 후 Enter 키를 누르면 4000 간격으로 레벨을 그릴 수 있습니다.

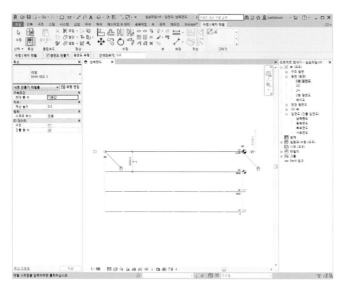

08 두 개의 레벨을 그렸으면 '수정/배치 레벨 - 선택 - 수정'을 클릭해서 레벨 명령을 빠져 나옵니다. Esc 키를 두 번 입력하는 것도 같은 기능을 합니다.

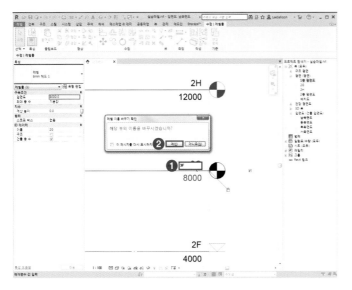

09 그려진 레벨의 이름을 확인해 보면 2G, 2H로 되어 있습니다. 그리고 같은 이름의 평면 뷰가 생성된 것을 확인할 수 있습니다. 마지막 문자가 F로 되어 있기 때문에 다음 문자가 자동으로 생성됩니다. 레벨의 이름을 더블클릭하면 문자를 바꿀 수 있습니다. 더블클릭해서 3F를 입력하고 (Enter) 키를 입력합니다. 해당 뷰의 이름을 바꿀 건지 묻는 창이 나옵니다. 예를 클릭하면 해당 평면 뷰의 이름이 3F로 바뀐 모습을 프로젝트 탐색기에서 확인할 수 있습니다.

10 탐색기 평면 뷰의 2H를 선택하고 우클릭한 후 '이름 바꾸기'를 클릭하고 4F를 입력합니다. 마찬가지로 '예'를 클릭해서 해당 레벨도 함께 바꿔 줍니다.

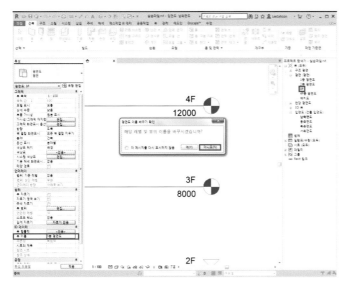

11 뷰를 선택하고 특성 창에서 뷰 이름을 직접 입력하는 것도 같은 기능을 합니다. 프로젝트 탐색기에서 3F뷰를 선택하고 특성 창의 뷰 이름 항목을 찾아 3F를 '3층 평면도'로 입력합니다. 해당 레벨의 이름을 바꾸지 않게 '아니요'를 클릭합니다.

레벨이름과 뷰 이름을 함께 변경할 수도 있고 이처럼 다르게 할 수도 있습니다.

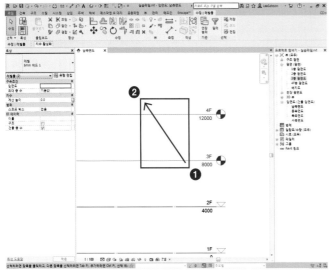

12 그런데 기존 레벨과 레벨 헤드의 모양이 다른 것을 확인할 수 있습니다.

레벨을 표시해주는 기호도 모두 패밀리이기 때문에 같은 종류의 패밀리로 맞춰 주도록 하겠습니다. 새로 만든 2개의 레벨을 드래그해서 같이 선택하고 특성 창을 보겠습니다.

특성 창이 현재 선택된 레벨의 특성을 나타내주는 것을 확인할 수 있습니다.

13 특성 창의 윗부분을 클릭하면, 현재 프로젝트에 로드되어 있는 레벨 헤드의 패밀리 리스트가 나타납니다. 기본 건축 템플릿에 들어있는 것들입니다. 이 중에서 삼각형 헤드를 선택해 줍니다.

14 레벨의 모습이 기존과 같아졌습니다. 마우스를 작업창 빈 곳을 클릭하거나 '수정/레벨 - 선택 - 수정'을 클릭해서 선택을 해제합니다. Esc 키도 같은 기능을 합니다. 이미 만들어진 요소도 이와 같은 방법으로 유형을 변경할 수 있습니다.

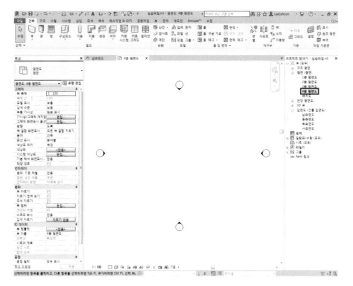

15 4층 평면 뷰를 열어서 그리드를 그려보 겠습니다. (어떤 평면 뷰든지 상관은 없습니다.) 평면 뷰를 여는 방법은 처음에 한 대로 탐색기 창에서 원하는 평면을 더블클릭해서 이동할 수 있습니다. 다른 방법으로는, 작업창에 그 려진 레벨 헤드(삼각형)을 더블클릭해도 해 당 뷰가 열리게 됩니다.

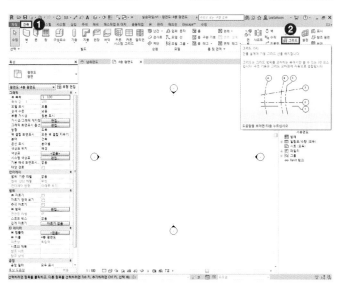

16 평면 뷰가 열렸으면 '건축 - 기준 - 그리 드'를 클릭합니다.

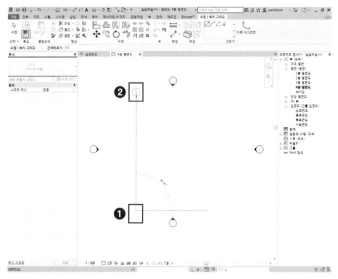

17 아래에서 위 방향으로 차례로 클릭해서 그리드를 작성합니다.

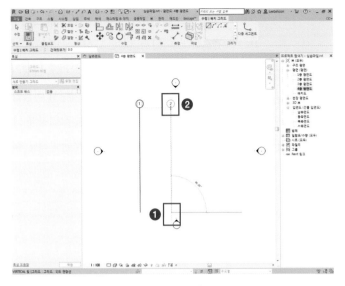

18 레벨과 마찬가지로 두 번째 그리드를 첫 번째 그리드 하단 부분에서 시작하면 자동으로 스냅이 잡히는데 적당한 거리를 확인하고 차례로 클릭해서 작성합니다. 그리드의 번호가 자동으로 증가되는 것을 확인할 수 있습니다.

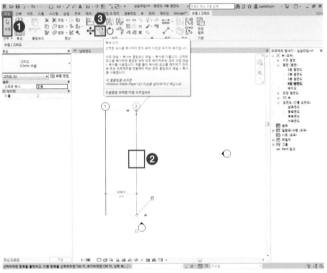

19 '수정/그리드 - 선택 - 수정'을 클릭해서 그리드 그리기 명령을 완료합니다. 완료된 상태에서 그리드 2번을 선택하면 자동으로 수정/그리드 탭으로 전환됩니다. '선택된 상태에서 수정/그리드 - 수정 - 복사' 명령을 클릭합니다.

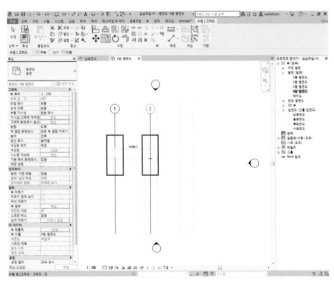

20 1번 그리드와 2번 그리드 간격으로 복사해 보겠습니다. 1번 그리드를 기준선으로 클릭하고 2번 그리드를 수직 방향으로 클릭하면 같은 간격의 그리드가 생성됩니다.

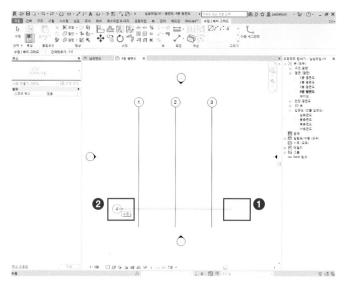

21 같은 방법으로 가로 그리드를 그려주겠습니다. '건축 - 기준 - 그리드'를 클릭해서 가로 방향으로 그려 줍니다. 그리드 번호가 '4'가 되었습니다.

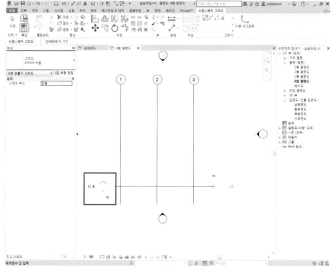

22 레벨과 마찬가지로 그리드가 선택된 상태에서 '4'를 클릭하면 이름을 수정할 수 있습니다. (선택되어 있지 않을 때는 4를 더블클릭) 이름을 A로 입력하겠습니다.

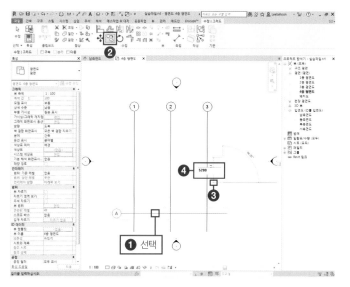

23 마찬가지로 복사를 이용해서 위쪽 방향으로 그리드를 추가해 보겠습니다.
먼저 a그리드를 선택하고 '수정/그리드 - 수정 - 복사'를 클릭합니다. 작업창의 빈 곳을 아무 곳이나 클릭하고 마우스 커서를 수직 방향으로 올려 줍니다. 키보드로 수치를 입력하고 [Enter] 키를 누르면 그에 맞게 복사가 되고 그리드의 이름은 B가 자동으로 입력되는 것을 확인할 수 있습니다.

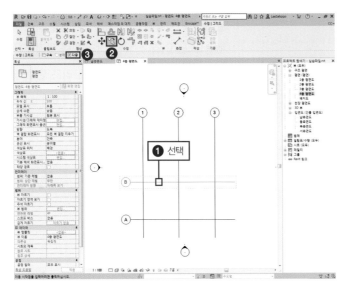

24   다시 한 번 B그리드를 선택하고 복사를 클릭합니다. 이번에는 옵션 창에 다중을 체크해 줍니다.

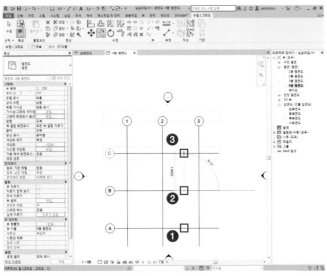

25   처음과 마찬가지로 A그리드를 기준으로 클릭하고 B그리드를 클릭합니다. 복사 명령이 완료되지 않고 이어서 계속 클릭하면서 복사할 수 있습니다. 새로 생긴 C그리드를 이어서 클릭해 줍니다.

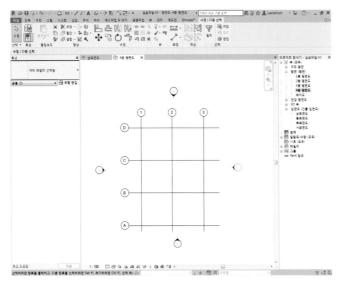

26   다중을 체크하면 수정이나 [Esc] 키를 누를 때까지 명령이 완료되지 않습니다. 수정을 클릭해서 명령을 완료합니다.

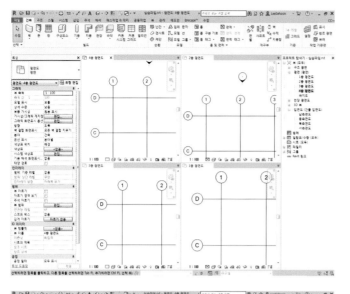

27 다른 평면 뷰를 열어서 그리드가 모두 똑같이 그려져 있는지 확인합니다. 여러 뷰를 열어서 W T 단축키를 눌러 정렬한 모습입니다. 평면도와 입면도에 모두 그리드가 정상적으로 표시되고 있습니다.

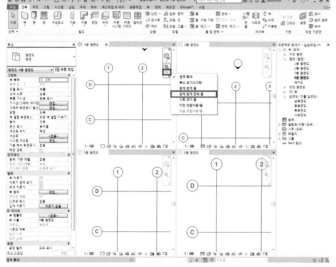

28 하나의 창에서 오른쪽 상단에 있는 영역확대 밑의 작은 삼각형을 클릭하면 나오는 메뉴에서 창에 맞게 전체 줌을 클릭합니다.

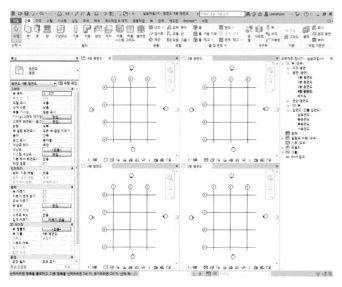

29 열려있는 모든 창이 화면에 맞게 줌이 되는 것을 확인할 수 있습니다. 창에 맞게 줌은 현재 활성화되어 있는 뷰만, 창에 맞게 전체 줌은 모든 뷰를 화면에 맞게 줌 시켜주는 명령입니다.

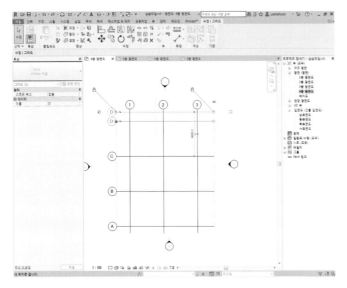

30   다시 T W 를 눌러 하나의 평면 뷰를 최대화 시키고 그리드 하나를 선택합니다. 선택된 상태에서 마우스 커서를 그 위로 가져가면 커서 모양이 이동 표시가 되면서 드래그를 통해 개체를 이동할 수 있습니다.

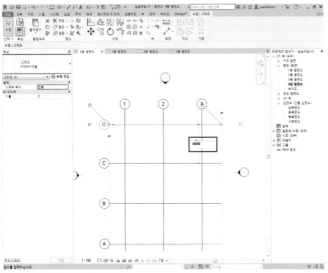

31   이동된 그리드 밑으로 이전 그리드(혹은 다음 그리드)와의 간격이 표시되어 있습니다. 숫자를 클릭하면 숫자를 입력할 수 있습니다. 숫자를 4000으로 입력하고 Enter 키를 입력합니다.

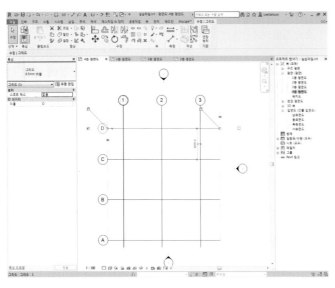

32   선택된 그리드와 그리드C에서 부터의 거리를 4000으로 만들어 준다는 뜻입니다. 다시 그리드C와의 간격이 4000이 된 것을 확인할 수 있습니다.

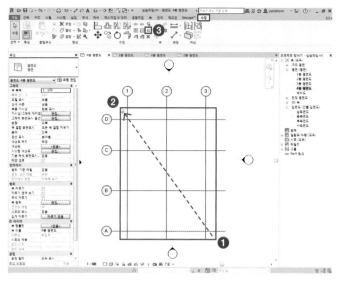

33 드래그를 해서 그리드 전체를 선택합니다.

선택이 완료되면 리본 메뉴가 수정/그리드 탭으로 자동으로 변환됩니다.

선택된 상태에서 핀 모양의 '수정/그리드 - 수정 - 핀'을 클릭합니다.

핀은 핀을 해체할 때까지 개체를 수정할 수 없게 고정시키는 기능입니다.

34 그리드에 각각 핀 모양이 생기면서 고정이 됩니다. 그리드나 레벨처럼 한번 만들면 잘 움직일 일이 많지 않거나 반드시 고정되어 있어야 하는 개체들은 이렇게 핀으로 고정을 시켜 놓으면 혹시나 나중에 발생할지 모르는 실수를 사전에 방지할 수 있습니다.

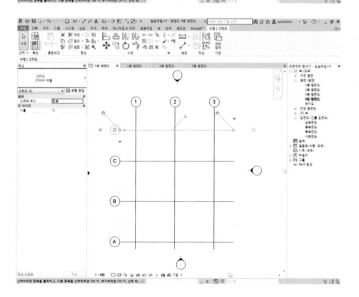

35 모두 핀으로 고정되었으면 그리드D를 선택해서 드래그해 봅니다. 드래그로 움직이지 않는 것을 확인할 수 있습니다. 또 이전과 다르게 다른 그리드와 간격표시도 되지 않습니다.

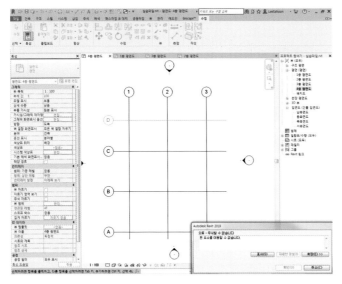

<u>**36**</u>   선택된 상태로 '수정/그리드 - 수정 - 이동' 명령을 클릭합니다. 기준점과 이동점을 아무 곳이나 클릭해서 이동을 시켜 봅니다. 오류 메시지가 나오면서 이동 명령이 실행되지 않는 이유를 설명하고 개체를 주황색으로 표시해 줍니다. 이동을 하려면 핀을 제거하고 이동해야 합니다.

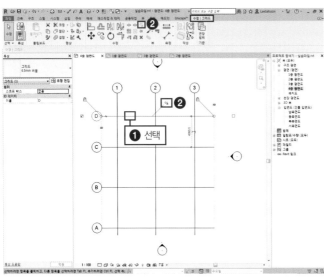

<u>**37**</u>   취소를 클릭하고 다시 그리드D를 선택해 줍니다. 선택된 그리드에 표시된 핀을 클릭하거나, '수정/그리드 - 수정 - 잠금 해제'를 클릭하면 핀이 제거되고 수정할 수 있게 됩니다.

02 CHAPTER 주요 부재 모델링

벽 모델링

01 1층 평면 뷰를 열고 본격적인 모델링을 시작하겠습니다. 가장 먼저 벽을 만들어 보겠습니다.

벽 명령은 리본 메뉴 건축 탭에도 있고 구조 탭에도 있습니다. 벽 아이콘 밑에는 작은 삼각형이 있는데 클릭해보면 건축 벽을 그릴 건지 구조벽을 그릴 것인지 선택할 수 있습니다.

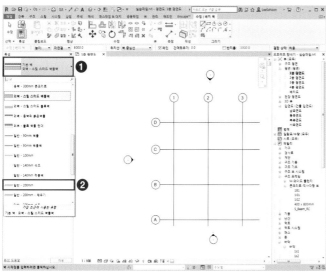

02 화살표를 클릭해서 확장하지 않고 건축 탭에 있는 벽 아이콘을 클릭하면 건축 벽이, 구조 탭에 있는 벽 아이콘을 클릭하면 구조벽이 선택되어 작성됩니다.

'건축 - 빌드 - 벽'을 클릭합니다. 벽 그리기 모드로 들어오면서 왼쪽 특성 창에 벽의 종류가 나오고 종류가 표시된 부분을 클릭하면 현재 프로젝트에 존재하는 벽의 유형들이 나옵니다. 일반 - 200mm 벽을 선택합니다.

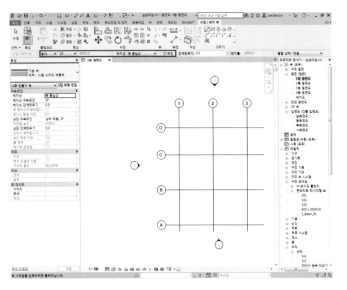

03 리본 메뉴 하단에 옵션 바가 나타납니다. 벽이 생성될 조건이 표시됩니다. 옵션 값을 높이, 2F로 변경합니다. 위치선은 현재 벽 중심선으로 되어 있습니다. 클릭해서 그리는 라인이 벽 중심선이 된다는 뜻입니다. 체인은 벽 명령을 완료할 때까지 이어서 작성하는 것입니다.

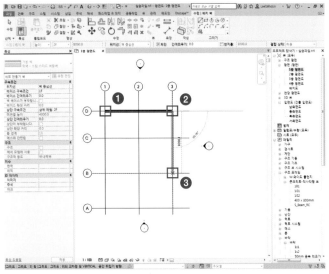

04 위 상태 그대로 차례로 클릭을 해서 벽을 작성합니다. 그리드의 교차점이 스냅으로 잡히면 클릭을 해서 차례로 벽을 작성합니다. 두 개의 벽을 다 그렸으면 Esc 키를 눌러 명령을 완료합니다.

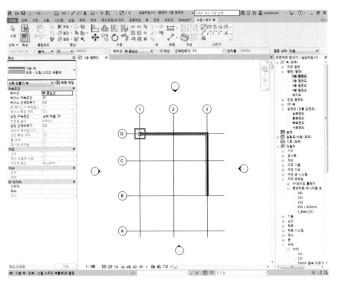

05 벽을 클릭해서 그릴 때마다 각도와 거리가 표시되는 것을 확인할 수 있습니다. 이 수치들을 이용해서 벽을 작성하겠습니다.
다시 '건축 - 빌드 - 벽'을 클릭합니다. 이전과 동일한 옵션 값이 설정되어 있는 것을 확인할 수 있습니다. 벽의 끝점에 스냅이 잡히면 클릭합니다.

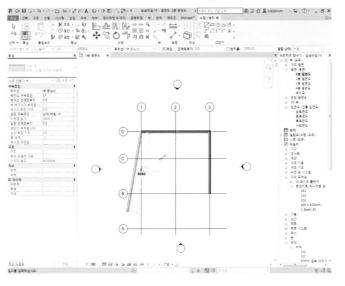

06 두 번째는 마우스로 각도를 변형해 보겠습니다. 화면에 각도가 1° 단위로 표시됩니다. 마우스로 방향을 움직여 100이 되도록 방향을 설정해 주고 키보드로 8000을 입력합니다.

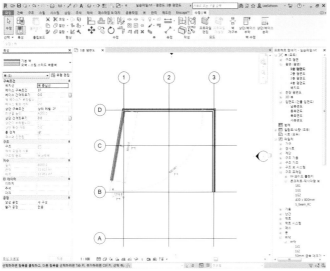

07 [Esc] 키를 눌러 명령을 완료하고 방금 그린 벽을 클릭해서 선택합니다.

선택된 벽의 각도와 길이가 표시되는 것을 확인할 수 있습니다. 대상을 선택했을 때 나타나는 치수를 클릭해서 개체를 이동하거나 회전시킬 수 있습니다.

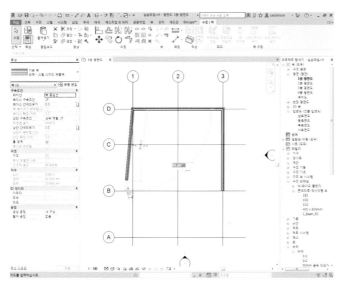

08 각도가 표시된 부분을 클릭해서 95로 변경하고 [Enter] 키를 입력합니다. 벽이 회전하면서 수평 그리드와의 각도가 95°로 수정되었습니다.

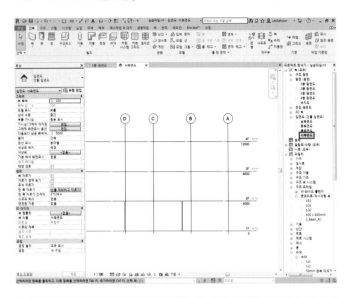

09 프로젝트 탐색기의 '뷰 - 입면도 - 서측
면도'를 더블클릭해서 열어 줍니다.

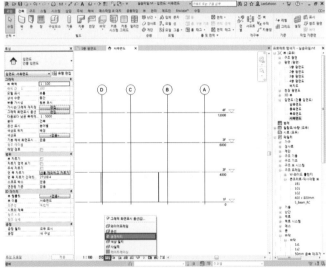

10 생성된 벽이 확인이 잘 되지 않습니다.
화면 표시 모드를 바꿔 보겠습니다. 작업창 하
단의 비주얼 스타일을 음영처리로 변경합니
다. 서측면도가 음영처리 모드로 바뀌면서 벽
이 그려진 모습을 쉽게 확인할 수 있습니다.

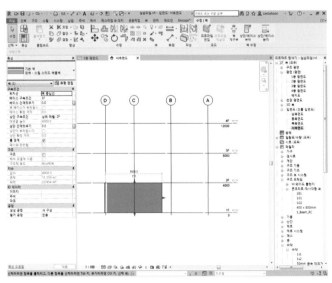

11 벽을 클릭해서 선택하고 특성 창에서
값을 바꿔 보겠습니다. 베이스 구속조건은 벽
을 1층 평면도에서 작성했기 때문에 벽의 하
단이 1층 레벨을 기준으로 되어 있다는 의미
입니다. 베이스 간격띄우기는 벽이 생성되는
베이스 구속조건에서 (여기서는 1층 레벨) 위
아래로 얼마만큼 떨어져 있는지를 설정합니다.

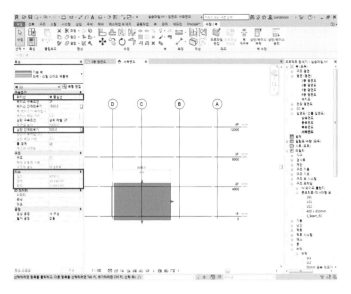

12 베이스 간격띄우기에 -500, 상단 간격 띄우기에 500을 입력하고 마우스를 작업창으로 다시 가져오면 변환된 수치가 자동으로 적용됩니다.

특성 창 하단에 적용 버튼을 따로 클릭하지 않아도 마우스가 작업창으로 오면 자동으로 적용됩니다.

특성 창의 치수 항목에 있는 면적과 체적 또한 자동으로 바뀌는 것을 확인할 수 있습니다. 치수에 관련한 항목들은 사용자가 임의로 바꿀 수 없고 자동으로 계산되어 표시됩니다. 개체를 수정할 때마다 자동으로 변환됩니다.

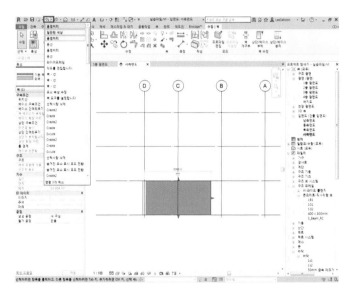

13 다시 원래대로 돌아가기 위해 키보드 Ctrl + Z 키를 입력합니다.

Ctrl 키를 누른 상태로 Z 키를 한 번씩 누를 때마다 한 명령씩 뒤로 돌아가는 것을 확인할 수 있습니다.

반대로 앞 명령으로 다시 실행 할 때는 Ctrl + Y 키를 입력합니다. 역시 한 명령씩 다시 실행하게 됩니다.

빠른 실행 메뉴에서 화살표와 그 옆에 작은 화살표를 이용할 수도 있습니다. 화살표를 클릭하면 한 단계씩 앞뒤로 움직이고, 작은 화살표를 클릭하면 실행 취소(혹은 되돌리기) 가능한 명령 리스트가 나옵니다. 선택해서 여러 명령을 한 번에 되돌릴 수 있습니다.

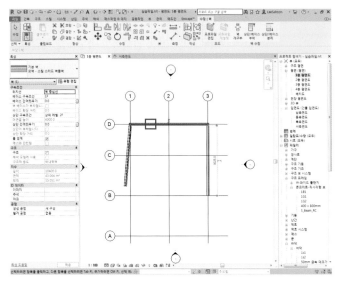

14 원래 레벨에 맞게 벽을 되돌린 후 상단의 1층 평면도를 클릭하거나 프로젝트 탐색기에서 1층 평면도를 더블클릭해 다시 열어 주고 이번에는 위쪽 벽을 선택해서 대칭(mirror) 명령을 사용해 보겠습니다. 벽을 선택하면 자동으로 리본 탭이 수정/벽으로 변환 됩니다.

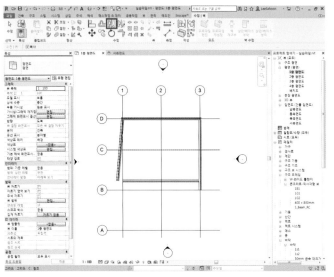

15 수정 - 대칭 - 축 선택을 클릭합니다. 선을 기준으로 선택된 개체를 대칭으로 복사나 이동을 시키는 명령입니다. 옵션 바의 복사가 체크되어 있습니다. 복사를 체크하면 대칭 복사가 되고, 체크 해제하면 대칭 이동이 됩니다. 대칭축으로 그리드C를 클릭합니다. 그리드C를 중심으로 선택한 벽이 대칭 복사 되었습니다.

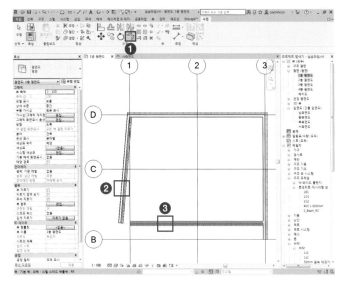

16 이번에는 '수정 - 수정 - 코너 자르기/연장'을 클릭하고 떨어진 벽을 차례로 클릭해 줍니다. 벽들을 자르거나 연장해서 코너를 형성해 줍니다.

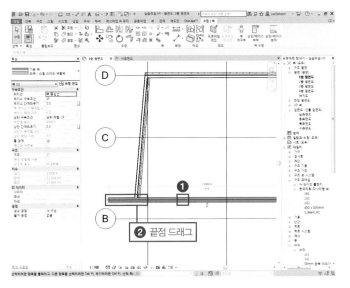

17 다음과 같이 돌출된 부분도 코너 자르기 - 연장 명령을 통해 코너를 정리할 수 있습니다. 임의로 돌출시키기 끝점을 끌어서 벽을 연장시켜 보겠습니다. 벽을 선택하면 양쪽 끝에 포인트가 위치하는 것을 볼 수 있습니다. 포인트 위로 마우스를 가져가면 포인트 색이 진해지면서 '벽을 끕니다'라는 메시지가 나옵니다. 포인트를 드래그해서 왼쪽으로 가져갑니다.

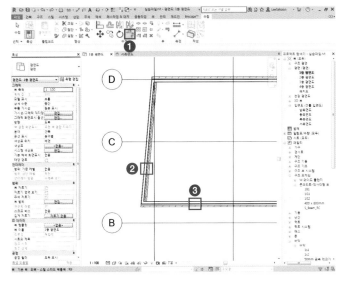

18 다시 한 번 '수정 - 수정 - 코너 자르기/연장'을 클릭하고 벽들을 차례로 클릭하면 마찬가지로 돌출된 벽이 정리되면서 코너가 만들어지는 것을 확인할 수 있습니다.

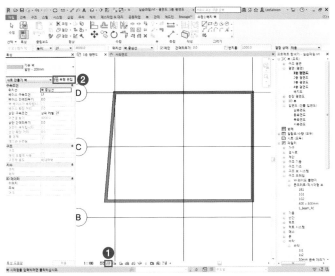

19 벽에는 크게 기본 벽과 적층 벽, 커튼월이 있습니다. 지금 그리고 있는 벽이 기본 벽입니다. 유형 편집을 통해 기본 벽의 다른 타입의 벽을 만들어 보겠습니다.

1층 평면도 뷰의 비주얼 스타일을 음영처리로 바꾸겠습니다. '건축 - 빌드 - 벽'을 클릭하고 특성 창의 유형 편집을 클릭합니다.

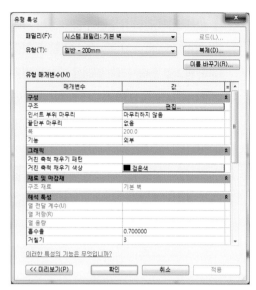

20 유형 특성 창이 나타났습니다.

패밀리는 시스템 패밀리: 기본 벽으로 되어 있습니다. 패밀리는 시스템 패밀리와 일반 패밀리가 있는데, 외부에서 가져와서 사용할 수 있는 일반 패밀리와 내부 유형을 편집해서 사용하는 시스템 패밀리가 있습니다. 벽과 바닥은 기본적으로 시스템 패밀리입니다. Revit에 익숙해지면 외부에서 로드할 수 있는 패밀리와 로드하지 못하는 패밀리가 자연스럽게 구분될 것입니다.

21 유형은 일반 - 200mm로 되어 있습니다. 클릭해보면 기본 벽으로 분류되는 벽의 유형들이 나타납니다. 원하는 유형이 있으면 선택해서 작성할 수 있고, 속성 값을 편집할 수도 있습니다. 벽 유형 중에 '내벽 - 0.5B 벽돌 양쪽 모르타르 마감'을 선택합니다.

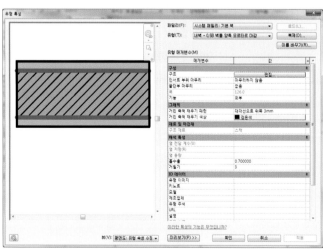

22 기존 벽의 속성 값을 조금 바꿔서 새로운 벽을 만들어 보겠습니다. 하단의 미리보기를 클릭하면 현재 벽을 평면으로 봤을 때의 모양이 나타납니다. 다음의 뷰를 클릭하면 단면으로 보이는 모습을 바꿀 수도 있습니다.

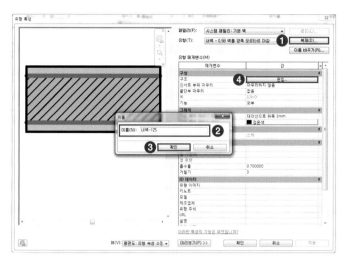

23 복제를 클릭하면 새로운 유형의 이름을 입력하는 창이 나타납니다. 이름을 구분이 편리하도록 입력해 주면 됩니다.

여기에서는 내벽 - 125mm로 입력하고 확인을 클릭합니다.

유형 매개변수의 구조-편집을 클릭합니다.

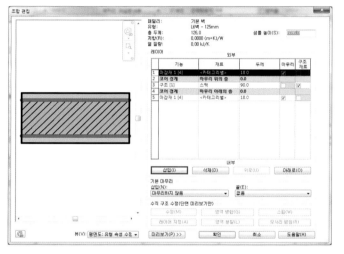

24 벽의 정보와 레이어를 이용해서 벽을 구성하는 창이 나타납니다. 설정이 많아 보이지만, 가장 기본적인 것들만 설명하고 넘어가겠습니다. 삽입 버튼을 클릭합니다.

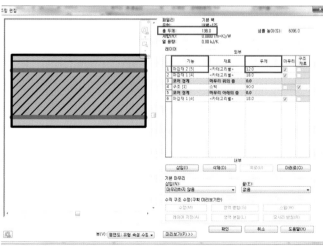

25 새로운 레이어가 생성되는 것을 알 수 있습니다. 새로 생긴 레이어의 기능 - 구조[1]을 마감재 2[5], 두께를 12로 입력합니다. 미리보기 창에 해당 레이어의 위치와 두께가 생기고, 벽의 총 두께가 138.0으로 바뀐 것을 확인할 수 있습니다.

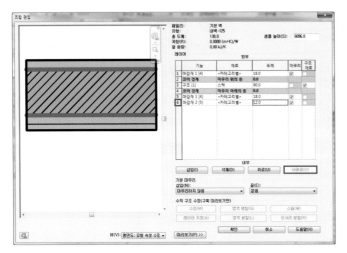

26 삽입, 삭제 버튼 옆으로 아래로 버튼이 활성화 되었습니다. 현재 선택된 레이어가 맨 위에 있기 때문에 위로 버튼은 비활성화가 되어 있습니다.

번호를 클릭해서 선택하고 아래로 버튼과 위로 버튼을 이용해서 해당 레이어의 위치를 옮길 수 있습니다. 아래로 버튼으로 새로 생긴 레이어를 맨 밑으로 내리겠습니다.

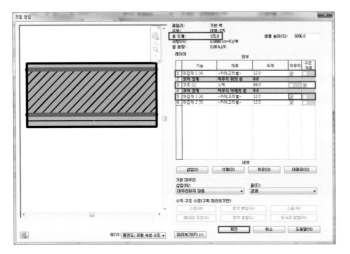

27 1번 레이어 마감재1[4]의 두께를 12, 3번 레이어 구조[1]의 두께를 89, 5번 레이어 마감재1[4]를 12로 바꿔 전체 두께를 125mm로 만들고 확인을 클릭합니다. 유형 편집창도 확인을 클릭해서 새로운 벽 유형 생성을 완료합니다.

이런 식으로 벽 유형을 만들고 구성을 수정할 수 있습니다.

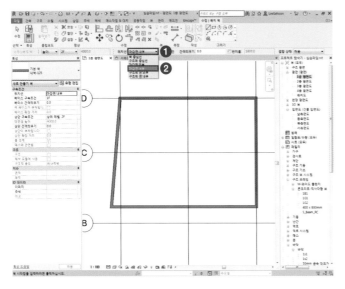

28 이번에는 위치선을 다르게 해서 벽을 작성하겠습니다. 옵션 바나 특성 창에서 위치선을 '마감면: 내부'로 선택합니다.

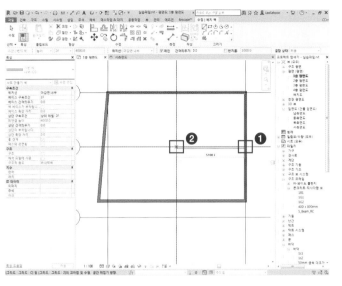

29 오른쪽 벽과 그리드 C의 교차점에서 시작하고, 가운데 그리드가 교차하는 지점까지 클릭해서 벽을 작성합니다. 이전과는 다르게 그리는 선 아래쪽으로 벽이 생성되는 것을 확인할 수 있습니다. 그리는 위치선이 중심선이 아니라 마감면 내부이기 때문입니다.

30 Esc 키를 눌러 명령을 완료하고 벽을 확대해 보겠습니다. 벽을 구성하는 선들이 두꺼워서 벽의 구성 내용이 잘 보이지 않습니다. 현재 선의 두께는 1:100으로 출력을 했을 때 실제 보이는 선의 두께입니다. 뷰 특성 창이나 화면 하단에서 축척을 변경할 수 있습니다. 축척과 선두께의 자세한 내용은 Part 4 시트 작업에서 다루겠습니다.

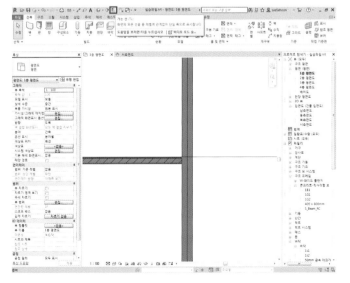

31 빠른 실행 메뉴의 가는 선을 클릭합니다. 화면의 모든 선들이 설정에 상관없이 동일한 두께로 화면에 표시됩니다. 출력할 때는 가는 선 설정을 반드시 끄고 확인해야 하고, 모델링 할 때는 가는 선을 필요에 따라 껐다 켰다 하면서 작업하는 것이 좋습니다. 벽을 그린 위치선이 내부(마감 2겹)로 그려진 것을 확인할 수 있습니다.

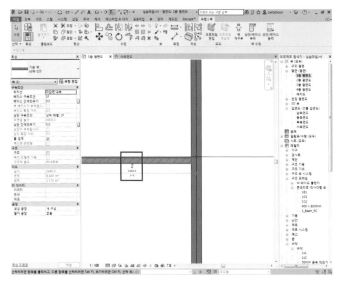

32 지금처럼 벽 중심으로 그리는 것이 아니거나, 벽의 양쪽 마감이 다를 경우에는 안쪽과 바깥쪽을 구분해야 합니다. 작성된 벽을 선택하면 선택된 벽의 가운데에 양방향 화살표가 생겼습니다. 이것은 화살표 방향으로 패밀리가 전환된다는 뜻입니다. 화살표를 클릭하면 위치선을 중심으로 벽이 반대쪽으로 바뀌게 됩니다.

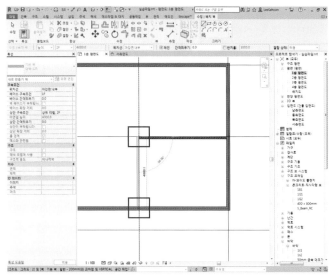

33 벽을 작성하는 중간에도 방향을 전환할 수 있습니다. 벽을 클릭해서 작성하다가 Space bar 를 입력하면 안쪽과 바깥쪽 방향이 전환됩니다. '건축 - 빌드 - 벽'을 선택합니다. 기존 벽의 끝에 있는 그리드 교차점에서 아래쪽의 벽까지 벽을 작성합니다. 첫 번째 클릭 후 Space bar 를 누를 때마다 벽의 방향이 바뀌는 것을 확인할 수 있습니다. 아래쪽 벽 위에 클릭을 해서 벽을 완성합니다.

Section 2	바닥 모델링

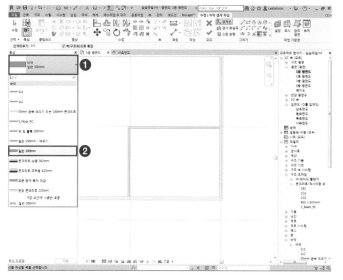

01   완성된 벽을 기준으로 바닥을 만들어 보겠습니다. '건축 - 빌드 - 바닥 - 바닥: 구조'를 클릭합니다. '구조 - 구조 - 바닥 - 바닥: 구조'를 클릭해도 동일합니다. 바닥 그리기 모드로 전환됩니다. 마찬가지로 특성 창에서 바닥의 타입을 선택할 수 있습니다. 일반 300mm로 선택을 합니다.

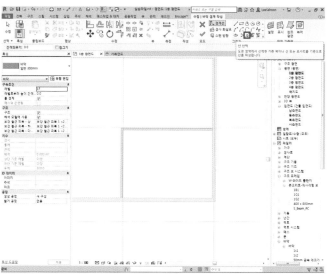

02   그리기의 여러 타입 중에서 선 선택을 클릭합니다. 기존에 작성된 벽이나 다른 선들을 이용해서 영역을 작성하는 방법입니다. 보통의 경우 선과 선 선택 명령을 가장 많이 사용합니다.

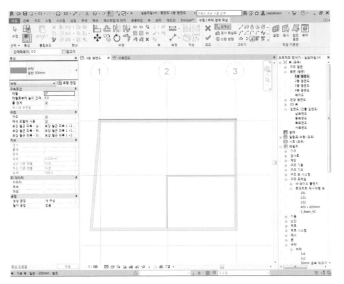

03 그려진 벽의 바깥쪽에 마우스를 가져 가면 가상선이 그려집니다. 그 상태로 클릭하 면 그 위치에 그리기 선이 작성되는 것을 확인 할 수 있습니다.

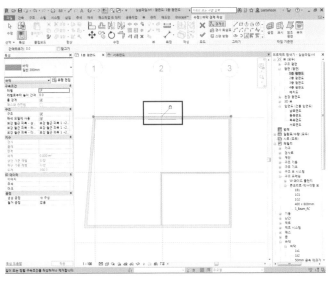

04 그리기 선이 그려지면 벽의 바깥쪽 선 을 선택해서 그렸기 때문에 선 위에 자물쇠 모 양이 표시됩니다. 이때 자물쇠를 클릭하면 벽 의 바깥 면에 그리기 선이 '구속'됩니다. 그렇 기 때문에 벽의 위치가 수정되면 구속된 바닥 영역도 자동으로 수정됩니다.

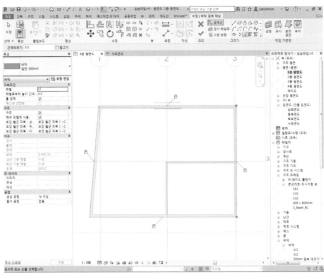

05 벽의 바깥쪽 면을 선택해서 그리기 선 을 작성하고 자물쇠를 모두 잠가서 바닥의 영 역을 벽에 구속시켜 줍니다.

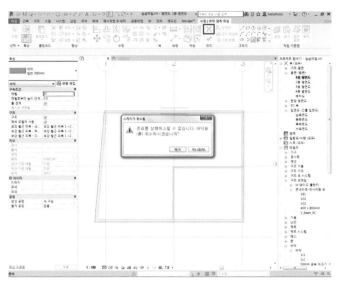

06 바닥 작성 명령을 취소할 때는 편집 모드 취소를 클릭합니다. 그러면 정말로 취소할 건지 다시 한 번 묻는 창이 나오는데 예를 클릭하면 그리기가 모두 취소되기 때문에 잘 확인하고 취소를 해야 합니다.

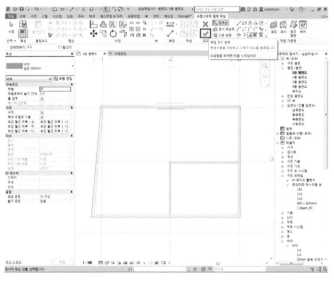

07 영역이 완성되면 벽과는 다르게 '수정 - 모드 - 편집 모드 완료'를 클릭해야 바닥이 생성됩니다. 편집 모드 완료를 클릭해서 바닥을 생성합니다.

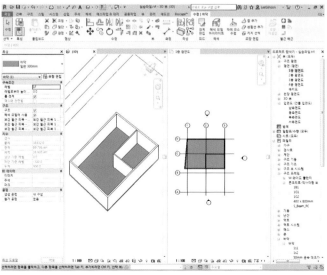

08 1층 바닥이 완성되었습니다. 3D뷰에서도 확인해봅니다.

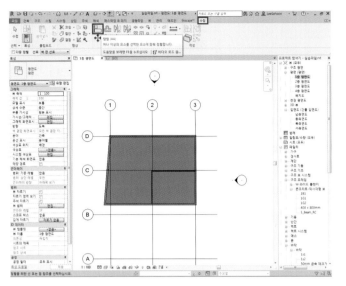

09 다시 평면 뷰에서 기울어진 벽체를 수정하고, 바닥이 자동으로 수정되는 것을 확인해 보겠습니다.

벽을 선택했을 때 나타나는 끝점을 끌어서 수정해도 되지만 여기서는 수정 탭의 정렬 명령을 이용해서 벽의 위치를 수정하겠습니다. '수정 - 수정 - 정렬'을 클릭합니다.

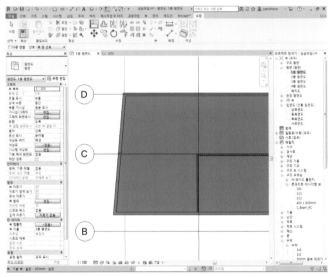

10 정렬은 기준이 되는 직선이나 평면을 먼저 선택하고 그 기준에 맞출 점, 직선, 평면을 선택할 수 있습니다.

그리드를 선택하면 그리드가 기준이 됩니다. 그리고 벽의 중심선을 클릭합니다. 이때 중심선이 잘 클릭이 되지 않을 경우, 뷰를 확대해서 클릭합니다. Esc 키를 눌러 명령을 완료합니다. 이 바닥은 벽에 구속되어 있기 때문에 벽을 정렬하면 바닥도 수정됩니다.

11 필요에 의해 자물쇠로 구속을 하기도 하고, 풀어주기도 합니다. 이번에는 반대로 구속을 풀어보겠습니다.

현재 평면 뷰에서 바닥을 선택하려 했더니 끝선이 벽과 겹쳐져 있기 때문에 클릭만 해서 바닥을 선택하기가 쉽지 않습니다.

바닥이 벽의 바깥쪽 라인과 겹쳐져 있기 때문에 벽의 바깥쪽에 마우스를 가져가면, 현재 클릭을 했을 때 어떤 것이 선택될지 나오게 됩니다. 화면 좌측 하단에도 정보가 나옵니다.

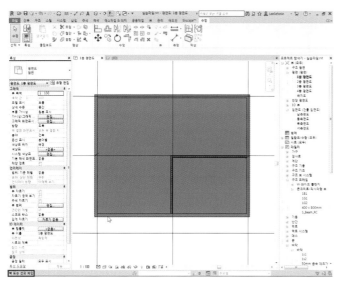

12 이 상태에서 키보드의 [Tap] 키를 한번 눌러보겠습니다. 연결된 벽들이 선택 미리보기로 파란색으로 변하고 마찬가지로 마우스 커서와 좌측 하단에 어떤 것이 선택될지 정보가 표시됩니다.

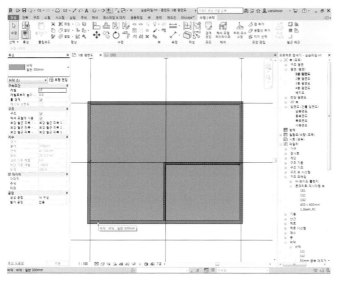

13 여기에서 다시 한 번 [Tap] 키를 눌러보겠습니다. 커서와 좌측 하단에 '바닥: 바닥: 일반300mm'라고 표시되었습니다. 이제 클릭을 하면 바닥이 선택됩니다. 마우스 커서 위치에는 설명이 기다려야 나오기도 하지만 좌측 하단에는 즉시 표시가 되기 때문에 좌측 하단을 확인하면 됩니다.

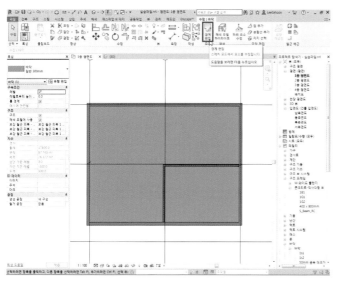

14 바닥을 선택하고 '수정/바닥 - 모드 - 경계 편집' 탭에서 경계 편집을 클릭하면 다시 스케치 모드로 전환됩니다.

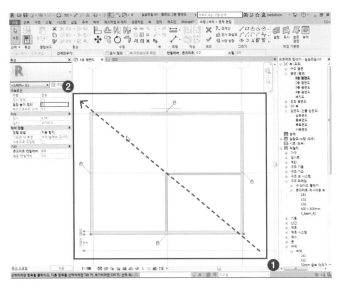

15 경계선을 선택하면 구속이 되어 있는 것을 확인할 수 있습니다.

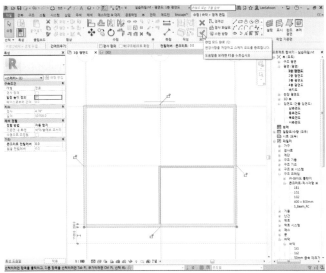

16 자물쇠를 클릭해서 구속을 모두 해제하고 이전과 마찬가지로 편집 모드 완료를 클릭합니다.

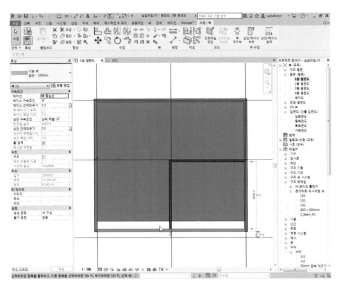

17 보기엔 똑같지만 구속은 모두 해제되었습니다. 벽을 선택해서 마우스 드래그로 적당히 이동시켜 보겠습니다. 벽은 이동되었지만 바닥은 그대로 있는 것을 확인할 수 있습니다. Ctrl + Z 키를 눌러서 원래의 위치로 돌아옵니다.

18 바닥도 벽과 마찬가지로, 유형 특성을 편집해서 바닥의 속성과 구조를 변경할 수 있습니다. 바닥을 선택하고 유형 편집을 클릭합니다. 벽과 마찬가지로 미리 보기 창을 통해 단면의 모습을 확인할 수 있습니다. '유형 매개변수 - 구조 - 편집'을 클릭해서 조합 편집으로 들어갑니다.

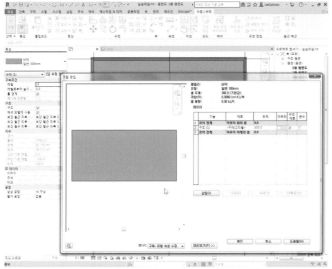

19 벽과 마찬가지로 레이어를 추가하거나 삭제할 수 있습니다만, 보통의 경우 구조 바닥과 건축 바닥을 별도로 작성하기 때문에, 구조 바닥에서는 자주 사용되지 않습니다.

Section 3   **기둥 모델링**

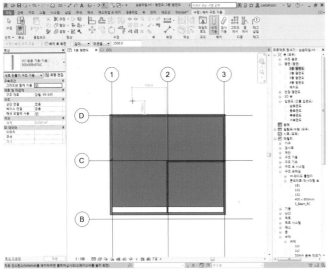

01 벽이나 기둥과 마찬가지로 '건축 - 빌드 - 기둥 - 구조 기둥'을 클릭하거나, '구조 - 구조 - 기둥'을 클릭합니다. 기둥의 모양은 수직 기둥과 경사 기둥이 있습니다. 수직 기둥을 배치해 보겠습니다. 특성 창을 보면 철골 기둥이 선택되어 있습니다.

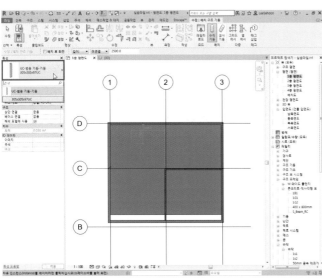

02 콘크리트 기둥으로 바꾸기 위해 특성 창의 유형 선택을 클릭해 보겠습니다. 하지만 현재 프로젝트에 로드된 기둥 패밀리가 철골 기둥뿐입니다.

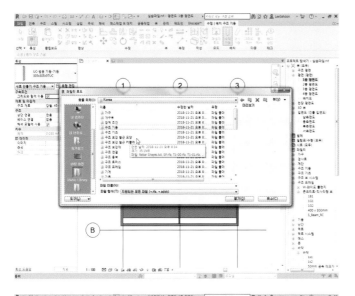

03 콘크리트 기둥 패밀리를 로드해 보겠습니다. '수정 - 배치 - 모드- 패밀리로드'를 클릭합니다. 패밀리 로드창이 나타납니다. 자동으로 패밀리 라이브러리 경로가 설정되어 있지만, 다른 경로로 열린다면 다음 경로를 찾아가시면 됩니다. Revit 설치 시 특별히 경로를 바꾸지 않았다면 다음 경로에 패밀리 라이브러리가 들어 있습니다.

C:\ProgramData\Autodesk\RVT 2019\Libraries\Korea

04 구조 기둥 폴더에 들어가 보겠습니다. 목재, 스틸, 콘크리트 등의 여러 가지 타입의 기둥 패밀리들이 있습니다. 그 중 콘크리트 폴더를 엽니다. 여러 가지 콘크리트 패밀리들이 있습니다. 필요에 따라 선택해서 사용할 수 있습니다. 지금은 '콘크리트 - 직사각형 - 기둥'을 선택합니다. 오른쪽 미리보기 창에 형상 정보를 확인할 수 있습니다.

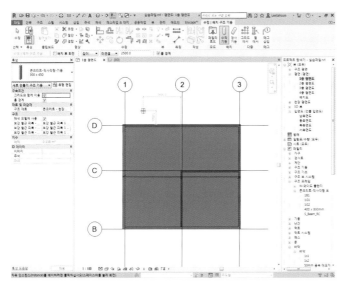

05 열기 버튼을 클릭해서 패밀리를 로드합니다. 이런 방법으로 템플릿에 있는 기본 패밀리 외의 다른 패밀리들을 로드해서 사용할 수 있습니다. 특성 창에 콘크리트 기둥이 선택되어 있습니다.

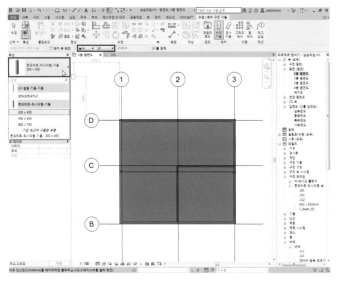

06 옵션 바에서 깊이 → 높이로 바꿔 줍니다. 상단은 현재 미연결에 높이 값 2500으로 설정되어 있습니다. 높이 값을 직접 입력해도 되지만, 상단을 2F로 변경합니다.
특성 창에서 기둥의 크기를 조절하겠습니다. 현재는 3가지 유형의 콘크리트 기둥이 있습니다.

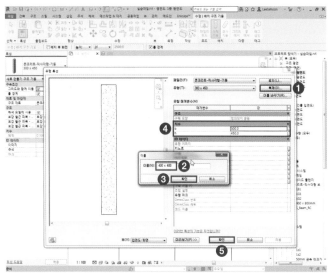

07 유형 편집을 클릭하고, 유형 특성 창에서 복제를 클릭해서 새로운 유형을 만들어 보겠습니다. 타입의 이름을 400 × 400으로 입력하고, 확인을 클릭합니다. 유형 매개변수의 치수에 각각 수치를 수정합니다. b는 가로길이, h는 세로길이를 의미합니다. 확인을 클릭하면 새로운 유형이 생성되었습니다.

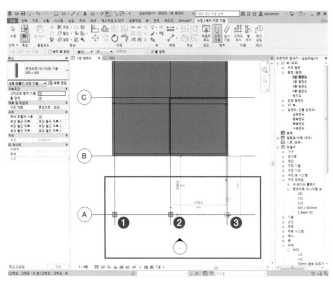

08 A열 그리드와 1~3그리드의 교차점을 클릭해서 기둥을 배치합니다. 마우스 커서에 미리보기처럼 기둥의 모양이 따라다니는 것을 확인할 수 있습니다. 차례로 클릭해서 3개의 기둥을 배치합니다.

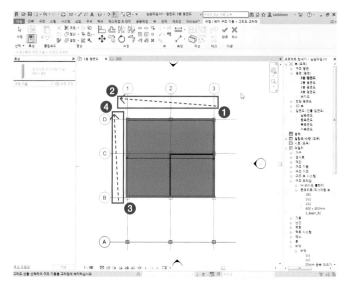

09 하나씩 클릭해서 배치할 수도 있지만, 여러 개를 한꺼번에 배치할 수도 있습니다. '수정/배치 구조 기둥 - 다중 - 그리드에서'를 클릭합니다. 그리드 선택 모드로 되는데, 선택된 그리드의 모든 교차지점에 현재 선택된 기둥 타입이 배치됩니다. 드래그나 `Ctrl` 키를 이용해서 원하는 그리드를 선택해 나갈 수 있습니다. 가로 그리드 B, C, D를 선택하고, 새로 그리드 1, 2, 3을 선택하겠습니다. 선택된 그리드 교차지점에 기둥이 생성될 모습이 미리보기로 보여집니다. 리본 메뉴의 완료를 클릭하면 기둥이 배치됩니다.

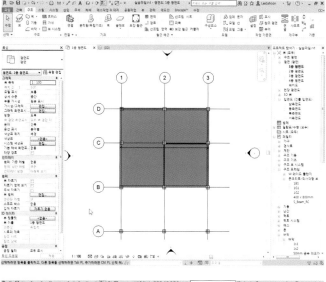

10 그리드에 모두 배치되었습니다. `Esc` 키를 두 번 눌러서 기둥 그리기 모드를 완료합니다. (리본 메뉴의 수정을 클릭해도 됩니다.)

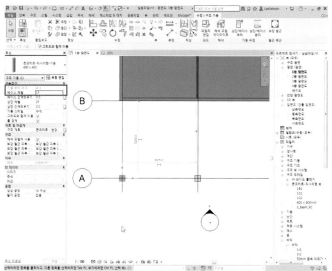

11 `Ctrl` + `Z`를 눌러서 테스트하기 위해 그리드에서 다중 배치 명령을 취소하겠습니다. 그리고 A열의 기둥 하나를 선택해서 기둥의 특성을 살펴보도록 하겠습니다. 구속조건 부분이 전체적으로 벽과 유사한 것을 확인할 수 있습니다. 기둥 위치 마크는 A-1로 되어 있습니다. 기둥이 위치한 그리드의 정보를 표시해 줍니다.

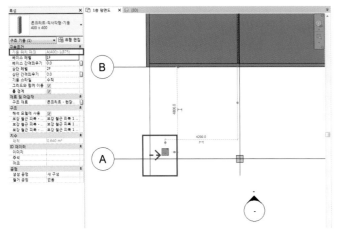

12 기둥의 위치가 정확하게 그리드 위가 아니더라도 가까운 그리드와 기둥 중심 간의 거리 값을 표시해 줍니다. 기둥의 위치를 인위적으로 옮겨 보겠습니다. 기둥 위치 마크가 가까운 그리드와 기둥 중심 간의 거리 값으로 바뀌었습니다. 베이스/상단 레벨과 간격띄우기 등은 벽과 동일한 기능을 하기 때문에 자세한 설명은 생략하겠습니다.

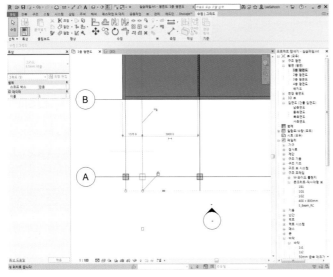

13 그리드와 함께 '이동 - 기둥'이 그리드 위에 있을 경우, 그리드의 위치가 수정되면 기둥의 위치도 같이 수정되게 하는 옵션입니다. 그리드를 선택해서 핀을 해제하고 드래그로 이동 시키면 기둥도 같이 이동됩니다.

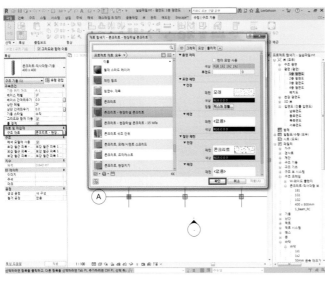

14 '재료 및 마감재 - 구조 재료'를 클릭해서 기둥의 재료 속성을 바꿀 수 있습니다. 현재는 '콘크리트 - 현장타설 콘크리트'로 되어 있습니다. 재료에 대한 내용은 뒷부분에서 다시 다루겠습니다. 지금은 기둥의 재료는 특성 창에서 바꾼다는 내용만 알아두시면 될 것 같습니다.

Section 4   2층 모델링

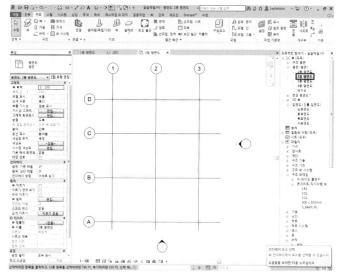

01 '프로젝트 탐색기 - 2층 평면도'를 더블 클릭해서 열어줍니다. 2층 평면도의 모습입니다. 1층에서 모델링한 개체들이 연한 톤으로 투영되어 보입니다. 우측의 언더레이 요소 선택이 활성화되어 있으면 선택할 수 있고, 비활성화시키면 언더레이가 표시만 되고 선택을 할 수 없습니다.

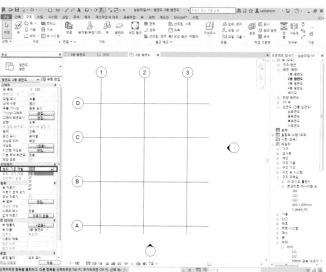

02 2층 모델링을 하기 위한 밑바탕이라고 생각하면 됩니다. 하지만 모델이 복잡해지다 보면 아래층의 모델이 투영되는 것이 작업에 오히려 방해가 될 수도 있습니다.
뷰 특성 창에서 언더레이를 없음으로 바꾸면 바탕에 보이던 모델들이 안보이게 됩니다.

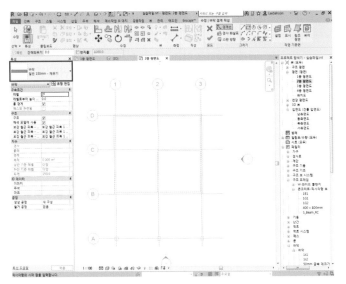

03 언더레이를 켜고 1F로 바꿔서 1층의 모습을 보이게 합니다.

'구조 - 구조 - 바닥'을 클릭하고 유형을 일반 150mm를 선택합니다. 그리기 모드를 4각형을 선택해서 그리겠습니다.

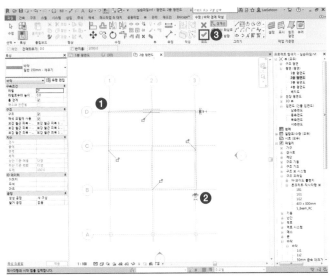

04 1층 벽의 양 바깥쪽 대각선 모서리를 클릭해서 사각형을 작성합니다. 그리기 완료를 클릭해서 바닥 그리기를 완료합니다.

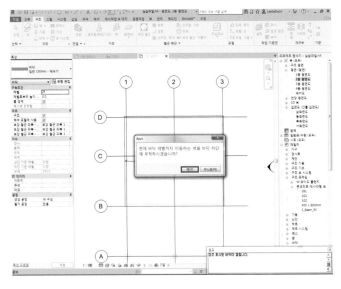

05 경고창과 함께 선택창이 나타납니다. 2층 바닥이 1층벽 위에 그려졌기 때문에 벽의 상단을 어떻게 할지 물어보는 것입니다. 두 가지 경우를 비교해 보겠습니다. 먼저 '예'를 클릭합니다.

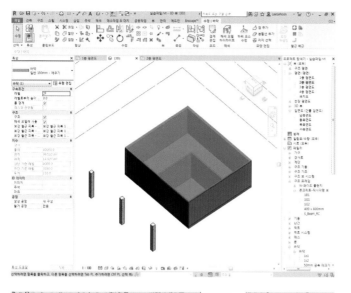

06 3D뷰에서 비교해 보겠습니다. 음영 모드로 바꾼 후 바닥을 클릭해서 보면 비교하기 편합니다. '예'를 클릭하면 바닥 밑으로 벽의 상단이 부착됩니다.

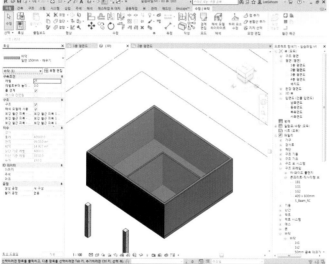

07 '아니요'를 클릭하면 바닥의 생성 여부와 상관없이 벽이 그대로 있습니다. 그래서 모델 개체의 일부분이 겹쳐져 있는 것을 확인할 수 있습니다. 벽과 바닥이 겹쳐져 있는 상태에서 형상 결합 기능을 통해 간섭 문제를 해결할 수도 있습니다만 여기에서는 '예'를 클릭해서 자동으로 벽의 상단이 바닥에 붙은 모습으로 진행하겠습니다.

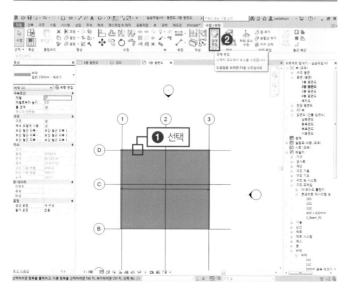

08 벽이 바닥에 부착되면 구속이 된 것처럼 바닥의 높이에 따라 벽의 상단도 같이 움직입니다. 부착에 대해서는 뒷부분에서 다시 설명하겠습니다. 다시 2층 평면도를 열어서 바닥을 기둥 부분까지 영역을 수정하겠습니다. 2층 바닥을 선택하고 '수정/바닥 - 모드 - 경계 편집'을 클릭합니다.

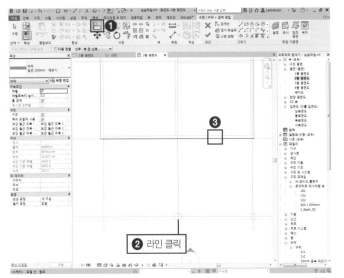

09 '수정/바닥 - 수정 - 정렬'을 클릭합니다. 기둥의 하단 선을 기준선으로 클릭하고 바닥 스케치라인의 아래를 클릭해서 라인을 정렬합니다. 정렬이 완료되었으면 편집 모드 완료를 클릭합니다. 이전과 같이 벽의 부착 여부를 묻는 창이 나오는데 마찬가지로 '예'를 클릭합니다.

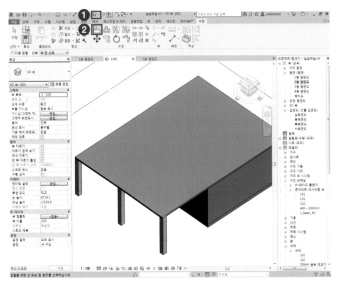

10 빠른 실행의 기본 3D뷰를 클릭해서 3D뷰로 이동하고, 기둥의 위치를 3D 뷰에서 정렬 명령을 통해 수정하겠습니다. '수정 - 수정 - 정렬'을 클릭합니다.

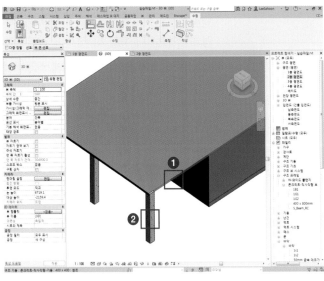

11 3D뷰에서는 정렬하고자 하는 면을 선택하면 됩니다. 옆면 선택이 잘 안될 때는 키보드 [Tap]키를 이용해서 바닥의 옆면을 기준으로 선택하고 정렬할 기둥의 옆면을 차례로 선택합니다.

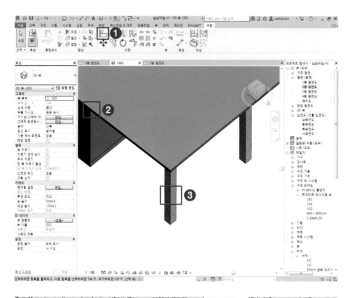

12 반대쪽 뷰에서 나머지 기둥도 바닥의 옆면에 맞춰서 정렬해 줍니다.

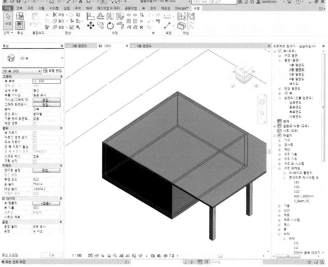

13 2층 벽을 만들어 보겠습니다. 1층에서 만들어진 벽을 복사해서 활용하겠습니다. 벽 위에 마우스를 올려놓고 키보드 Tap 키를 눌러서 연결된 벽이 모두 활성화되면 클릭해서 선택합니다.

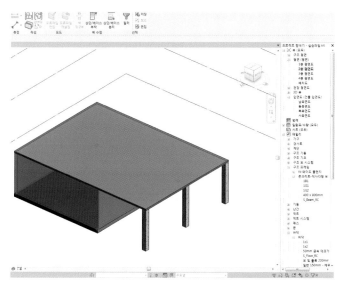

14 특성 창과 우측 하단의 (깔대기 모양) 필터에 몇 개의 개체들이 선택되었는지 표시됩니다. 화면 캡쳐를 위해 해상도를 변경해서 이전의 화면에는 나타나지 않았지만, 정상적인 해상도로 화면을 변경하면 옆의 그림과 같이 필터, 선택요소 끌기(금지), 면별 요소 선택(금지), 핀요소 선택(금지)등을 선택할 수 있습니다. 필요에 따라 끄고 켜면서 작업을 진행할 수 있습니다.

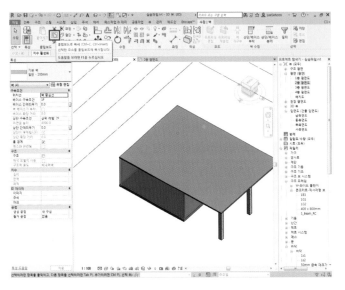

15 선택된 상태에서 '수정/벽 - 클립보드 - 복사'를 클릭합니다. 수정 탭의 복사와는 다른 개념입니다. Copy 명령이 아닌 클립보드에 복사하는 개념입니다. Ctrl + C 키를 눌러도 클립보드에 복사가 됩니다.

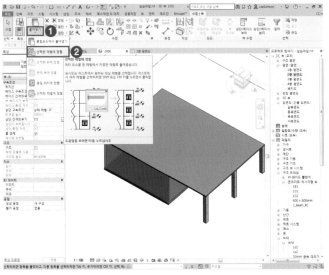

16 클립보드 복사 옆에 '수정/벽 - 클립보드 - 붙여넣기'의 작은 삼각형을 클릭해서 '선택한 레벨에 정렬'을 클릭합니다.
레벨 선택창이 나타납니다. 여러 레벨을 선택할 수도 있지만 지금은 2F만 선택하고 확인을 클릭합니다. 클립보드에 복사했던 벽을 2층에 붙여넣기 하는 것입니다.

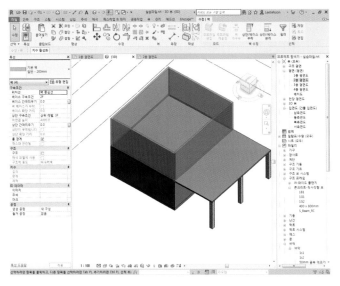

17 벽이 2층 레벨에 생성되었습니다.

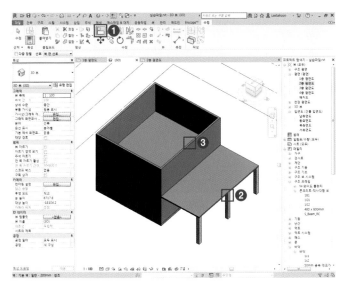

18 다시 '수정 - 수정 - 정렬' 명령을 실행합니다. 기준선을 바닥의 옆면이나 기둥의 옆면을 클릭해서 기준으로 하고, 복사된 벽의 한쪽 면을 선택해서 정렬합니다.

19 정렬이 완료되었습니다. Esc 키를 눌러 명령을 종료합니다.

Section 5 | 커튼월

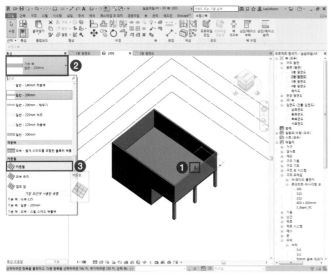

01 2층의 정면 쪽의 벽을 선택하고 특성 창의 유형 타입을 클릭합니다. 여러 가지 벽 타입이 있습니다. 스크롤을 계속 내리다 보면 아래쪽에 커튼월이 있습니다.

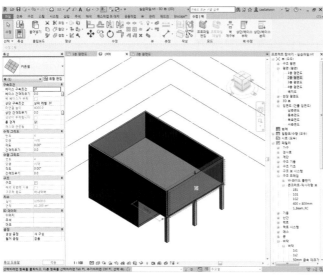

02 가장 첫 번째 커튼월을 선택하면 벽의 유형이 커튼월로 변경됩니다. 커튼월은 커튼월벽 자체가 있고 패널과 멀리언, 그리드 3가지 요소로 구성되어 있습니다. 현재 커튼월은 아무 것도 정의되어 있지 않기 때문에 하나의 투명한 벽처럼 보입니다.

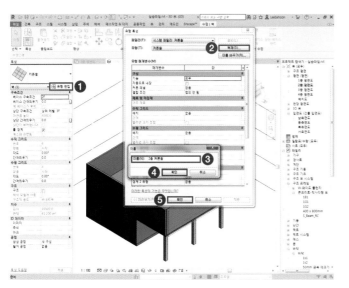

03 만들어진 커튼월의 유형 편집을 클릭해서 유형 특성 창이 나오면 복제를 합니다. 유형 이름을 2층 커튼월로 입력하고, '확인'을 클릭합니다.

04 하나씩 요소를 추가해 보겠습니다.

먼저 '유형 매개변수 - 구성 - 커튼 패널'의 값은 없음으로 되어 있습니다. 이것은 패널이 없다는 것이 아니라 지정된 유형이 없다는 뜻이기 때문에 기본 값으로 설정되어 있습니다. 특정한 패널 유형이 필요할 때 바꿔줄 수 있지만 지금은 기본 값을 변경하지 않고 사용하겠습니다.

05 '유형 매개변수 - 수직 그리드- 배치'의 값 부분을 클릭하면 고정거리, 고정개수, 최대/최소 간격을 선택할 수 있습니다.

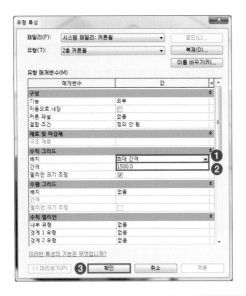

06 최대 간격을 선택합니다. 아래의 수직 그리드 - 간격에 설정된 값을 기준으로 그 값을 넘지 않게 그리드를 분할하는 것입니다. 간격 값은 1500으로 그대로 하고 '확인'을 클릭합니다.

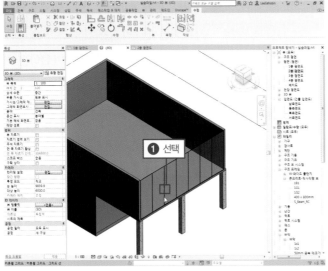

07 커튼월이 세로로 분리되었습니다. 이 분리된 간격은 최대 1500을 넘지 않는 선에서 등 간격으로 분할된 것입니다. 커튼월의 나눠진 선 부분으로 마우스를 가져가서 클릭하면 커튼월 그리드를 선택할 수 있습니다.

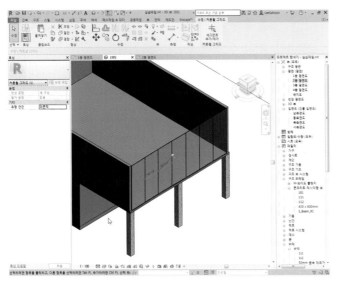

08 그리드가 한 번에 선택되지 않을 때는 Tap 키를 눌러가며 선택할 수 있습니다. 그리드와 패널, 벽 등이 차례로 돌아가며 활성화되는 것을 확인할 수 있습니다. 이런 방법으로 특정 그리드나 패널을 선택할 수도 있습니다. 한 개의 그리드를 선택하면 선택된 그리드 좌우로 간격이 표시가 되고 핀으로 고정되어 있습니다.

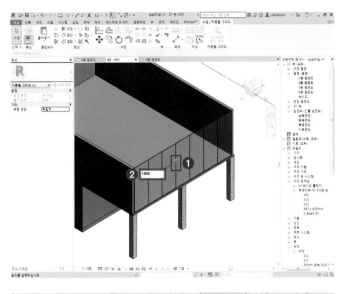

09 커튼월의 유형 특성에서 간격이 정의되어 있기 때문에 그리드가 모두 핀으로 고정되어 있습니다. 핀을 클릭해서 잠금 해제하고 수치를 클릭해서 원하는 간격으로 입력합니다. 수치를 입력하면 선택된 그리드만 움직이고 나머지 그리드는 계속 고정되어 있습니다.

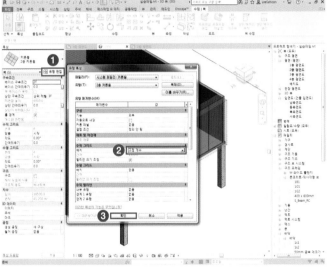

10 다시 핀을 클릭해서 잠그면 그리드가 다시 일정한 간격으로 돌아갑니다. 최소 간격은 반대로 생각하시면 됩니다. 간격 입력 값을 넘는 수치로 등 간격으로 분할됩니다. 이번에는 다시 커튼월 벽을 선택해서 유형 편집으로 들어갑니다. 수직 그리드를 고정 개수로 바꾸고 '확인'을 클릭합니다.

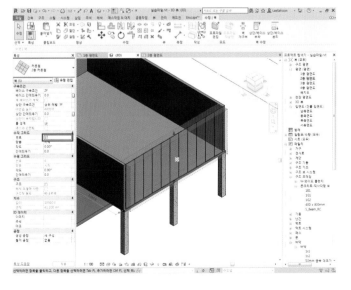

11 특성 창에 수직 그리드 - 번호가 활성화되었습니다. 이 수치를 10으로 변경해 보겠습니다. 수치를 바꾸면 커튼월의 수직 그리드의 개수가, 바뀌는 수치에 맞게 등 간격으로 분할되는 것을 확인할 수 있습니다.

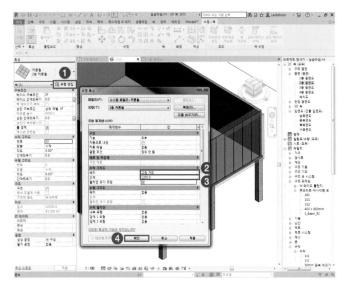

12 다시 커튼월을 선택하고 유형 편집을 클릭합니다. 수직 그리드의 배치를 가장 많이 사용하는 고정 거리로 바꾸고, 간격 값을 1200으로 설정하고 확인을 클릭합니다.

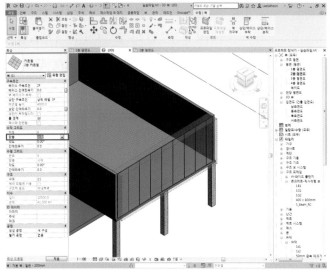

13 그리드의 간격이 1200으로 설정된 것을 확인할 수 있습니다. 하지만 마지막 그리드는 간격이 일정하지 않습니다. 한쪽 방향에서 1200간격으로 나누다 보니 마지막에 딱 떨어지지 않기 때문입니다.

'특성 창 - 수직그리드 - 맞춤'을 '끝'으로 바꾸면 그리드의 시작 방향을 반대로 설정할 수 있고, 간격띄우기 값을 변경하면 시작되는 간격을 임의로 조정할 수도 있습니다.

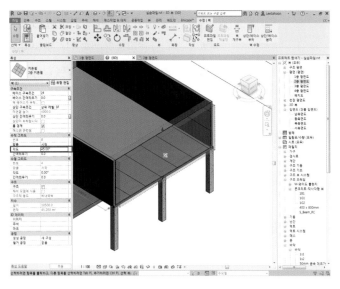

14 '특성 창 - 수직 그리드 - 각도'는 그리드의 각도를 -89~89° 사이로 조정할 수 있습니다. 각도 값을 입력하면 그리드 방향이 바뀌는 것을 확인할 수 있습니다.

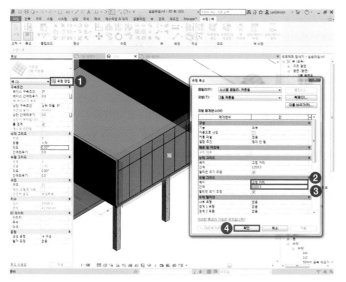

15 특성 창의 수직 그리드 간격띄우기와 각도를 원래대로 0으로 변경합니다. 수평 그리드 역시 마찬가지 방법으로 수정할 수 있습니다. 유형 편집에 들어가서 수평 그리드는 고정거리, 간격은 3000으로 맞추고 확인을 클릭합니다.

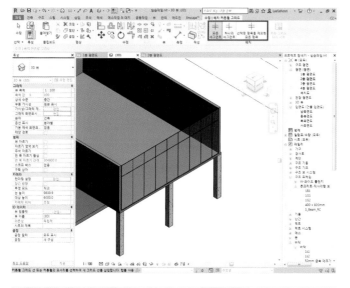

16 이번에는 인위적으로 그리드를 추가해 보겠습니다. 건축 - 빌드 - 커튼 그리드를 클릭합니다. 리본 메뉴가 수정/배치 커튼월 그리드로 변경됩니다. 커튼월 그리드 배치에는 3종류가 있습니다.

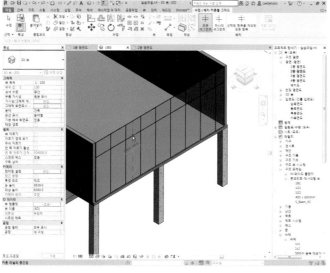

17 기본적으로 모든 세그먼트가 선택되어 있습니다. 마우스를 수평 커튼월 그리드 위로 가져가보겠습니다. 수직 방향으로 점선이 생기면서 임의로 추가할 그리드의 위치를 보여줍니다.

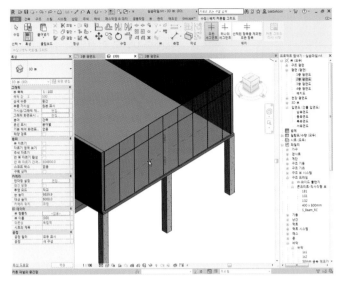

18 이번엔 수직 그리드 위로 마우스를 가져갑니다. 마찬가지로 가로 방향으로 점선이 생기면서 임의로 추가할 그리드의 위치를 보여 줍니다.

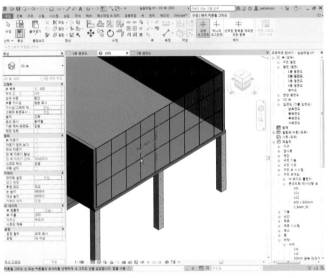

19 마우스를 조금씩 조정해서 간격을 맞출 수 있습니다. 수평 방향의 그리드를 하나 추가하겠습니다. 처음부터 마우스로 정확한 간격을 맞추면 좋지만 잘 맞춰지지 않는 수치이거나 할 때는 적당한 곳에 아무 곳이나 클릭해서 일단 생성합니다.

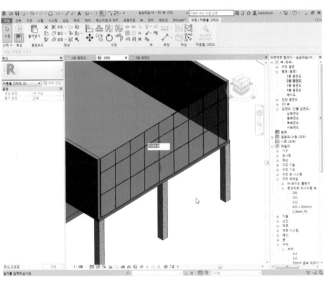

20 Esc 키를 두 번 눌러서 그리드 생성을 완료하고 새로 생성된 그리드를 클릭해서 선택합니다. 임의로 추가한 그리드는 핀이 체크되어 있지 않기 때문에 선택한 후 나타나는 수치를 클릭해서 간격을 조정할 수 있습니다. 기존 그리드와의 간격을 클릭합니다.

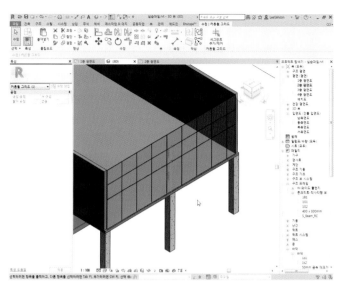

21 기존 그리드와의 간격을 1000으로 수정하고 Enter 키를 입력합니다. 그리드의 간격이 조정되었습니다.

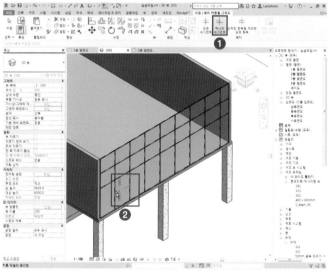

22 다시 건축 - 빌드 - 커튼 그리드를 클릭합니다. 이번에는 하나의 세그먼트를 선택하고 커튼월 아래쪽에 마우스를 움직여서 중간에 위치를 잡고 클릭해서 그리드를 추가합니다. 하나의 그리드 위에 하나의 세그먼트만 추가되었습니다.

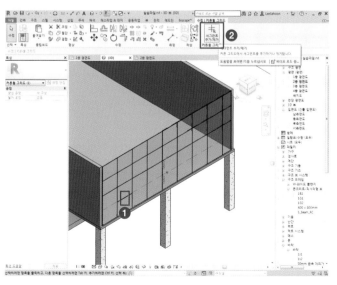

23 하나의 수평 그리드 위에 하나의 세그먼트만 추가된 것입니다. 즉, 같은 높이의 세그먼트를 추가하기 위해서는 그리드를 추가하는 것이 아니라 이미 생성된 그리드 위에 세그먼트만 추가하는 것입니다. Esc 키로 명령을 완료하고 방금 추가한 그리드를 선택하면 나타나는 수정 - 커튼월 그리드 탭에서 세그먼트 추가/제거 명령을 클릭합니다.

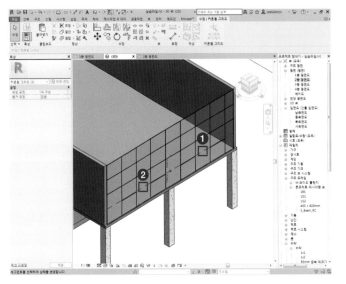

24 그리드 위치에서 이미 생성된 세그먼트 부분은 실선으로, 그려지지 않은 세그먼트 부분은 점선으로 표시됩니다. 이때 점선 부분을 클릭하면 그 위치에 세그먼트가 추가되면서 실선으로 바뀌게 됩니다. 한 개의 패널을 건너 점선을 클릭해서 세그먼트를 추가해 보겠습니다.

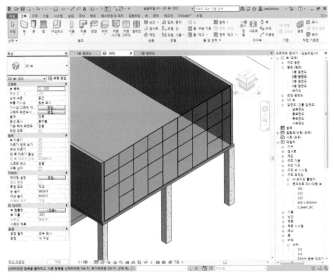

25 한 개의 그리드 위에 중간 중간 세그먼트가 추가되었습니다. 이렇게 원하는 위치에 세그먼트를 추가해서 패널을 나눌 수 있습니다.

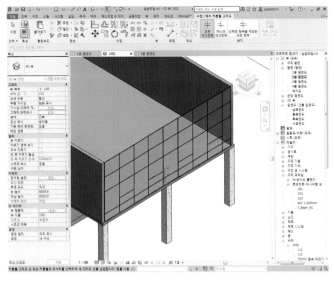

26 마찬가지 방법으로 세그먼트를 제거할 수도 있습니다. 아래쪽에 그리드를 하나 더 추가하고 Esc 키를 눌러 명령을 완료합니다.

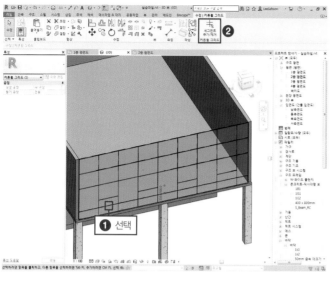

27 추가한 그리드를 선택하고 세그먼트 추가/제거 명령을 클릭합니다. 현재는 모든 세그먼트가 있는 그리드이기 때문에 모두 점선으로 표시됩니다.

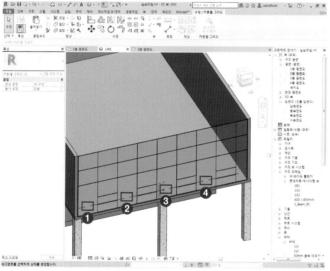

28 클릭해서 세그먼트 몇 개를 빼보겠습니다. 클릭하면 그 부분이 점선으로 바뀌면서 세그먼트가 지워집니다. 세그먼트가 남아있는 부분은 실전으로 변합니다.

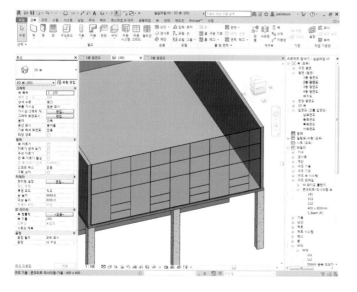

29 [Esc] 키를 눌러 명령을 완료합니다. 세그먼트 추가 제거는 그리드 위에서 이미 세그먼트가 있는 부분을 클릭하면 지워지고, 없는 부분을 클릭하면 추가되는 것을 확인할 수 있습니다. 이처럼 커튼월 그리드는 유형 편집에서 일정한 거리 값을 줄 수도 있고, 커튼 그리드 명령으로 원하는 위치에 넣을 수도 있습니다. 또한 각각의 세그먼트를 추가 제거를 통해 자유롭게 수정할 수 있습니다.

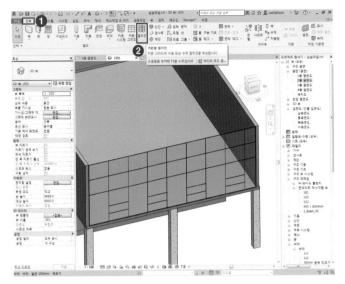

30 이번에는 멀리언을 추가해 보겠습니다. 건축 - 빌드 - 멀리언을 클릭합니다.

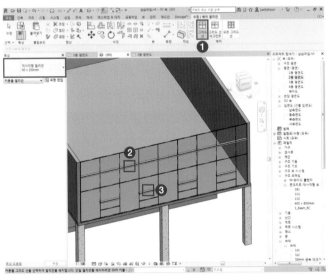

31 멀리언의 모양은 특성 창에서 선택할 수 있습니다. 원하는 유형을 선택하고 유형 편집을 통해서 크기를 조절할 수도 있습니다. 지금은 직사각형 멀리언 50 × 150mm를 그대로 사용하겠습니다. 배치에서 그리드 선을 선택하고 수평 그리드를 클릭합니다. 첫 번째와 세 번째 수평 그리드를 클릭한 모습입니다.

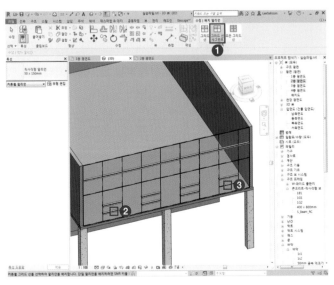

32 '그리드 선'은 하나의 그리드 전체에 멀리언을 넣는 명령입니다. 그리드 선 세그먼트는 그리드 위의 한 개의 세그먼트에만 멀리언을 넣습니다. 특정한 멀리언을 넣을 때 많이 사용합니다. 개별로 추가한 그리드를 클릭해서 멀리언을 넣은 모습입니다.

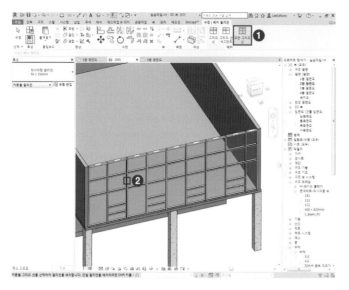

33 모든 그리드 선은 커튼월에서 멀리언이 없는 모든 그리드에 멀리언을 추가하는 명령입니다. 모든 그리드를 선택하고 커튼월을 선택하면 멀리언이 없는 모든 그리드에 지정된 멀리언을 추가합니다.

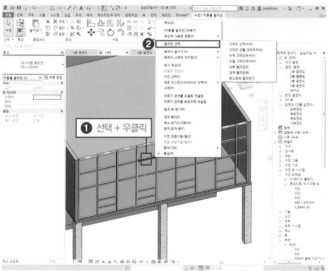

34 생성된 멀리언의 타입이나 결합 방향을 바꿀 수 있습니다. 한 번에 여러 멀리언을 바꾸기 위해 멀리언을 한꺼번에 선택하는 방법을 알아보겠습니다. 멀리언을 선택하고 그 위에서 마우스 우클릭을 합니다. 우클릭 한 메뉴 중 멀리언 선택 옵션을 확장해 보면 여러 가지 선택 메뉴들이 있습니다. 각각 하나씩 선택해서 어떻게 선택되는지 확인해 보겠습니다.

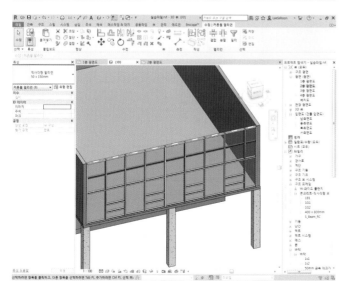

35 멀리언은 크게 수평과 수직 방향으로 나눌 수 있고, 내부와 경계 멀리언으로 나눌 수 있습니다. 첫 번째 '그리드 선에서'를 클릭하면 현재 선택된 그리드 선상의 멀리언이 선택됩니다.

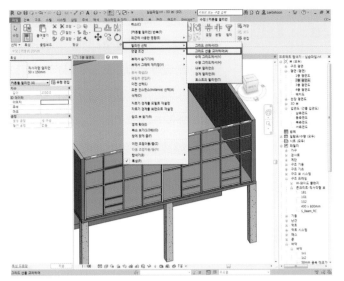

36 다시 하나의 멀리언만 선택된 상태에서 다시 우클릭을 하고 '멀리언 선택 - 그리드 선을 교차해서'를 선택해 보겠습니다.

다음 그림과 같이 현재 선택된 멀리언과 같은 방향이면서 수직 위치에 있는 멀리언들이 선택됩니다. 경계 멀리언이 아닌 내부 멀리언만 선택된 것을 확인할 수 있습니다.

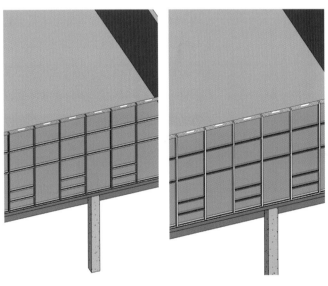

37 이번에는 '멀리언 선택 - 수직 그리드에서'를 클릭합니다.

현재 선택된 멀리언과 상관없이 내부에 있는 모든 수직 멀리언이 선택됩니다. 수평 그리드에서도 마찬가지로 내부의 모든 수평 멀리언이 선택됩니다. 수평 그리드와 수직 그리드를 각각 선택한 모습입니다.

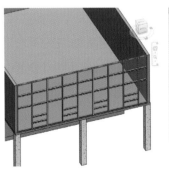

38 마찬가지로 멀리언 선택 후 '우클릭 - 멀리언 선택 - 경계 멀리언'과 '우클릭 - 멀리언 선택 - 내부 멀리언'을 각각 선택한 모습입니다.

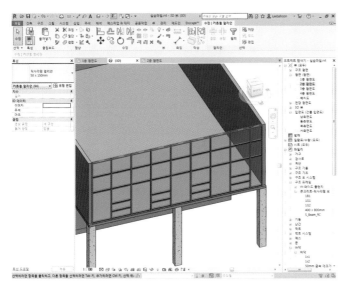

39 마지막으로 호스트의 멀리언이 있습니다. Revit에서 호스트라는 말이 가끔 나오게 되는데, 어떤 패밀리나 개체들이 종속되는 대상을 말합니다. 지금 멀리언은 커튼월에 속해있는 개체입니다. 즉 이 멀리언의 호스트는 커튼월이 되는 것입니다. 멀리언 선택 후 '우클릭 - 멀리언 선택 - 호스트의 멀리언'을 선택하면 이 커튼월에 속한 모든 멀리언이 선택됩니다.

40 여러 가지 커튼월 멀리언 선택 방법을 알아보았습니다. 커튼월 패널도 비슷한 방법으로 선택이 가능합니다. 커튼월 패널을 하나 선택하고 우클릭하면 비슷한 메뉴가 나옵니다. 자세한 설명은 생략하도록 하겠습니다.

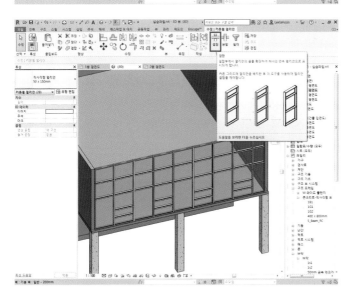

41 빈 곳을 클릭해서 선택을 모두 해제를 하고, 멀리언의 결합 방향을 바꾸기 위해 경계 멀리언만 선택해 줍니다. 멀리언이 선택되면 '수정/커튼월 멀리언 - 멀리언 - 결합'을 클릭합니다.

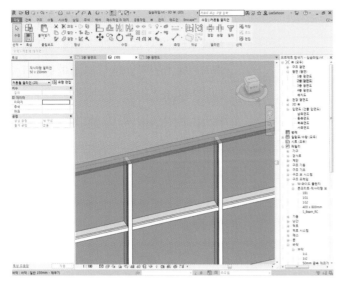

42 분할된 경계 멀리언이 모두 결합 상태로 바뀌는 것을 확인할 수 있습니다. 이런 식으로 전체를 결합할 수도 있고 개별적으로 선택해서 결합 또는 분할을 이용해서 결합 우선 순위를 변경할 수 있습니다.

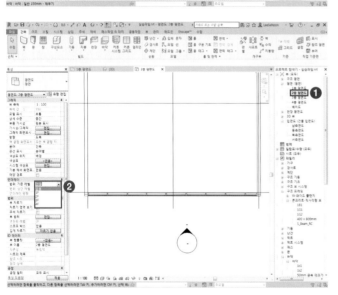

43 커튼월 작성이 어느 정도 되었습니다. 이번에는 벽의 결합 상태를 정리하고 벽에 커튼월을 넣어 보겠습니다. 2층 평면도를 열어서 언더레이를 없음으로 변경합니다. 커튼월 양쪽 끝 벽의 결합이 이상하게 되어 있습니다.

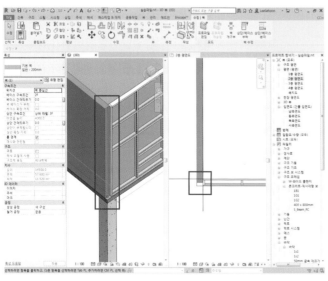

44 단축키 W T 를 눌러서 창을 정렬해서 보겠습니다. 벽을 커튼월로 바꿨기 때문에 기존 결합 모양 그대로 벽이 있어서 결합 모양이 이상해 보입니다.

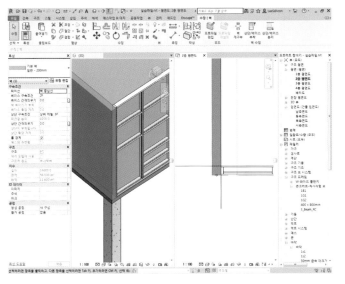

45 평면 뷰에서 벽 끝점을 끌어서 제 위치에 놓겠습니다. 벽을 선택하고 끝점을 드래그해서 바닥 끝선에 맞춰줍니다. 반대쪽 벽도 마찬가지로 끝점을 맞춰줍니다.

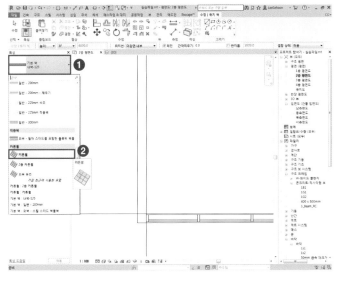

46 다시 2층 평면도를 최대화합니다. 한쪽 면 전체가 커튼월인 경우도 있지만, 일부분만 커튼월로 되어 있는 경우도 많습니다. 그럴 경우 벽을 먼저 그리고 커튼월을 벽에 내장시키는 방법이 편한 경우가 많습니다. 또한 이러한 방식은 나중에 문이나 창문을 추가하는 방식과 거의 같기 때문에 잘 알아두시는 것이 좋습니다. '건축 - 빌드 - 벽'을 클릭하고 특성 창에서 벽의 타입을 커튼월로 선택합니다.

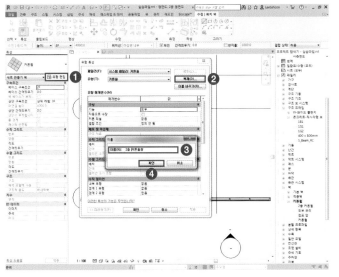

47 유형 편집으로 들어가서 새로운 커튼월 타입을 만들어 주겠습니다. 복제를 클릭하고 이름을 '2층 커튼월창'으로 입력하고 확인을 클릭합니다.

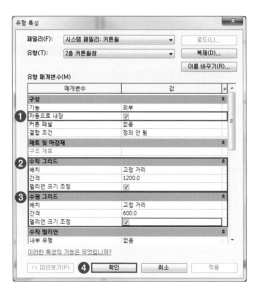

48 유형 매개변수의 '자동으로 내장'을 체크해 줍니다. 이 기능은 벽 위에 커튼월을 그렸을 경우 벽에 자동으로 커튼월과 결합해서 내장되는 기능입니다.

수직 그리드와 수평 그리드를 고정거리로 바꾸고 각각 거리를 1200, 600으로 입력해서 유형 편집을 완료합니다.

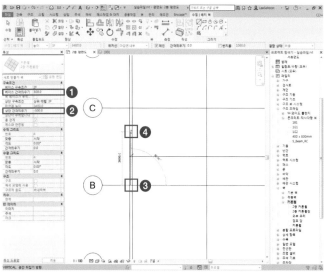

49 특성 창에서 베이스 간격띄우기를 300, 상단 간격띄우기를 -300으로 입력하고 그리드 B에서 C 방향으로 커튼월을 3600 길이만큼 그려줍니다. 그리드 1열 위에 작성하면 기존 벽 위치와 같은 곳에 그려지게 됩니다.

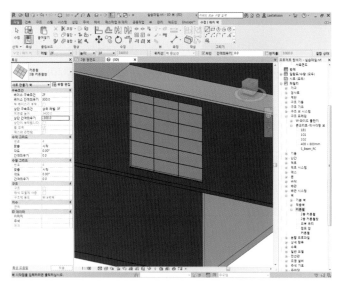

50 3D뷰에서 커튼월의 모습을 확인하겠습니다. 벽 안에 커튼월이 자동으로 내장되어 작성된 것을 확인할 수 있습니다.

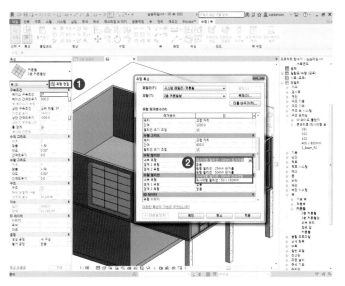

51 전면 커튼월은 그리드를 나누고 멀리언을 직접 넣었습니다. 이번에는 커튼월 타입 자체에 멀리언을 추가하겠습니다.

2층 커튼월창을 선택하고 유형 편집으로 들어갑니다. 수직 멀리언과 수평 멀리언 탭에 내부 유형과 경계1, 2를 각각 설정해 줄 수 있습니다. 내부 유형을 선택하면 나오는 작은 삼각형을 클릭합니다. 현재 프로젝트에 로드되어 있는 멀리언 중에 내부 그리드에 들어갈 수 있는 멀리언 유형이 모두 나타납니다.

52 내부 멀리언을 30mm 정사각형, 경계 멀리언을 50 × 150mm 으로 모두 바꿔 주겠습니다. 수직과 수평 멀리언 모두 경계1, 2로 나누어져 있기 때문에 상하와 좌우를 각각 다른 멀리언으로 지정해 줄 수 있습니다.

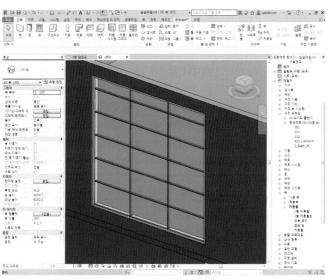

53 '확인'을 클릭하면 다음과 같이 커튼월에 멀리언이 추가된 것을 확인할 수 있습니다. 유형의 속성을 정의해준 것이기 때문에 다음부터 2층 커튼월 유형을 생성하면 똑같은 조건으로 그리드와 멀리언이 추가됩니다.

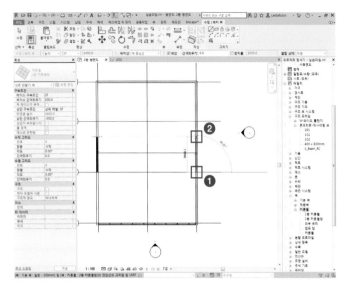

54 반대쪽 창에 커튼월을 추가해서 확인해 보겠습니다. 2층 평면도 뷰를 열고 '건축 - 빌드 - 벽'을 클릭하면 이전과 똑같은 유형 및 특성 값의 커튼월이 작성됩니다. 그리드 3-B 위치에 같은 커튼월을 그려보겠습니다.

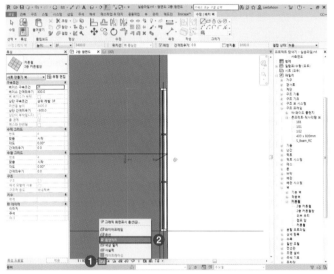

55 커튼월도 안쪽과 바깥쪽이 있습니다. 그린 부분을 확대해서 보면 커튼월 패널이 한쪽으로 치우쳐져 있는 것을 확인할 수 있습니다. 잘 보이지 않기 때문에 뷰 모드를 음영 모드로 바꿔서 보겠습니다.

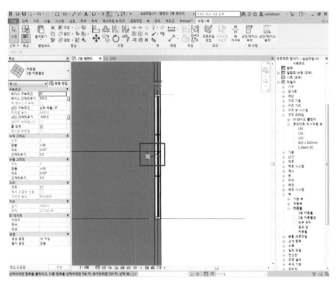

56 커튼월 벽을 선택하면 나오는 작은 화살표를 클릭하거나, 키보드 Space bar 를 눌러서 방향을 바꿔줍니다.

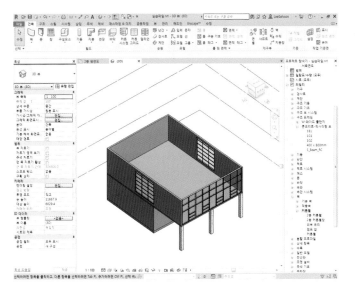

57 3D뷰를 열어서 모델링된 모습을 확인합니다.

| Section 6 | **지붕 모델링** |

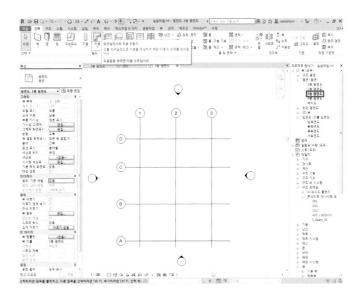

01 마지막으로 지붕을 만들고 기초 기능 설명을 마치겠습니다. 이 장에서 설명되지 않은 요소들은 다음 모델링을 하면서 더 알아보겠습니다. 3층 평면도를 열고 '건축 - 빌드 - 지붕'을 클릭합니다.

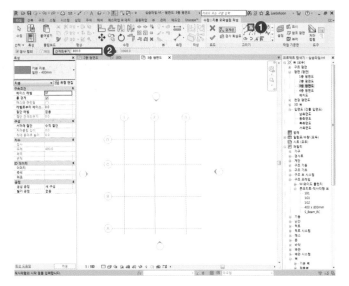

02 마찬가지로 특성 창에서 유형을 선택하거나, 유형 편집을 통해서 새로운 유형이나 기존 유형의 속성을 바꿀 수 있습니다. 베이스 레벨과 레벨로부터 베이스 간격띄우기는 바닥 설정하는 것과 같기 때문에 따로 설명 드리지 않겠습니다.

그리기 모드에서 사각형을 클릭합니다. 옵션 바의 간격띄우기에 300을 입력합니다.

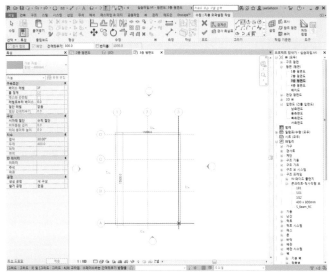

03 1-D 그리드의 교차점과 3-A 그리드의 교차점을 차례로 클릭해서 사각형 영역을 작성합니다. 선마다 작은 삼각형 표시가 되어 있습니다. 이 삼각형은 경사 정의입니다. 기본적으로 옵션 바에 경사 정의가 체크되어 있기 때문에 선이 그려질 때마다 나타나게 됩니다.

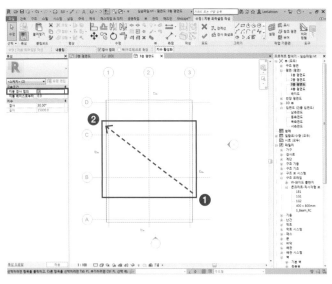

04 [Esc]키를 눌러 그리기 모드를 완료하고 좌우 두 개의 선들을 선택해 줍니다.

특성 창을 보면 지붕 경사 정의가 체크되어 있고 경사는 30°로 되어 있습니다. 경사 정의를 체크해제해 주겠습니다.

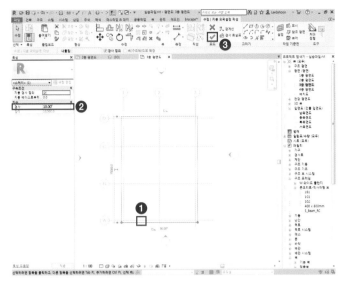

05 이번에는 아래쪽 선을 선택해서 특성 창의 경사 값을 10°로 변경하겠습니다. 좌우 측은 경사가 없고, 아래쪽과 위쪽은 경사를 다르게 설정했습니다. 편집 모드 완료를 클릭해서 지붕 그리기를 완료합니다.

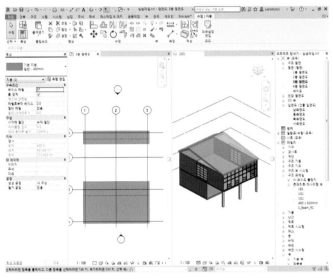

06 평면 뷰에서는 잘 확인이 되지 않습니다. 3D뷰를 열어서 함께 보겠습니다. 설정한 각도대로 지붕의 모습이 자동으로 생성되었습니다.

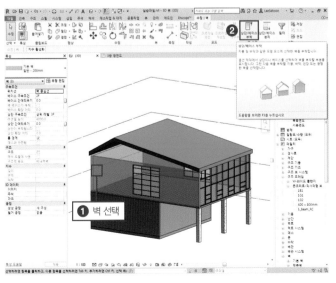

07 떨어진 벽을 지붕에 부착시키겠습니다. 커튼월을 제외한 3개의 벽을 선택하고 '수정/벽 - 벽 수정 - 상단/베이스 부착'을 클릭합니다.

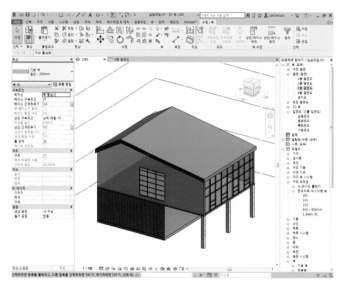

08 이어서 지붕을 클릭하면 벽의 상단이 지붕에 부착됩니다.

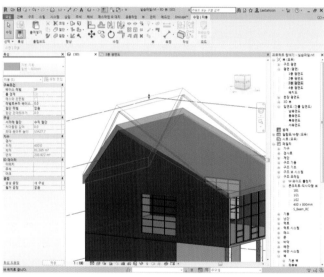

09 부착된 벽은 지붕이 변경되면 그에 맞게 따라서 변경됩니다. 지붕의 높이를 변경하거나 지붕을 선택하면 나타나는 화살표를 드래그해서 지붕의 모양을 변경하면 벽이 지붕에 맞게 수정되는 것을 확인할 수 있습니다.

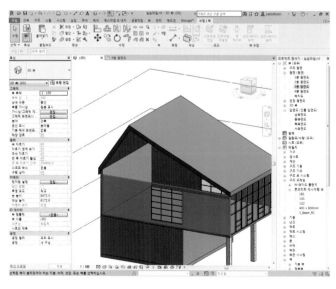

10 부착된 벽은 벽을 선택하고 상단/베이스 분리를 클릭하고 모두 분리를 클릭하면 부착이 해제됩니다. 현재의 기본 연습 모델링을 완료하고 다음 장에서 좀 더 자세한 기능들을 학습하겠습니다.

· TIP **새로운 기능 :** 3D뷰에있는 레벨틀을 선택하면 해당 레벨 높이를 가상으로 표시해 줍니다.

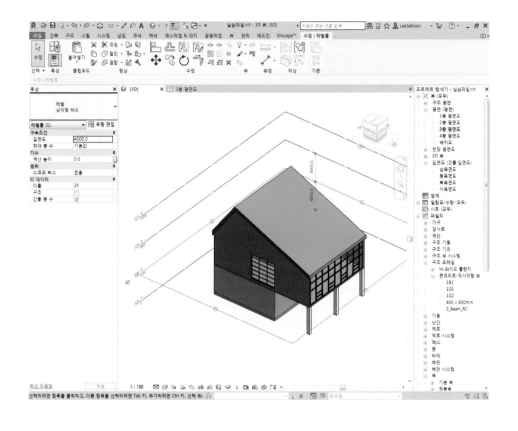

03.

근린생활
시설 모델링

이번 Part에서는 실무 예제를 통해 설계 툴로서 Revit에 접근하겠습니다. 물론 이
책은 Revit을 기능 위주로 알려주는 책이지만, 기능만 나열해서 설명하면, 실제 프
로젝트에서 어떤 방식으로 적용을 해야 할지 잘 모르는 부분들이 많이 생기게 됩니다.
그래서 아주 기초적인 기능들은 앞에서 살펴보았고, 이 Part에서는 실제 프로젝트와
유사한 방식으로 접근하고 필요한 기능 위주로 그때마다 설명하겠습니다.

01 CHAPTER 프로젝트 진행 방식 및 개요

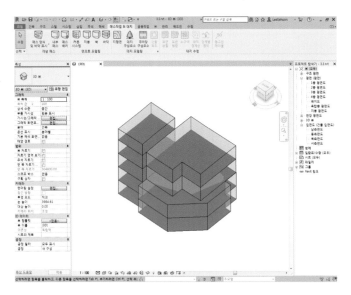

01 실제 프로젝트에서는 주어진 조건에 맞게 매스를 이용해서 다양한 형태를 쉽게 만들어 볼 수 있습니다. 매스 형태를 만들거나 수정하면 자동으로 층별 면적과 전체 연면적이 계산되기 때문에 면적과 형태를 확인해 가면서 만들 수 있습니다.

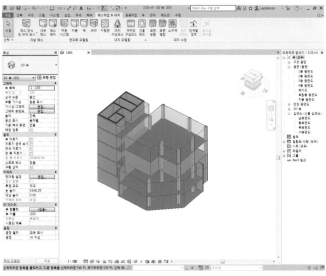

02 매스를 바탕으로 구조부재부터 하나씩 살을 붙여가는 방식입니다. 다양한 매스 형태를 만들고 대략적인 모델을 빠르게 작성하는 방법은 마지막에 따로 다루도록 하겠습니다.

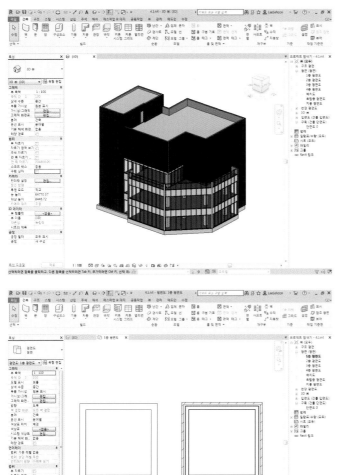

03 모델링을 구체화하면서 프로젝트를 진행합니다.

04 설계 단계별로 모델의 LOD(Level Of Detail)가 달라집니다. 처음부터 오른쪽 벽처럼 자세하게 모델을 작성하지 않습니다. 왼쪽 벽처럼 구조와 마감을 구분하지 않고 하나의 벽으로 작성하다가 프로젝트가 진행될수록 점점 오른쪽 벽처럼 디테일 수준이 높아지게 됩니다.

05 국내에서는 조달청에서 문서화된 BIM 적용 지침서를 배포하고 있습니다. 조달청 시설 사업의 계획 설계 단계, 중간 설계 단계 및 실시 설계 단계에 BIM 기술을 적용하기 위한 최소의 요건을 정의하고, BIM 데이터를 시공 및 유지관리 단계에도 사용할 수 있도록 BIM 업무에 대한 기준을 제공하기 위한 목적으로 작성되어 있는 파일입니다. 현재 1.32 버전까지 있으며 파일은 조달청 홈페이지에서 다운 받거나 다음의 페이지에서 다운 받으실 수 있습니다.

·TIP
http://cafe.naver.com/rbim/4803
너무 많은 내용을 담고 있어서 처음 접하시는 분들은 용어나 설명이 어려울 수 있습니다. 당장 실무에 적용해야 할 분이 아니라면, 지침서에서 각 설계 단계별 BIM 데이터 작성 기준 정도만 참고하시면 됩니다.

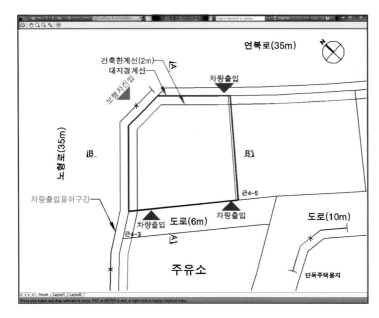

06 이제부터 작성할 모델은 위의 단계별 적용을 참고해서 학습을 위해 임의로 수준을 조절하겠습니다.

다음과 같이 생긴 대지가 있습니다. 다음 대지에 근린생활 시설을 Revit으로 만들어 보겠습니다.

조건은 다음과 같습니다.

- **대지면적 :** 594.4㎡
- **건폐율 :** 60% 이내
- **용적률 :** 180% (최대 200%) 이내
- **주차대수 :** 8대
- **조경 :** 10% 이상
- **높이 제한 :** 20m

02 CHAPTER 대지 작성 및 규모 검토

이어서 규모 검토를 하겠습니다. 매스 기능을 이용해 규모 검토를 하고 프로젝트의 대지를 작성합니다.

Section 1 캐드 파일 링크

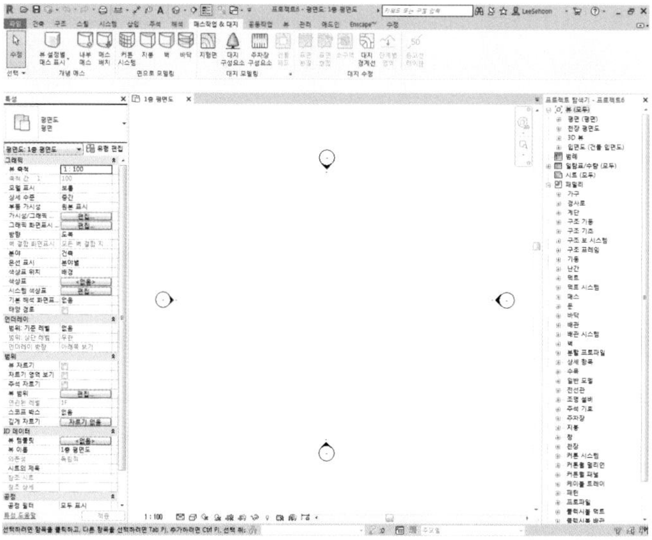

01 Revit을 실행시키고 건축 템플릿을 클릭해서 새로운 파일을 생성합니다.

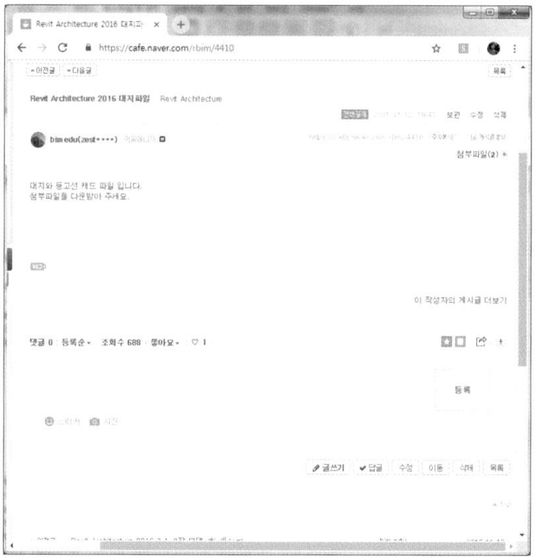

02 대지 캐드 파일을 Revit으로 불러들이겠습니다. http://cafe.naver.com/rbim/4410 경로에서 첨부 파일을 모두 다운 받습니다.

03 '삽입 - 링크 - CAD 링크'가 있고, '삽입 - 가져오기 - CAD 가져오기'가 있습니다. 가져오기는 캐드 파일을 프로젝트로 완전히 내재시키는 개념이고, 링크는 외부 참조라고 생각하시면 됩니다. 링크로 가져온 캐드 파일은 원본 캐드 파일이 업데이트가 됐을 경우 링크된 캐드 파일도 업데이트를 시킬 수 있습니다.

'삽입 - 링크 - CAD 링크'를 클릭합니다.

링크를 지정하는 창이 나타납니다.

❹ '현재 뷰만'을 체크합니다. 링크된 캐드 파일을 현재의 평면 뷰에서만 보겠다는 옵션입니다.

❺ '색상'은 반전시켜 줍니다. 캐드의 배경은 검은색이지만, Revit의 배경은 하얀색입니다. 반드시 반전을 시킬 필요는 없지만 색을 반전시켜 주는 것이 보기 편한 경우가 많습니다.

❻ '가져오기 단위'는 캐드 파일의 단위를 설정하면 됩니다. 대부분 자동으로 해도 이상 없이 들어오지만, 캐드 파일의 단위를 알고 있으면 지정해 줍니다.

❼ 위치는 '자동 - 원점 대 원점'으로 지정합니다. 캐드 파일의 원점을 Revit 파일의 원점으로 불러들입니다. 원점이 멀리 떨어져 있거나 하면 '자동 - 중심 대 중심'으로 불러들이고 위치를 수정하는 것이 편합니다.

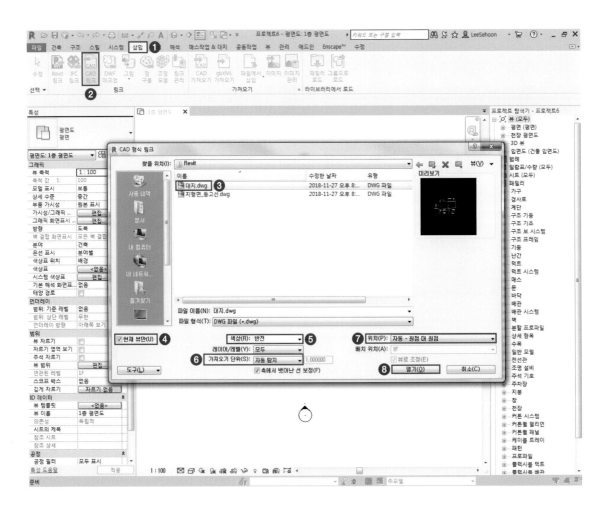

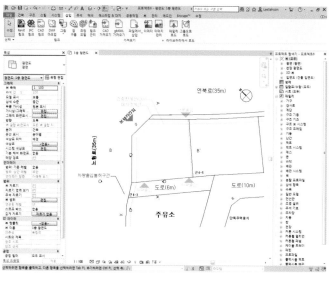

04 파일을 선택하고 열기를 클릭하면 캐드 파일이 프로젝트로 링크됩니다.

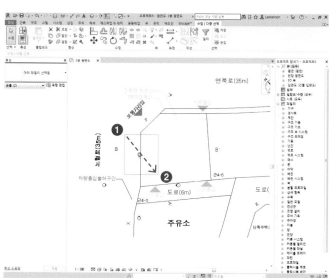

05 입면도를 나타내주는 뷰 패밀리의 위치가 한쪽으로 치우쳐져 있기 때문에 적당하게 옮겨 주겠습니다. 입면뷰 패밀리의 원이나 삼각형만 클릭해서 이동하는 것이 아니라 삼각형과 원, 둘 다 선택해서 옮겨야 합니다. 마우스를 왼쪽에서 오른쪽으로 드래그해서 같이 선택해 줍니다. 특성 창을 보면 두 개의 패밀리가 선택된 것을 확인할 수 있습니다.

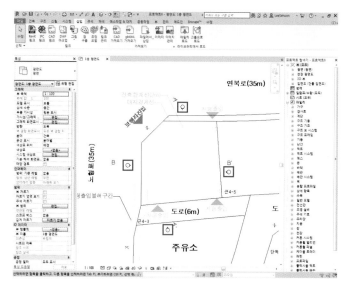

06 입면뷰 4개 모두 드래그나 이동 명령을 사용해서 적당한 위치로 옮겨 주겠습니다.

Section 2	레벨 생성

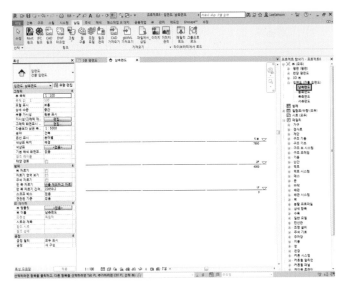

01 레벨을 생성하기 위해 프로젝트 탐색기에서 남측면도를 열어 줍니다.

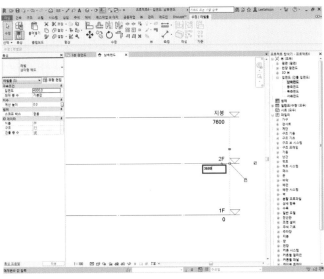

02 높이 제한과 층고를 고려해서 전체 층은 4개 층으로 하고 각 층고는 3600으로 통일하겠습니다.

기존 레벨의 높이 값을 더블클릭해서 값을 바꿔줍니다. 2F를 3600으로 수정합니다.

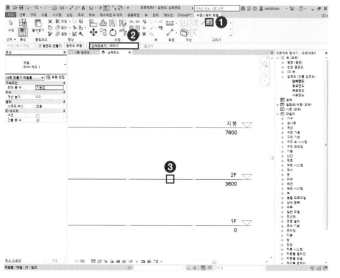

03 '건축 - 기준 - 레벨' 명령을 클릭하고, 그리기 모드에서 선 선택을 클릭합니다. 옵션의 간격띄우기에 층고인 3600을 입력합니다. 2F 레벨에 마우스를 가져가면 3600 간격으로 점선이 그려집니다. 아래쪽 방향이 아니라 위쪽 방향으로 점선이 생성되도록 마우스 위치를 가져가서 클릭합니다.

04 2G 레벨이 7200 높이에 생성됩니다. 연속해서 2G 레벨을 클릭해서 위쪽으로 레벨이 생성되도록 합니다. 반복해서 레벨을 다음 그림과 같이 생성해 줍니다.

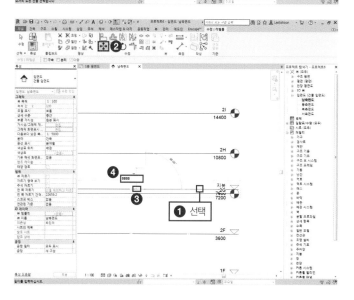

05 Esc 키를 두 번 눌러 그리기 모드를 종료하고 기존의 지붕 레벨을 선택해 줍니다. '수정/레벨 - 수정 - 이동'을 클릭해서 위쪽 방향으로 9800만큼 이동시켜 줍니다.

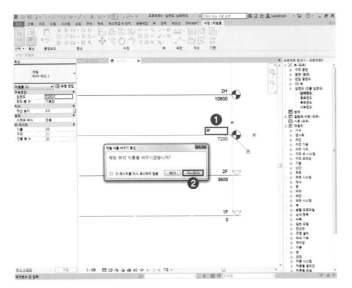

06 레벨의 위치는 맞춰 놓았고 이름과 레벨 헤드 모양을 바꿔 주겠습니다. 2G를 더블 클릭해서 3F로 바꿔 줍니다. 프로젝트 탐색기에서 해당 뷰의 이름을 바꿀지 여부를 물어보는 창이 나타납니다. '아니요'를 선택합니다.

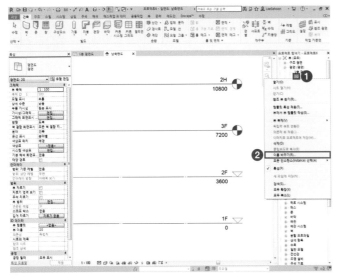

07 '아니요'를 선택하고, 프로젝트 탐색기에서 2G를 선택하고 우클릭하면 나오는 메뉴 중 '이름 바꾸기'를 선택합니다. 이름에 3층 평면도를 입력합니다.

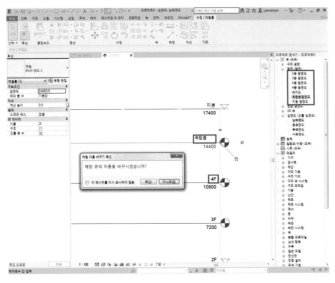

08 같은 방식으로 2H를 4F 및 4층 평면도로, 2I를 옥탑층 및 옥탑층 평면도로 이름을 설정해 줍니다.

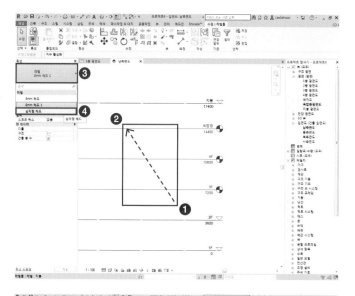

09 레벨 헤드 모양이 다른 중간 세 개의 레벨을 드래그로 한 번에 선택해서 특성 창에서 레벨 헤드를 변경하겠습니다. 삼각형 헤드로 변경합니다.

10 레벨 설정이 완료되었습니다.

Section 3   **매스 작성**

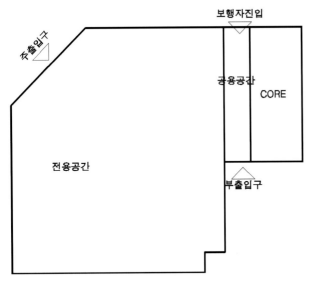

01 대략적인 평면 계획은 다음과 같이 결정되었다고 가정하겠습니다.

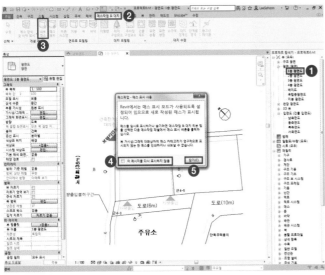

02 평면 계획 형태를 기본으로 매스 스터디를 해보겠습니다. 전체적인 크기와 면적을 확인하면서 매스 형태를 조정하겠습니다.

프로젝트 탐색기에서 1층 평면도를 열어 줍니다. '매스 작업 & 대지 - 개념 매스 - 내부 매스' 명령을 선택합니다. 내부 매스를 클릭하면 다음 팝업창이 나타납니다.

기본적으로 뷰 설정이 매스를 표시하지 않도록 설정되어 있기 때문에 뷰 설정을 매스가 보이도록 설정하겠다는 내용입니다. 메시지를 다시 표시하지 않음을 체크하고 닫기를 눌러 줍니다.

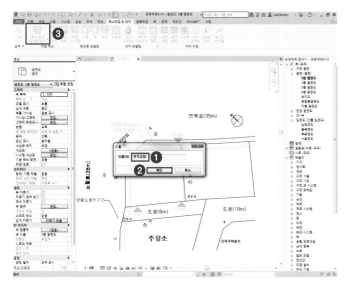

03 매스 양식 및 바닥 표시가 활성화 되고 새로 작성될 매스의 이름을 입력하는 창이 나옵니다. 적당한 이름을 입력하고 '확인'을 클릭합니다. 작성한 매스가 나중에 프로젝트를 다시 열거나 다른 뷰에서 보이지 않을 때는 '매스 작업 & 대지 - 개념 매스 - 매스 양식 및 바닥 표시'를 클릭하면 뷰에서 보입니다.

04 매스 그리기 모드로 전환됩니다. '그리기 - 직사각형'을 선택합니다.

적당한 크기로 사각형 코어를 그려줍니다. 현재 단계에서는 정확한 수치가 필요 없습니다.

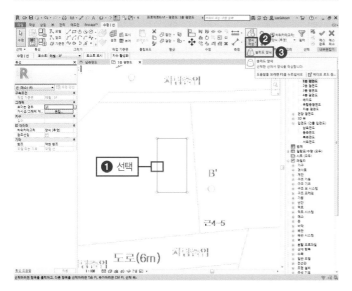

05 [Esc]키를 두 번 눌러서 그리기 모드를 완료합니다. 그린 사각형을 선택하고 '수정/선 - 양식 - 양식 작성'의 작은 삼각형을 클릭해서 솔리드 양식을 선택합니다. 평면 뷰에서는 확인이 되지 않습니다. 잠시 후 3D뷰에서 확인하겠습니다.

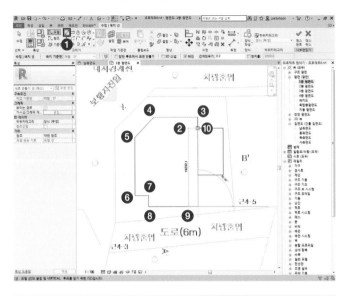

06 다시 그리기 모드에서 이번에는 '선'을 선택하고 미리 그린 코어 모서리에서부터 시작해서 개략적인 형상을 클릭해 가며 그려 줍니다.

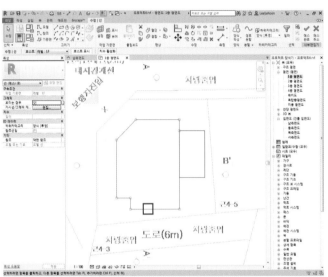

07 주의할 점은 그린 선은 '닫힌' 상태여야 합니다. 닫힌 선이란 처음과 끝이 연결돼서 모든 끝점이 서로 연결되어 있는 상태입니다. Esc 키를 두 번 눌러 그리기 모드를 완료합니다. 다음 그림과 같이 방금 그린 선을 선택하려고 했을 때 열린 부분 없이 한 번에 선택되면 맞게 그려진 상태입니다.

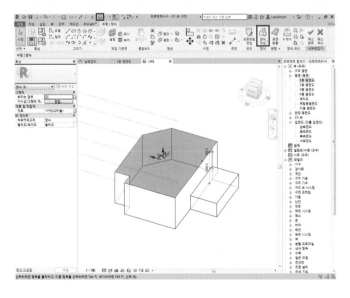

08 마찬가지로 선을 선택하고 '수정/선 - 양식 - 양식 작성 - 솔리드 양식'을 선택합니다. '빠른 실행 - 기본 3D뷰'를 클릭해서 확인해 보겠습니다.

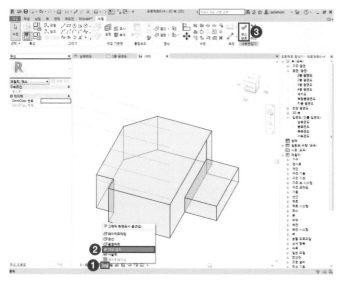

09 뷰의 비주얼 스타일을 음영처리나 색상 일치로 바꾸면 쉽게 형상을 확인할 수 있습니다.

모든 면이 막혀서 솔리드 형상이 보이면 정상적으로 만들어진 상태입니다. 잘 만들어졌다면 '수정 - 내부 편집기 - 매스 완료'를 클릭해서 매스 편집을 완료합니다.

10 완료된 매스를 선택하고 특성 창을 보겠습니다. 현재 선택된 매스의 전체 표면적과 전체 체적이 자동으로 계산되어 나타납니다. 그리고 만들어진 매스의 각 면마다 작은 화살표가 나타납니다.

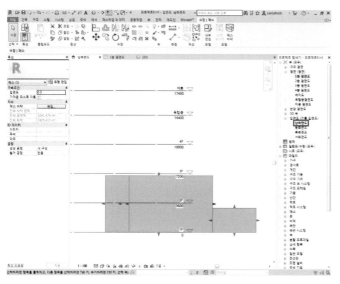

11 '프로젝트 탐색기 – 남측면도'나 상단 뷰탭의 남측면도를 열어서 높이를 조절하겠습니다.

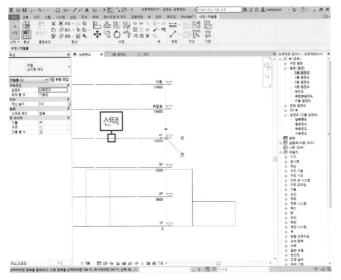

12 매스의 높이를 조절하기 전에 레벨을 보면, 모델 가운데에 헤드가 있기 때문에 위치를 옮겨 보겠습니다. 아무 레벨이나 한 개를 선택합니다. 수직 방향으로 점선이 표시되고 선택된 레벨에 자물쇠 모양이 나타납니다.

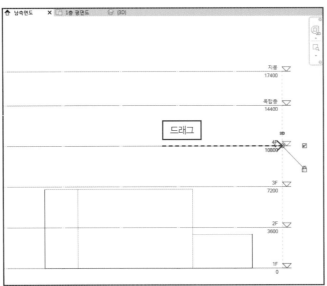

13 점선은 모든 레벨의 끝점이 정렬된 라인을 나타나고, 자물쇠는 한 개의 레벨 끝점을 움직이면 모두 함께 움직이게 하겠다는 표시입니다. 레벨 끝의 작은 원을 드래그 합니다.

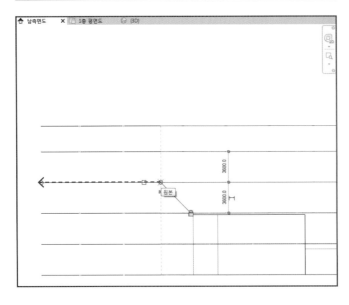

14 반대쪽에 너무 길게 그려진 레벨 끝점도 적당히 옮겨 줍니다. 마찬가지 방법으로 동측면도나 서측면도 중 하나를 열어서 정리해 줍니다. 반대쪽 측면도는 함께 조정됩니다. 남측면도 레벨의 길이를 조정하면 북측면도 함께 조정됩니다.

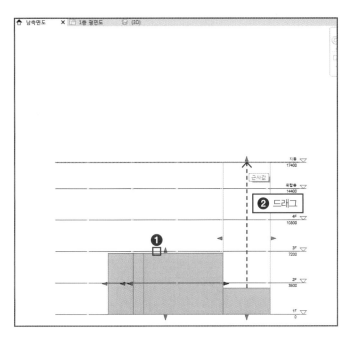

15 다시 매스를 선택해 보겠습니다. 선택하면 나타나는 작은 화살표 중에 코어의 위쪽 화살표를 드래그해서 지붕 레벨까지 끌어 줍니다.

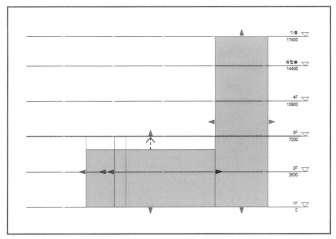

16 전용 공간 쪽의 화살표는 3층까지 끌어 줍니다.

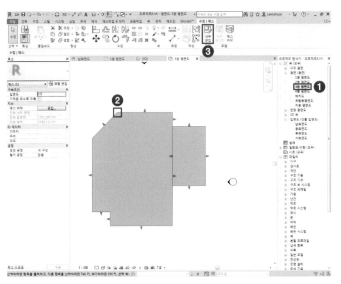

17 다시 3층 평면도로 이동하고 언더레이를 2층으로 설정합니다.

만들어진 매스를 선택합니다. '수정/매스 - 모델 - 내부 편집'을 클릭합니다. 만들어진 매스의 수정 모드로 들어가는 것입니다.

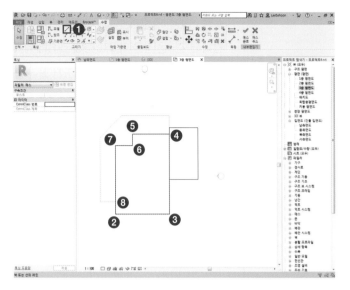

18 그리기에서 선을 선택하고 전용 공간 쪽에 남측과 동측은 기존 선과 맞추고 나머지는 다음과 비슷하게 선을 작성합니다. 닫힌 선으로 작성되어야 합니다.

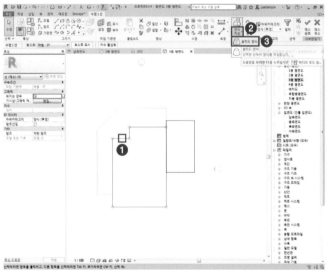

19 작성이 다 되었으면, 작성된 선을 선택하고 '수정/선 - 양식 - 양식 작성 - 솔리드 양식'을 클릭합니다. 되었으면 매스 완료를 클릭해서 수정을 마칩니다.

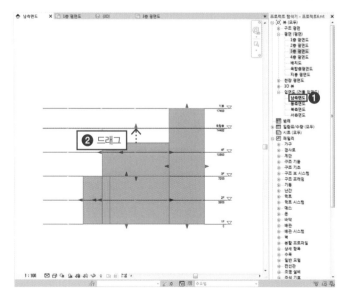

20 다시 남측면도로 이동해서 새로 작성된 매스의 위쪽 화살표를 옥탑층 레벨까지 드래그 합니다.

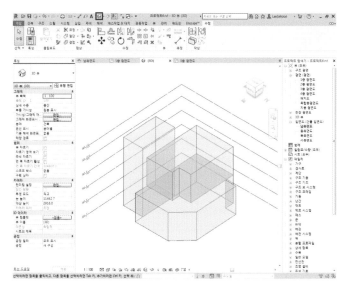

21 3D뷰 탭을 클릭해서 형상을 확인하겠습니다. 이처럼 여러 개의 형태를 조합해서 하나의 매스를 만들 수 있습니다.

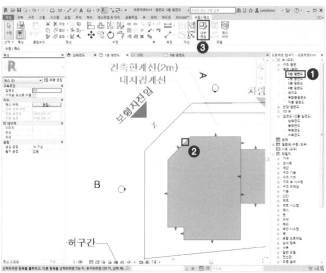

22 이번에는 보이드 양식을 이용해서 매스를 수정해보겠습니다. 1층 평면도로 이동해서 만들어진 매스를 선택하고 '수정/매스 - 모델 - 내부 편집'을 클릭합니다.

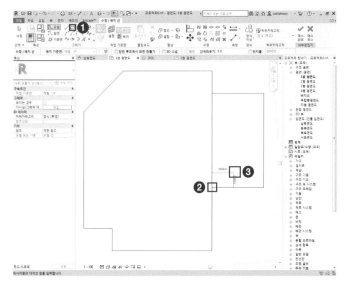

23 그리기 모드에서 직사각형을 선택하고 적당한 크기의 사각형을 작성합니다. 출입구 부분이므로 폭이 너무 좁지 않게만 작성합니다.

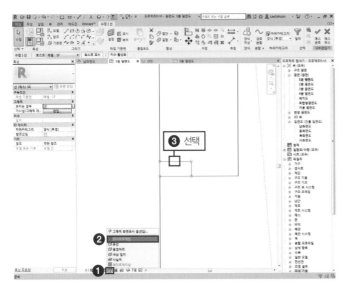

24 작성된 선이 보이지 않으면 비주얼 스타일을 와이어프레임으로 바꾸고 사각형을 선택합니다.

25 선택된 사각형을 이번에는 '수정/선 - 양식 - 양식 작성 - 보이드 양식'을 선택합니다. 사각형이 주황색으로 변했습니다. 사각형이 보이드 형태로 작성된 것을 나타냅니다.

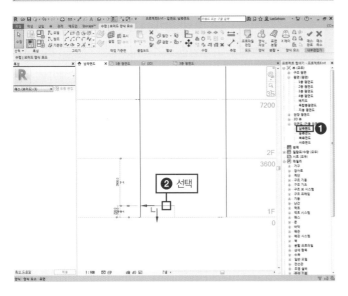

26 다시 남측면도로 이동해서 확인해 보면 작은 사각형이 생성되었는데 사각형의 위쪽 선을 선택하면 화살표가 나타납니다.

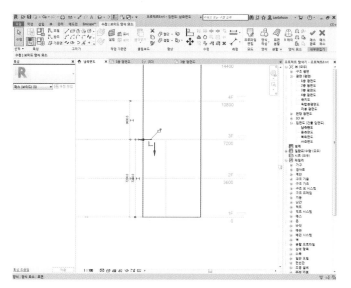

27 화살표를 드래그하면 화살표 방향으로만 이동됩니다. 파란색 화살표를 드래그해서 3층 레벨에 맞추겠습니다.

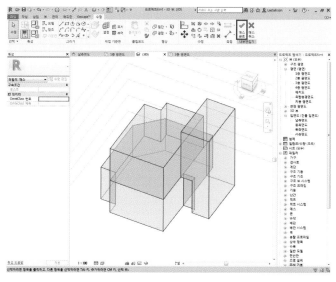

28 3D뷰로 이동해서 보이드 형상을 확인하고 작업창의 빈 곳을 클릭하면 자동으로 보이드가 됩니다. 매스 완료를 클릭해서 수정을 마칩니다.

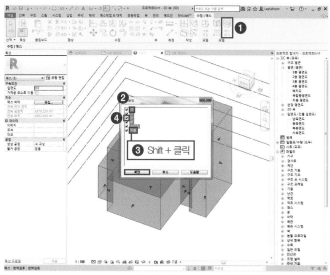

29 각 층별 면적을 알아보고 일람표를 작성해 보겠습니다.

매스를 선택해서 '수정/매스 - 모델 - 매스 바닥'을 클릭합니다.

나타나는 창에서 모든 레벨을 체크하고, '확인'을 클릭합니다.

1F를 선택하고 Shift 키를 누르고 지붕을 선택하면 모두 선택이 됩니다. 모두 선택된 상태에서 체크박스에 클릭하면 한 번에 체크할 수 있습니다.

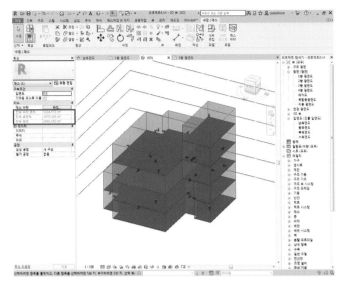

30 각 레벨에 맞게 매스에 바닥이 모두 생성되었습니다. 특성 창을 보면 전체 바닥 면적이 새로 표시되는 것을 확인할 수 있습니다. 모든 수치들은 모델이 수정되면 자동으로 변경됩니다. 나중에 학습하겠지만 매스의 형태를 기울어지거나 곡선 등으로 다양하게 만들 수도 있습니다. 이런 경우에도 층별 면적이나 전체 면적들을 쉽게 구할 수 있습니다.

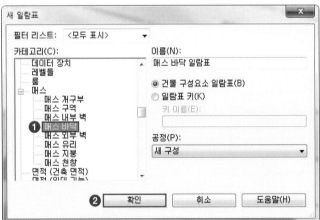

31 일람표를 이용해서 층별 면적을 살펴보겠습니다.
'뷰 - 작성 - 일람표 - 일람표/수량'을 클릭합니다. 새 일람표 창이 나타나면 카테고리에서 '매스 - 매스 바닥'을 선택하고 확인을 클릭합니다.

32 일람표 특성 창이 나타납니다. '필드' 탭에서 '레벨'을 선택하고 '추가'를 클릭합니다.

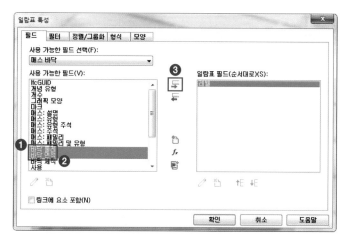

33 키보드 Ctrl 키를 이용해서 여러 가지 필드를 한꺼번에 선택할 수도 있습니다.

바닥 둘레를 선택하고 Ctrl 키를 누른 상태로 바닥 면적을 선택합니다. 그리고 '추가'를 클릭합니다.

34 일람표 필드에 3개의 필드가 추가되었으면 '정렬/그룹화' 탭으로 넘어 가겠습니다. 총계(G)를 체크해 줍니다.

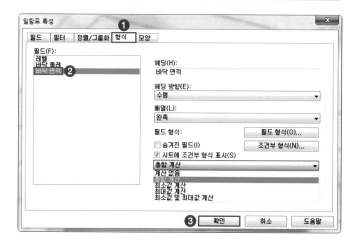

35 형식 탭으로 넘어가겠습니다. '형식' 탭에서 바닥 면적을 선택하고 계산 없음 항목을 클릭해서 '총합 계산'으로 변경합니다.

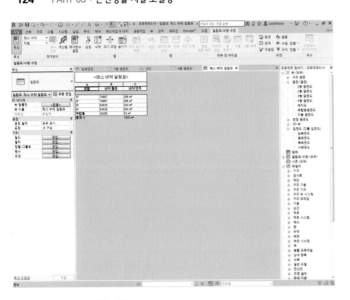

36 매스 바닥 일람표가 작성되었습니다. 각 층의 면적과 전체 연면적을 확인할 수 있습니다. 매스 형태가 변하면 이 수치들은 자동으로 같이 변하게 됩니다.

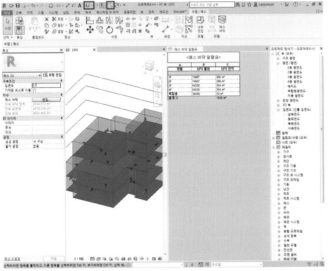

37 뷰 탭에서 불필요한 뷰를 닫고 기본 3D뷰를 클릭해서 3D뷰를 열어 줍니다. 단축키 W T 를 입력하거나 '뷰 - 타일뷰'를 클릭해서 뷰를 정렬합니다. (일람표 창이 활성화 되어 있을 때는 뷰 단축키가 작동하지 않습니다)

매스를 선택했을 때 나타나는 특성 창에서의 수치와 일람표에서의 합계가 다른 것을 확인할 수 있습니다. 표시 단위가 다르기 때문입니다.

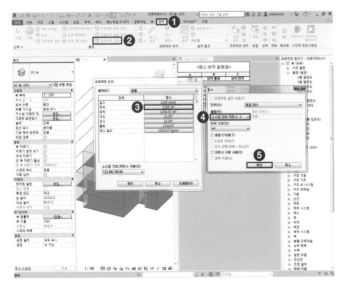

38 일람표의 단위 표시를 소수점 2자리까지 표시되도록 바꿔 보겠습니다.

'관리 - 설정 - 프로젝트 단위'를 클릭합니다. 면적의 형식을 클릭합니다. 보통 면적은 소수점 2자리까지 구하게 되기 때문에 '올림(R)'의 값을 '소수점 이하 자릿수:2'로 바꾸고 '확인'을 클릭합니다.

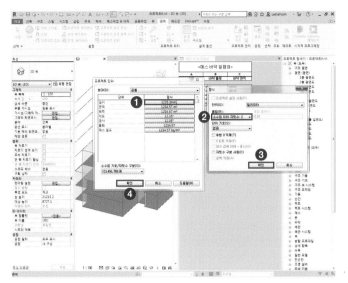

39 이제 일람표상의 수치는 소수점 3자리에서 반올림 되어서 소수점 2자리까지 표현됩니다. 마찬가지로 길이도 소수점 이하 자릿수를 2로 바꿔 줍니다.

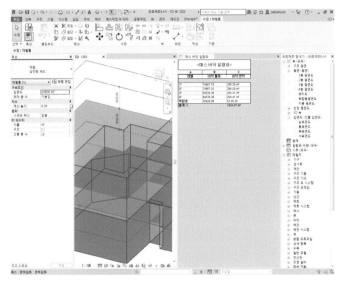

40 일람표상의 소수점 단위가 바뀌었습니다. 이 단위 설정은 일람표뿐만 아니라 치수선(DIM) 표현 등 프로젝트 전체에 적용됩니다.

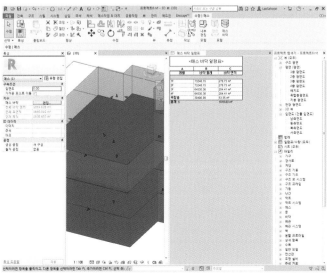

41 이번에는 매스를 직접 수정해서 일람표와 자동으로 연동되는 것을 확인해 보겠습니다. 3D 뷰에서 매스를 선택하고 측면의 작은 화살표를 드래그해서 매스의 형상을 수정해 보겠습니다. 특성 창의 수치와 일람표상의 수치가 자동으로 연동됩니다.

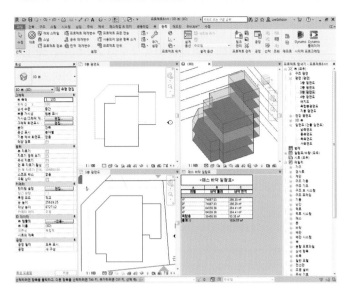

42 3D뷰에서 조절해도 되고 각층 뷰를 열어서 위치와 형상을 건폐율과 용적률이 넘지 않도록 적당히 조정해 줍니다.

그리드를 그리면서도 약간의 수치 조정은 필요하고, 연습을 위한 프로젝트이므로 너무 정확하게 맞추기 보다는 조금 여유 있게 맞추고 넘어가겠습니다. 다음과 같이 매스 형상을 완성했습니다.

Section 4   그리드 생성

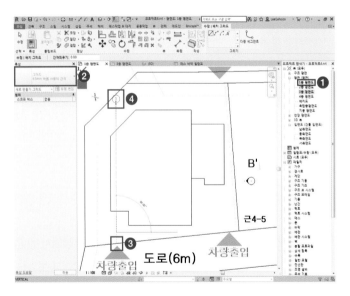

01 1층 평면도를 최대화시켜 줍니다. 일람표는 '프로젝트 탐색기 - 일람표/수량'에서 필요하면 언제든 꺼낼 수 있습니다.

1층 평면도에서 그리드를 작성하겠습니다. '건축 - 기준 - 그리드'를 클릭합니다. 그리드의 유형은 특성 창에서 '그리드 6.5mm 버블 사용자 간격'을 선택하고 아래에서 위쪽 방향으로 작성합니다.

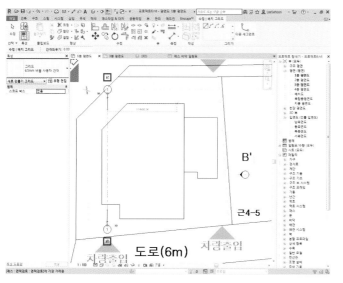

02 그리드 버블 상단과 그리드의 아래쪽에 작은 체크 박스가 있습니다. 위쪽은 체크가 되어있고 아래쪽은 체크되어 있지 않습니다. 체크를 하면 버블이 나타나고 체크 해제를 하면 버블이 사라집니다. 즉 양쪽으로 버블을 켜거나 끌 수 있습니다. 양쪽 모두 체크한 모습입니다. 레벨도 마찬가지로 체크박스를 통해 헤드를 켜고 끌 수 있습니다.

03 그리드를 작성할 때 양쪽 끝을 맞춰야 레벨의 길이를 조절했을 때처럼 그리드의 길이를 한꺼번에 조절할 수 있습니다. 한 개의 그리드를 복사하면 길이가 같기 때문에 복사해서 사용하는 것이 효율적입니다.
첫 번째 그리드를 선택하고 버블을 클릭해서 이름을 X1으로 변경합니다. 특성 창에서 'ID 데이터 - 이름'을 변경해도 됩니다.

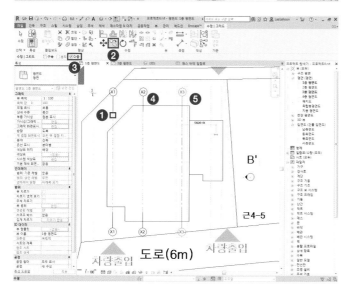

04 그리드가 선택된 상태에서 '수정/그리드 - 수정 - 복사'를 클릭합니다. 옵션에서 다중을 체크하고 적당한 위치에 그리드를 복사합니다.

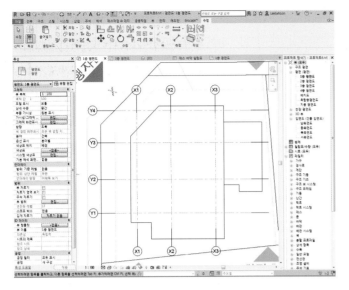

05 마찬가지로 가로 방향 그리드를 작성합니다. 가로 방향은 Y열로 하겠습니다. 그리드가 다음과 같은 간격으로 완성되었습니다. 연습 프로젝트이기 때문에 똑같지 않아도 됩니다. 비슷하게 작성되었다면 다음 Chapter를 진행하는 데 지장이 없습니다.

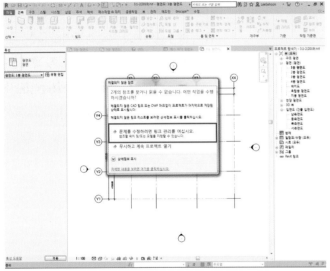

06 수치까지 정확하게 같은 상태에서 다음 장을 학습하시려면 https://cafe.naver.com/rbim/11490 에서 첨부 파일을 다운 받으시면 됩니다.

다운받은 파일을 열면 다음과 같은 창을 확인할 수 있습니다. 링크를 찾으려면 처음 받은 CAD 파일을 해당 프로젝트 파일과 같은 위치에 놓거나, 링크를 지정해주면 됩니다. '문제를 수정하려면 링크 관리를 여십시오' 항목을 클릭합니다.

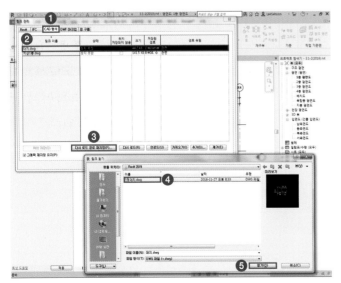

07 링크 관리 창이 나타나고 'CAD 형식' 탭을 클릭합니다. 대지, 지상1층 dwg 파일을 찾지 못함으로 나옵니다. 대지.dwg 파일을 선택해서 '다시 로드 경로 재지정'을 클릭합니다. 나타나는 창에서 다운받은 파일을 지정하고 '열기' 버튼을 클릭합니다.

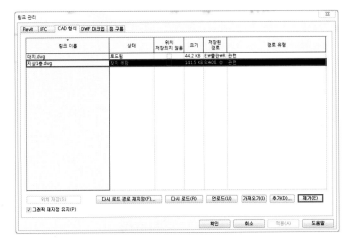

08 대지.dwg 파일의 상태가 '로드됨'으로 변경되었습니다.

필요 없는 링크 파일을 제거할 수도 있습니다. 지상1층.dwg 파일을 선택하고 '제거' 버튼을 클릭하면 불필요한 링크 파일은 제거됩니다.

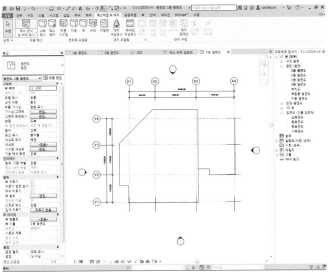

09 '확인'을 클릭해도 매스는 보이지 않습니다. 기본적으로 매스는 프로젝트를 처음 열면 보이지 않게 설정되어 있기 때문입니다.

'매스 작업 & 대지' 탭에서 '뷰 설정별 매스 표시'를 클릭하면 매스가 표시됩니다. 링크된 CAD파일을 보이게 하는 것은 뒷부분의 해당 부지의 대지 작업에서 설명하겠습니다.

03 지형 모델링

CHAPTER

Section 1 | CAD 파일을 활용한 지형 만들기

대지 만드는 방법을 간단하게 설명 하겠습니다. 먼저 지형면은 레벨 점을 직접 클릭해서 작성하는 방법과 외부 파일을 가져와서 자동으로 작성하는 방법이 있습니다. 외부 파일은 CVS 파일이나 등고선이 그려진 캐드 파일을 가져와서 지형면을 작성할 수 있습니다. 연습을 위해 새로운 프로젝트 파일을 열겠습니다. 새로운 파일을 연다고 해서 현재 작업 중인 파일을 닫지는 않습니다. 동시에 두 개의 프로젝트가 실행되는 것입니다.

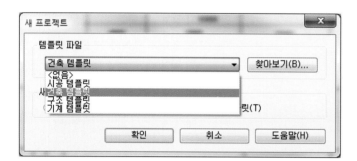

01 파일을 클릭하고 '새로 만들기 - 프로젝트'를 클릭합니다. 새 프로젝트 창에서 '건축 템플릿'을 선택하고 '확인'을 클릭합니다.

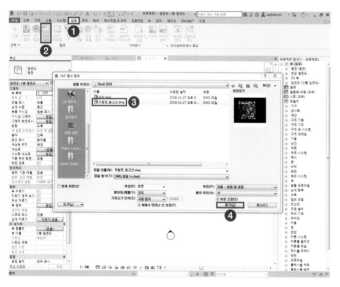

02 새로 열린 프로젝트에서 '삽입 - 링크 - CAD 링크' 명령을 클릭합니다. 캐드 형식 링크 창에서 '지형면_등고선' 파일을 선택합니다. 연습이기 때문에 옵션은 변경하지 않고 '열기'를 클릭합니다. 캐드 파일로 지형을 작성하려면 지금 불러온 파일처럼 등고선 레이어에 높이 값이 있어야 합니다.

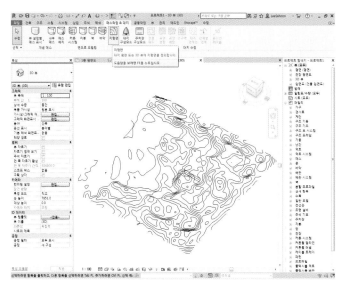

03 불러온 캐드파일의 범위가 넓기 때문에 링크가 되었으면 기본 3D뷰로 이동해서 보겠습니다. '매스 작업 & 대지 - 지형면' 명령을 클릭합니다.

04 '수정/표면 편집 - 도구 - 가져오기에서 작성'에서 '가져오기 인스턴스 선택'을 클릭하고 작업화면의 링크된 캐드 등고선을 클릭합니다. 캐드 파일의 레이어 리스트가 나타납니다. 레이어 선택 창에서 등고선 레이어 'default'를 선택하고 '확인'을 클릭합니다.

05 등고선을 따라 경계점들이 생성되었습니다. 점을 하나 선택하고 특성 창이나 옵션바를 보면 점의 높이 값이 표시됩니다. 수치를 바꿔서 점의 높이를 변경할 수도 있습니다. 모든 점들은 각각 높이 값을 가지고 있습니다. '수정/표면 편집 - 표면 - 표면 마감'을 클릭해서 지형 생성을 완료합니다.

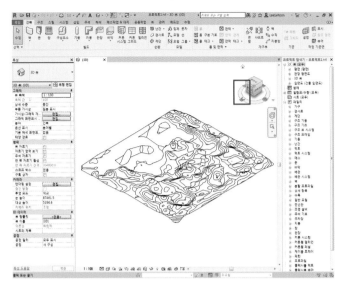

06 뷰 큐브의 정면도를 클릭해서 3D뷰상에서 정면도 방향으로 보겠습니다.

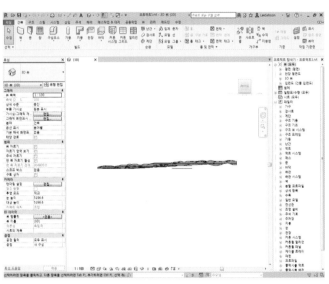

07 등고를 가진 지형면이 생성된 것을 확인할 수 있습니다.

08 건물이 들어갈 자리에 건물 패드를 만들어서 땅을 정지해 보겠습니다. 뷰 큐브의 위쪽 삼각형을 눌러서 평면도 뷰로 보겠습니다. '매스 작업 & 대지 - 대지 모델링 - 건물 패드' 명령을 클릭합니다.

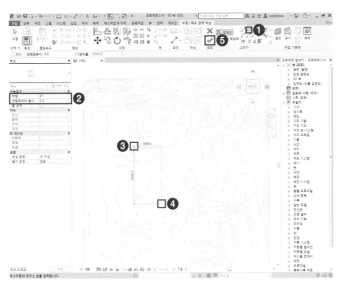

09 바닥 작성과 비슷합니다. 특성 창에서 패드가 들어갈 높이를 설정할 수 있습니다. 레벨은 1F, 레벨로부터 높이는 0으로 설정하고 그리기 모드를 사각형을 선택합니다. 지형면 위에 적당한 크기로 그려보겠습니다. 편집 모드 완료를 클릭해서 패드 작성을 완료합니다.

10 뷰의 비주얼 스타일을 음영 처리로 바꾸고 뷰를 돌려 확인해 보겠습니다.

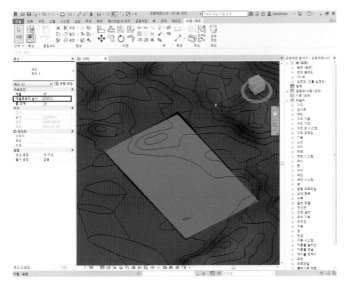

11 지형면이 패드 레벨로 평평하게 되고 그 위에 패드가 작성되었습니다. 패드의 높이를 높여보겠습니다.

패드가 선택된 상태에서 특성 창의 '레벨로부터의 높이 간격띄우기'의 값을 2000정도로 입력해 보겠습니다.

패드가 지형면보다 낮으면 땅을 수직으로 파고, 높으면 패드 밑 부분을 자동으로 매워 주는 것을 확인할 수 있습니다.

이런 식으로 캐드 파일을 이용해서 지형을 작성할 수 있습니다.

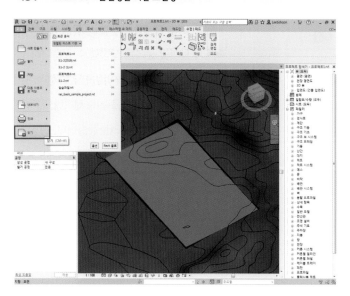

12 대지 분할과 소구역은 원래의 프로젝트 파일에서 살펴보겠습니다.

'파일' 메뉴의 '닫기' 버튼을 클릭합니다.

현재 활성화 되어 있는 프로젝트만 닫는 것이기 때문에 파일을 따로 저장하지는 않겠습니다. '아니요'를 클릭합니다.

Section 2 · 대지 직접 작성하기

현재의 프로젝트에서도 지형을 간단하게 작성하겠습니다. 작은 레벨 차이는 무시하고 진행하겠습니다.

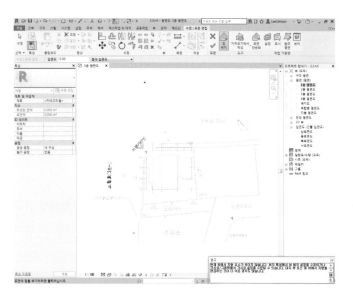

01 프로젝트 탐색기에서 1층 평면도를 열어 줍니다. '매스 작업 & 대지 - 대지 모델링 - 지형면' 명령을 클릭합니다. 그러자 화면 하단에 경고창이 나타납니다. 이 경고 창은 지형면을 작성해도 현재 뷰에서는 보이지 않는다는 설명입니다. 그리고 왜 보이지 않는지 여러 가지 가능성을 말해 주고 있습니다. 대부분 뷰 가시성 설정이나 개체의 높이 문제일 때가 많습니다.

·TIP 뷰의 가시성/그래픽 설정은 가장 우선시 되는 설정입니다. 재료나 카테고리 설정이 다르게 되어 있어도 뷰 가시성 설정에서 다르게 보이게 설정한다면 가시성 설정이 우선해서 보이게 됩니다.
가시성 설정의 단축키는 'VV'입니다. 키보드 V 를 두 번 빠르게 입력하면 나타납니다.
지형을 작성하는 중간에 'VV'를 입력해도 가시성 설정창은 나타납니다.

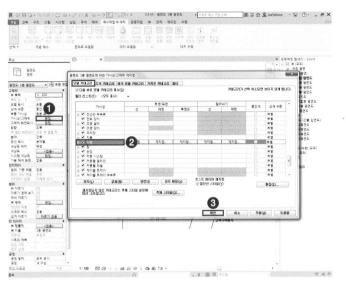

02 '수정/표면편집 - 표면 취소'를 클릭해서 지형면 작성을 취소합니다.

아무 것도 선택되어 있지 않을 때 나타나는 뷰 특성 창에서 '가시성/그래픽 재지정의 편집'을 클릭합니다.

'모델 카테고리' 탭에서 지형을 찾아보면 체크가 해제되어 있습니다. '지형'을 체크해주고 '확인'을 클릭합니다.

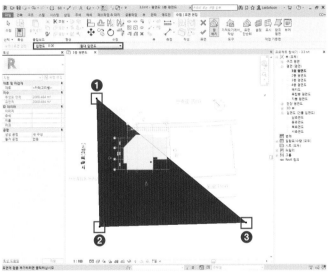

03 다시 '리본 - 매스 작업 & 대지 - 대지 모델링 - 지형면' 명령을 클릭합니다.

기본 값으로 점 배치가 선택되어 있고 옵션 값에서 '입면도 0, 절대 입면도'로 되어 있습니다. 이것은 원점의 레벨 값 0을 나타냅니다. 1층 레벨의 높이를 0으로 작성했기 때문에 점을 배치하면 1층 레벨 높이에 배치가 되는 것입니다. 마우스로 클릭하면 세 번째 점을 배치하면서부터 점 위치와 높이에 맞게 지형면이 생성됩니다.

·TIP 다음 페이지에 나오는 원점과 공유 좌표 설정은 LH에서 무료로 배포하는 LH BIM 활용 세부 가이드(Revit)의 지형 작성 부분을 참고하시기 바랍니다.
제가 근무하는 회사의 페이스북 페이지에서도 요청 후 다운 받으실 수 있습니다.
https://www.facebook.com/digitalDlab/

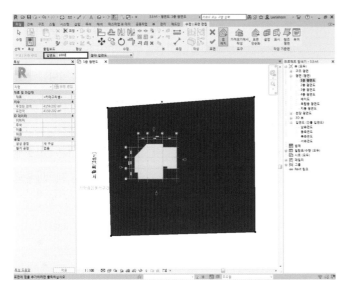

04 적당히 4개의 점이 배치되었으면 레벨을 변경해서 배치해 보겠습니다. 옵션 바의 입면도에 1000을 입력합니다.

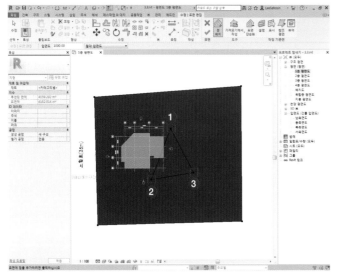

05 가운데 부분에 높이 값 1000을 가지는 점을 3개더 배치했습니다. 3각형으로 점을 잇는 선은 등고선입니다.

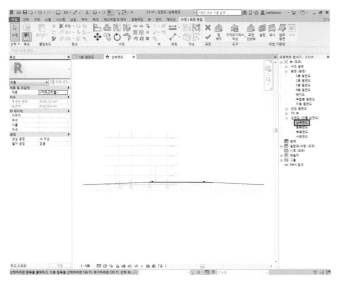

06 남측면도 뷰를 열어서 확인해 보겠습니다. 지형이 경사지게 생성되었습니다.

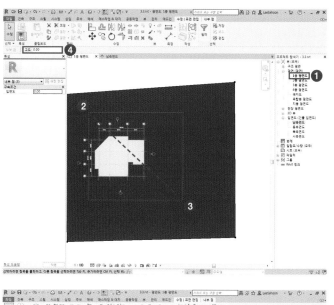

07 다시 1층 평면도에서 점의 높이를 수정하고 남측면도에서 확인해 보겠습니다.

1층 평면도를 열고 나중에 추가한 세 개의 점을 선택합니다. 세 점의 높이가 같기 때문에 모두 선택하면 특성 창에 점의 높이 1000이 표시됩니다. (여러 레벨 값을 가지는 점을 선택했을 경우 공백으로 표시됩니다.) 이 값을 0으로 입력하면 레벨이 변경되고 등고선이 사라집니다.

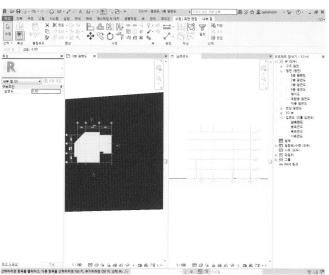

08 지형면이 수정되는 것을 입면도를 통해 확인할 수 있습니다. 높이가 모두 같기 때문에 이 3개의 점은 삭제해도 상관이 없습니다.

키보드 ⌨Del 키를 눌러 삭제하고 '수정/표면 편집 - 표면 마감'을 클릭합니다.

지형면이 완성되었습니다.

대지 분할 및 재료 편집

대지의 영역을 만드는 방법은 지형면을 분할하거나 소구역으로 나누는 방법이 있습니다. 분할은 한 개의 지형면을 완전히 다른 개체로 만드는 것이고, 소구역은 하나의 지형면에 구역을 나눠서 다른 재료를 넣는 방법입니다.

두 가지 방법 모두 사용해서 대지를 만들어 보겠습니다.

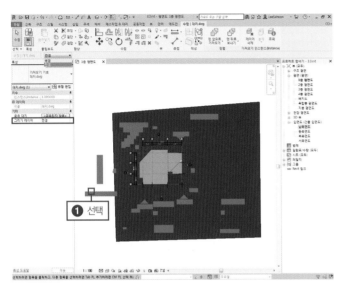

01 소구역 작성으로 도로와 주변을 간단히 표현하려 했는데, 지형면에 가려 대지 캐드 파일이 보이지 않습니다. 대지 캐드 파일을 선택하고 특성 창에서 '그리기 레이어'의 배경을 전경으로 변경하면 링크하거나 가져온 캐드 파일들이 모델 위로 보여집니다.

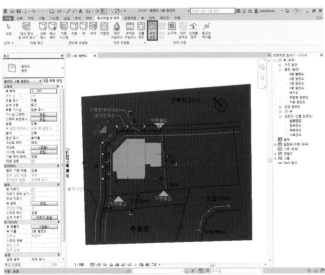

02 '매스 작업 & 대지 - 대지 수정 - 표면 분할'을 클릭합니다. 명령을 선택하고 만들어져 있는 지형면을 클릭하면 표면분할 그리기 모드로 들어갑니다.

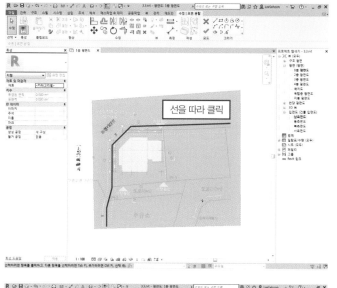

03 캐드파일이 있기 때문에 그리기 모드에서 선 선택을 이용해서 분할할 라인을 그려 주겠습니다. 큰 도로의 선을 차례로 클릭해서 분할할 선을 그려 줍니다.

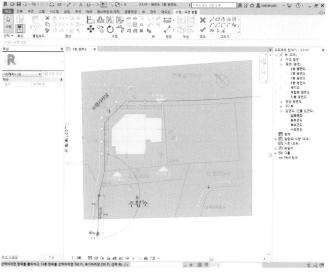

04 도면이 작성된 지형보다 작기 때문에 작성한 선의 끝선을 선택해서 분할 선들이 지형면을 완전히 2개로 분리할 수 있도록 여유 있게 연장합니다. 작성된 선은 끝점이 모두 연결되어 있어야 합니다.

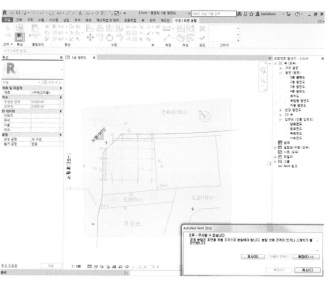

05 선을 잘못 작성하게되면 '완료' 버튼을 클릭해도 다음과 같이 경고창이 나타나고 분할이 되지 않습니다.
'취소'를 클릭하고 잘못된 부분을 찾아보겠습니다. (경고창이 나타나지 않고 분할이 되면 정상적으로 선을 작성한 것입니다)

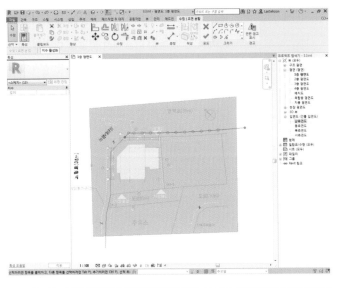

06 작성된 선 위에 마우스를 올려놓고 Tap 키를 누르면 연속된 선들을 한번에 선택할 수 있습니다. 이때 마우스로 클릭해 선택하면 다음과 같이 연결된 선들이 선택됩니다.

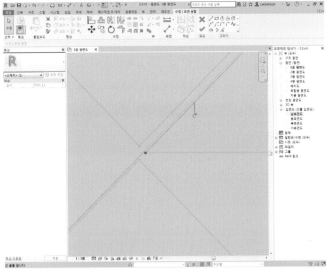

07 끝에 솔리드 점으로 나타난 부분이 연결이 안되어 있을 확률이 높습니다. 솔리드 포인트 부분을 확대해 보면 다음과 같이 끝점이 만나지 않는 것을 확인할 수 있습니다. 끝선을 삭제하고 다시 맞춰서 작성하던가 끝점을 끌어서 맞춰 줍니다. 점을 끌어서 맞출 때는 먼저 드래그를 하고 맞추려고 하는 끝점에서 Tap 키를 누르면 스냅이 잘 잡히게 됩니다.

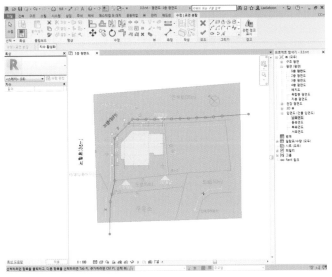

08 다시 한번 선 위에 마우스를 놓고 Tap 키를 이용해 연결된 선을 한번에 선택하면 다음과 같이 한번에 선택되는 것을 확인할 수 있습니다. 다 그렸으면 편집 모드 완료를 클릭해서 분할을 완료합니다.

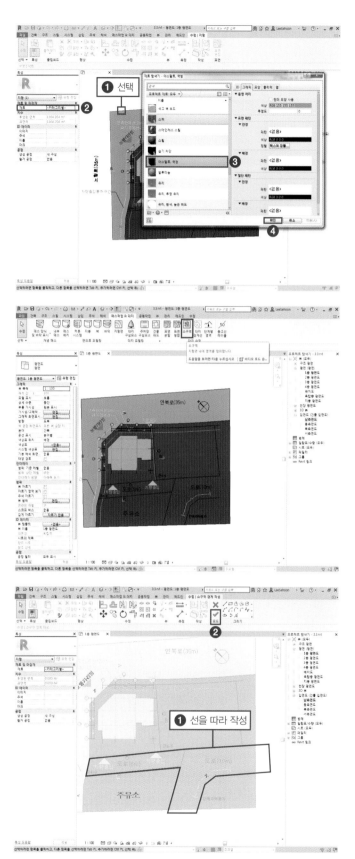

09 두 개의 지형면으로 분할되었습니다. 도로 쪽 지형면을 선택하면 특성 창에 지형의 투영된 면적과 표면적이 표시됩니다. 재료를 도로로 바꾸겠습니다.

'특성 - 재료 - 카테고리별'을 선택하면 나오는 작은 사각형을 클릭합니다. 재료 탐색기 창이 나타납니다. 재료 중에서 아스팔트, 역청을 찾아서 선택하고 '확인'을 클릭합니다.

10 나머지 대지는 소구역 분할을 이용해서 작성하겠습니다. '매스 작업 & 대지 - 대지 수정 - 소구역' 명령을 클릭합니다.

분할은 작성된 지형을 두 개의 지형으로 완전히 분리하는 것이고 소구역은 하나의 지형 안에 여러 구역을 분리해서 다른 재료를 넣어줄 수 있습니다.

11 대지 위에 도로를 선 선택과 선 그리기를 통해 그려주는데, 구역을 설정하는 것이기 때문에 닫힌 선으로 그려 주어야 합니다. 열린 곳이 있으면 작업이 완료되지 않습니다. 선을 임의로 연장해서 다음과 같이 작성합니다. 편집 모드 완료를 클릭합니다.

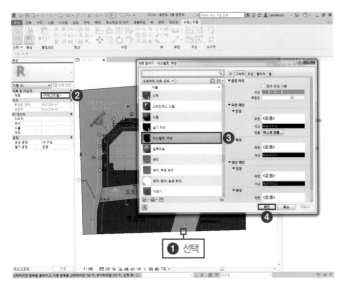

12 마찬가지로 '특성 - 재료 - 카테고리별'을 클릭해서 재료를 '아스팔트'로 변경합니다.

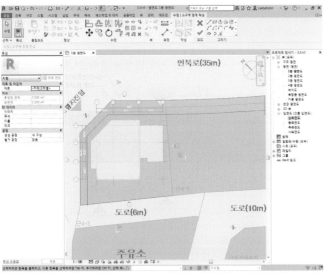

13 건물 앞에 인도만 그려주고 대지 작업을 마무리 하겠습니다. 다시 한 번 '매스 작업 & 대지 - 대지 수정 - 소구역' 명령을 클릭합니다. 마찬가지로 선 선택과 선 그리기를 이용해서 영역을 작성합니다. 소구역끼리는 영역이 겹치지 않도록 그려야 합니다.

정확한 도면이 없기 때문에 다음 그림처럼 적당히 그려주겠습니다. 선 선택으로 라인을 생성하다 보면 끝점이 서로 교차되어 길게 그려지거나 끝점이 만나지 않을 때가 생기게 됩니다.

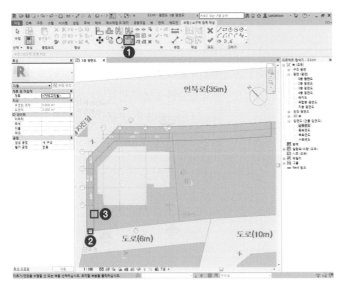

14 Esc 키로 그리기 모드를 완료하고 그려진 선을 선택해서 끝점을 드래그로 이동시켜 수정을 할 수도 있습니다. 더 간단하게는 수정 메뉴의 코너 자르기/연장 명령을 이용할 수 있습니다.

코너 자르기/연장 명령을 클릭하고 정리할 선들의 남겨질 부분을 차례로 클릭합니다. 선들의 교차점에서 자르기를 하거나 끝점을 연결해서 모서리를 만들어 줍니다. 캐드 fillet 명령의 반지름을 0으로 해주는 것과 같은 개념입니다.

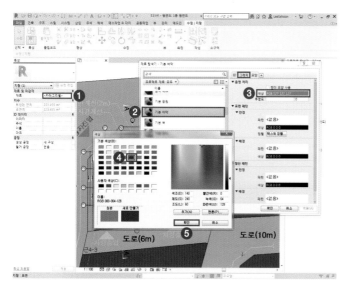

15 영역이 닫힌 하나의 선이 되었으면 편집 모드 완료를 클릭해서 소구역을 완성합니다. 완성된 소구역의 '특성 - 재료 - 카테고리별'을 클릭해서 재료를 지정해 주겠습니다. 재료 중 기본 바닥을 선택합니다. 색이 지정이 안 되어 있기 때문에 그래픽 탭의 '음영처리 - 색상'을 클릭합니다. 나오는 색상표 중 적당한 색을 선택하고 '확인'을 클릭합니다.

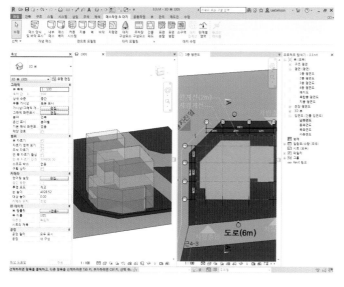

16 다음과 같이 지형 편집이 완성되었습니다. 기본 3D뷰에서 같이 확인해 보겠습니다.

Section 4 　수치 지형도 활용

01 제공된 도서가 없거나, 광범위한 수치 지형이 필요한 때는 국토지리 정보원에서 데이터를 받아 지형을 작성합니다. 국토교통부 국토지리정보원 홈페이지 http://www.ngii.go.kr에 접속하고 회원가입 및 로그인을 합니다. 오른쪽에 국토정보플랫폼을 클릭합니다.

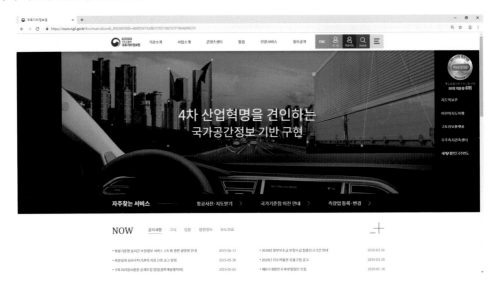

02 새로 나타나는 창에서 공간정보 받기를 클릭합니다.

03 통합 검색에서 주소를 입력하고 검색하면 해당 위치로 지도가 옮겨집니다.
'정보 검색 > 영역 > 사각형'을 클릭하고 해당 위치를 포함하도록 마우스를 드래그해서 사각형을 그립니다. 해당 위치가 포함된 정보들이 왼편에 나타납니다.

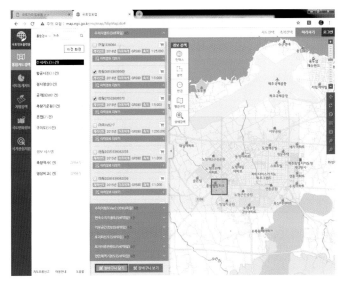

04 수치 지도를 클릭하면 드래그한 사각형을 포함하는 수치 지형도 파일 목록이 나옵니다. 수치지형도 DXF 파일 중에 1:5000에 해당하는 파일을 선택하면 해당 영역이 표기됩니다. 장바구니 담기를 클릭합니다.

05 장바구니에서 받을 파일을 모두 선택하고 온라인 신청하기 버튼을 클릭합니다.

06 신청자 정보를 입력하고 신청정보에 사용목적을 선택합니다. 사용자 준수사항에 체크하고 신청하기 버튼을 클릭합니다.

07 신청내역 관리에서 상세보기를 클릭합니다.

08 신청정보를 체크하고 선택 다운로드 버튼을 클릭합니다.

09 다운로드한 파일을 열어서 합치면 다음과 같이 됩니다. 수치 지도 DXF 파일은 원점 좌표를 공유하므로 좌표에 맞게 합칠 수 있습니다. 필요한 부분을 잘라서 사용하면 됩니다. 등고선이 모두 레벨에 맞게 레이어로 구분되어 있기 때문에 지형 제작에 편리하게 사용할 수 있습니다.

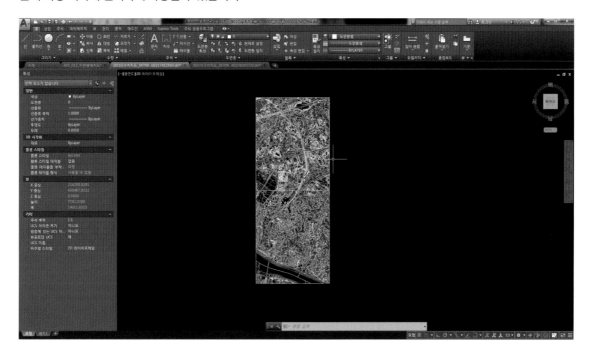

구조 모델링

CHAPTER

04

본격적인 건물 모델링을 시작하겠습니다. 학습용으로 간단하게 작성하는 모델이기 때문에 작성되는 구조 부재의 유형은 한두 가지로 통합하고, 기둥과 보의 위치, 벽두께 등의 적합성은 고려하지 않겠습니다.

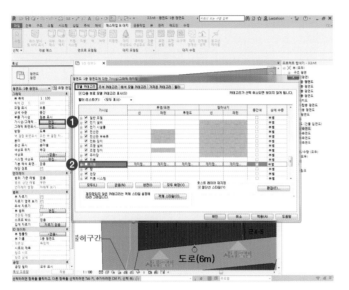

01 이제 1층 평면도에서 대지 캐드 파일은 필요하지 않습니다. 그래도 보통은 지우지 않고 보이지 않도록 숨겨만 둡니다. 링크된 캐드 파일과 지형을 뷰에서만 안보이게 하겠습니다.

특성 창에서 가시성/그래픽 재지정 - 편집을 클릭합니다. 모델 카테고리에서 지형을 선택 해제합니다.

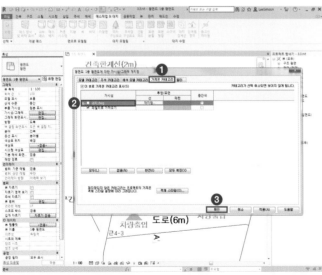

02 가져온 카테고리 탭으로 이동합니다. 이 탭에서 링크되거나 가져온 파일을 모두 관리할 수 있습니다. 대지.dwg를 체크 해제하고 확인을 클릭합니다.

뷰에서만 꺼놓은 것이기 때문에 필요시 언제든 켜서 사용할 수 있습니다.

Section 1	기둥 모델링

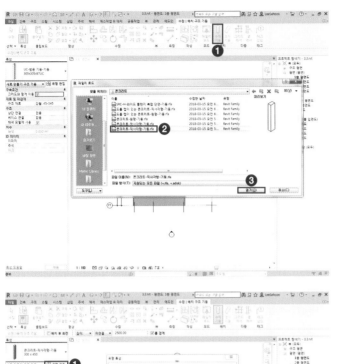

01 가장 먼저 기둥을 배치하겠습니다. '구조 - 기둥'을 클릭합니다. 연습 모델링과 마찬가지로 철골 기둥만 로드되어 있기 때문에 콘크리트 기둥 패밀리를 로드하겠습니다. '패밀리 로드'를 클릭합니다. 패밀리 로드 창에서 구조 기둥 - 콘크리트 폴더에 들어갑니다. 콘크리트 기둥 리스트 중에 '콘크리트 - 직사각형 -기둥'을 선택하고 열기를 클릭합니다.

02 직사각형 콘크리트 기둥이 로드되었습니다. 특성 창에서 유형 편집에 들어가 새로운 유형을 만들겠습니다.

'유형 편집 - 복제'를 클릭합니다. 이름을 '500×500'으로 입력하고 '확인'을 클릭합니다.

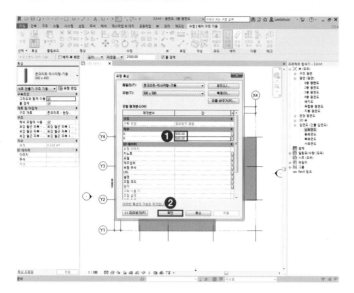

03 유형 특성 창의 치수를 각각 500으로 입력하고 확인을 클릭합니다.

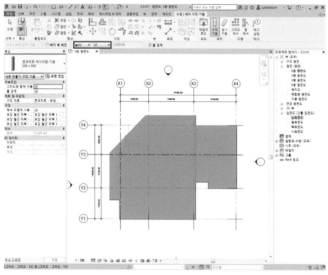

04 한 개의 유형으로 모두 배치하겠습니다. 옵션 값을 깊이에서 높이로 변경하고 상단을 2F로 변경하고 그리드의 교차점을 하나씩 클릭해서 기둥을 배치하겠습니다.

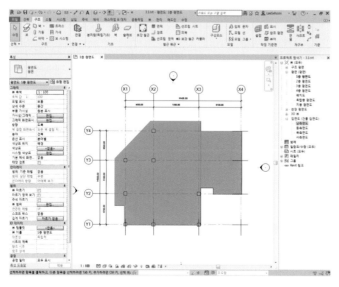

05 다음과 같이 배치하고 Esc 키를 눌러 그리기 모드를 완료합니다.

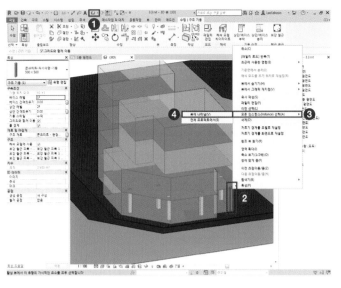

06 '빠른 실행 - 기본 3D뷰' 창을 열어 줍니다. 생성한 기둥을 전체 선택해서 다른 레벨로 '복사 - 붙여넣기'를 하겠습니다.

Ctrl 키를 이용해서 기둥을 하나씩 클릭해서 선택해도 되고 드래그로 선택할 수도 있지만 유형별로 선택하는 방법을 알아보겠습니다. 기둥 하나를 선택하고 '우클릭 - 모든 인스턴스 선택 - 뷰에 나타남'을 선택합니다.

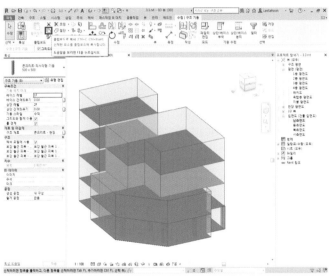

07 뷰에 나타남은 현재 뷰에서 보이는 콘크리트 직사각형 기둥 500 × 500을 모두 선택해 주는 것이고, 전체 프로젝트는 숨겨져 있거나 안 보이는 것까지 모든 콘크리트 직사각형 기둥 500 × 500을 선택합니다. 숨겨져 있거나 안 보이는 기둥이 없기 때문에 어떤 것을 선택해도 상관없습니다. 모든 기둥이 선택되었으면 '수정/구조 기둥 - 클립보드로 복사'를 클릭합니다.

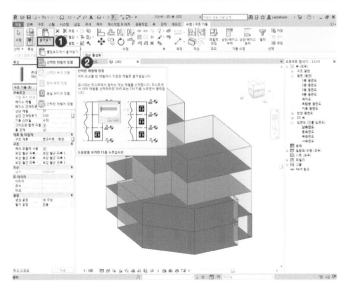

08 붙여넣기의 작은 화살표를 확장하고 선택한 레벨에 정렬을 클릭합니다. 기둥은 다른 패밀리와는 조금 다르게 상단 레벨을 기준으로 붙여넣기를 해야 합니다. 레벨 선택 창에서 3F, 4F, 옥탑층을 선택하고 확인을 클릭합니다.

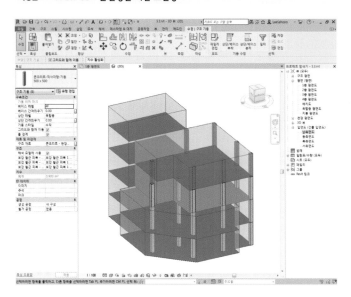

09 기둥이 모두 배치되었습니다.

Section 2 구조벽 모델링

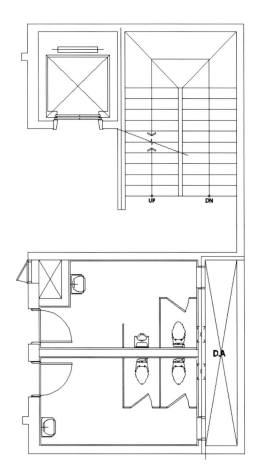

01 구조벽을 모델링 하겠습니다. 1층 평면도 탭을 클릭해서 이동합니다. 먼저 코어부터 작성하겠습니다. 코어의 형태는 일반적인 다음의 형태로 작성하겠습니다.

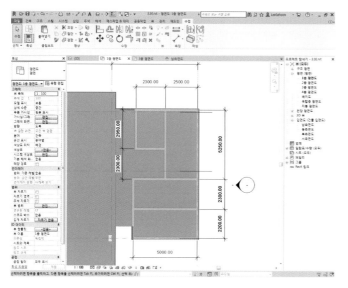

02 '구조 - 구조 - 벽' 명령을 클릭합니다. 특성 창에서 기본벽 일반 - 200mm를 선택하고 옵션 바의 깊이를 높이로, 미연결을 2F로 변경합니다.

코어벽 테두리를 그리드와 매스를 참고해서 작성합니다. 매스는 참고용으로 대략 작성한 것이기 때문에 정확하게 맞출 필요는 없습니다. X4열 - Y2열의 교차점을 기준으로 아래 수치와 비슷하게 작성합니다.

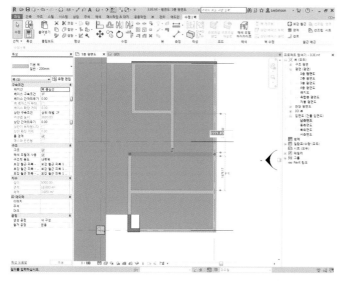

03 수치가 잘 맞춰지지 않는다면, 수치를 직접 입력하면서 작성하거나 적당한 위치에 그려주고 벽을 선택한 다음 이동해 주는 것이 편합니다. 치수선은 도면화를 하는 과정에서 설명하겠습니다. 치수선을 띄워놓지 않아도 작성한 벽을 선택하면 다른 벽과의 거리나 타나납니다. 이때 나타난 치수를 클릭해서 거리를 입력하면 정확한 숫자를 입력합니다.

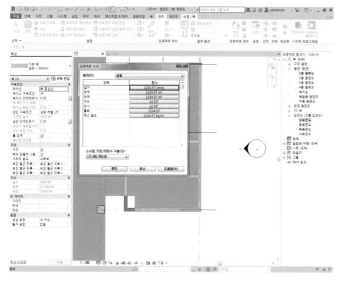

04 벽을 선택했을 때 나타나는 숫자의 소수점 단위는 프로젝트에 기본적으로 설정되어 있는 단위입니다. 이를 변경하려면 '관리 - 설정 - 프로젝트 단위'를 클릭하고 나타나는 창에서 길이의 형식을 클릭합니다.

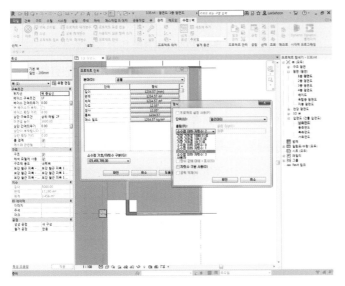

05 올림을 클릭하면 소수점 혹은 올림 단위를 설정할 수 있습니다. 이는 표현의 방식일 뿐, 실제 길이가 변하는 것은 아닙니다. 특히 일람표 등에서 길이나 면적 등 숫자를 합산할 때는 설정과 상관없이 소수점 아래값까지 모두 더해져서 계산됩니다. 작업할 때는 소수점 둘째 자리까지 표현되게 하면 오류를 줄일 수 있습니다.

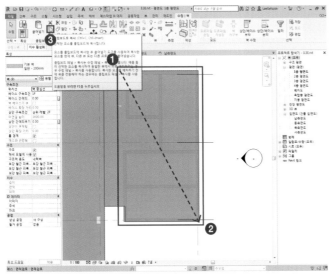

06 작성된 벽을 드래그로 모두 선택해서 클립보드에 복사를 클릭합니다.

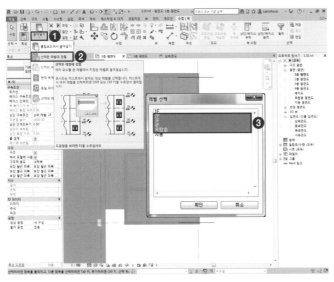

07 '붙여 넣기 - 선택한 레벨에 정렬'을 클릭하고 2F~옥탑층까지 선택하고 확인을 클릭합니다.

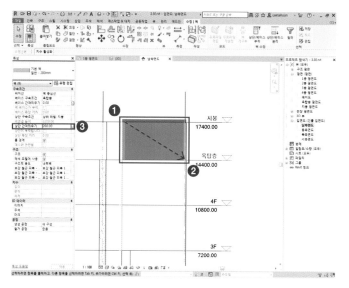

08   남측면도를 열어 줍니다. 왼쪽에서 오른쪽으로 드래그를 해서 옥탑층 벽을 모두 선택하고 상단 간격띄우기 값을 200으로 변경합니다.

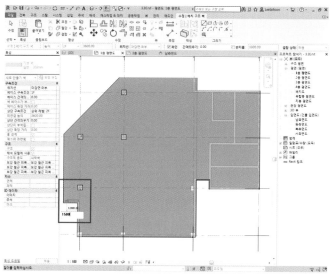

09   1층 평면도로 이동해서 전용 공간 벽들도 차례로 작성합니다. 벽의 위치선을 마감면: 외부로 변경하고 기둥 끝선에 벽면이 맞도록 작성합니다. 기둥의 끝선과 그리드를 참고해서 다음과 같이 작성합니다. 치수를 정치수로 입력해가면서 작업하면 편리합니다.

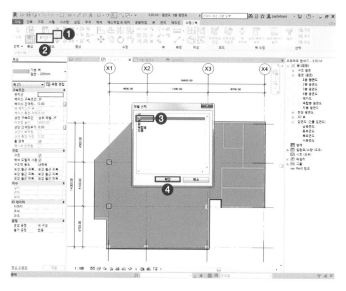

10   추가로 작성된 벽을 선택하고 코어벽과 마찬가지로 클립보드로 복사를 클릭합니다. '붙여넣기 - 선택한 레벨에 정렬'을 클릭하고, 2F를 선택하고 확인을 클릭합니다.

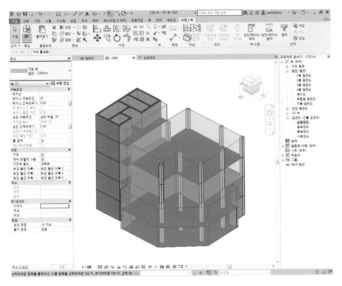

11 3D뷰에서 현재까지의 모습을 확인하고 3층 평면도로 이동해서 벽을 작성하겠습니다.

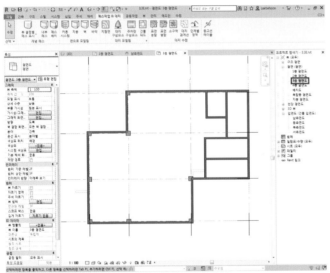

12 메스는 현재 단계에서 꺼두고 작업하겠습니다. 특성 창에 언더레이 2F가 되어 있다면 2층 벽이 투영되어 보여집니다. 기둥, 2층 벽을 참고하면서 벽을 작성합니다.
'구조 - 구조 - 벽' 명령을 클릭하고 다음과 같이 작성합니다.

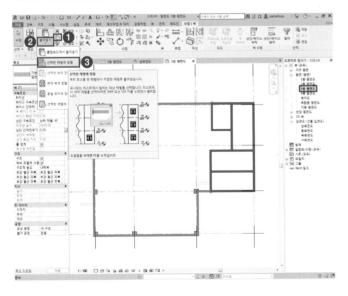

13 작성된 벽을 선택하고 클립보드에 복사, '붙여넣기 - 선택한 레벨에 정렬'을 클릭, 4F를 선택하고 확인을 클릭합니다.

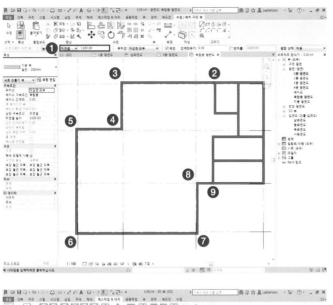

14   옥탑층 평면도로 이동합니다. '구조 - 구조 - 벽'을 클릭하고 투영된 4층 벽을 참고해서 옥탑층 벽을 작성합니다. 상단 구속조건을 '미연결'로 변경하고 미연결 높이를 1100으로 변경합니다.

옥탑층은 기둥이 없기 때문에 연결해서 작성합니다. 아래층 벽을 선택해서 복사 - 붙여넣기를 해도 됩니다.

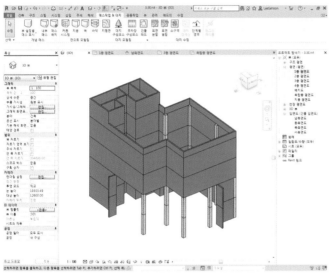

15   3D뷰로 이동해서 전체적인 모습을 확인합니다. 1, 2층의 비어있는 부분은 다음 Part에서 커튼월로 작성하겠습니다.

Section 3 바닥 / 기초 슬래브 모델링

이어서 바닥과 기초 모델을 작성하겠습니다. 엘리베이터 PIT이나 기타 지하층은 생략하겠습니다.

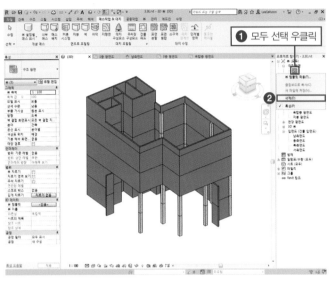

01 먼저 건축 평면도와 구분되는 구조 평면도 뷰를 만들겠습니다. 프로젝트 탐색기에서 뷰 - 구조 평면도를 확장해 보면 새로 추가한 레벨의 이름을 변경하기 전 뷰의 이름이 있습니다. 이 뷰들의 이름을 변경해도 되지만, 삭제하고 나머지 뷰까지 한 번에 만들어 보겠습니다.

구조평면에 들어있는 뷰를 모두 선택하고 우클릭 '삭제'를 클릭합니다.

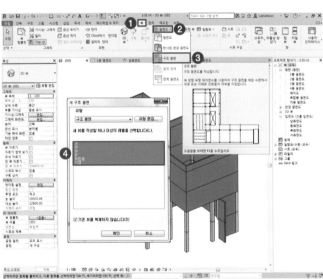

02 '뷰 - 작성 - 평면 뷰 - 구조 평면도'를 클릭합니다. 구조 평면도를 클릭하면 현재 레벨은 있지만 프로젝트 탐색기에는 만들어지지 않은 구조 평면도의 목록이 나타납니다. 모두 선택하고 확인을 클릭합니다.

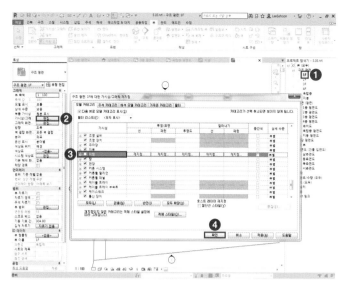

03 프로젝트 탐색기에서 구조평면 - 1F를 열고 가시성/그래픽 재지정을 클릭합니다. 마찬가지로 지형을 체크 해제하고 확인을 클릭합니다.

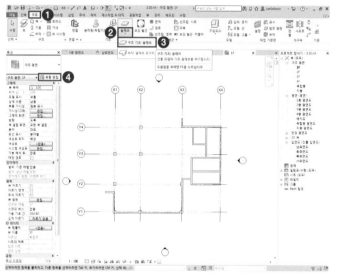

04 기초부터 작성하겠습니다. '구조 - 기초 - 슬래브 - 구조 기초: 슬래브'를 클릭합니다. 바닥과 작성 방법이 유사하지만, 다른 카테고리이므로 반드시 기초 유형으로 작성해야 합니다.

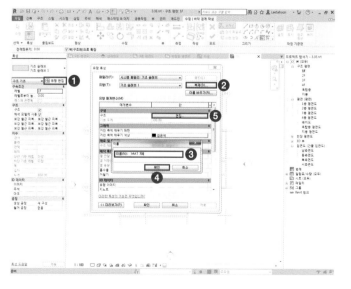

05 유형 편집 - 복제를 클릭해서 새로운 유형을 만들어 줍니다. 이름을 MAT700으로 입력하고 확인을 클릭합니다. 구조 - 편집을 클릭합니다.

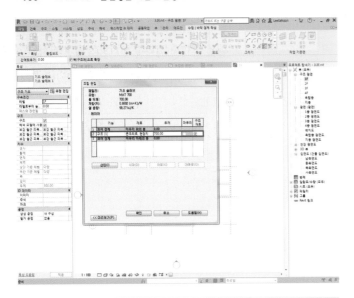

06 실제 두께를 700으로 변경하고 차례로 확인을 클릭합니다.

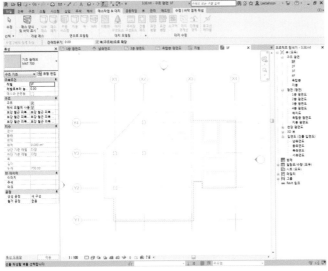

07 경사진 부분의 작성을 위해 매스를 표시하겠습니다. 매스 작업 & 대지 탭으로 가서 다시 매스 양식 및 바닥을 표시 모드로 변경합니다.

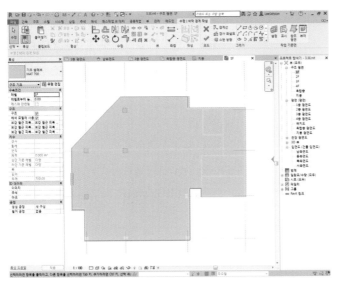

08 그리기 모드에서 선을 선택하고 벽의 바깥쪽을 모두 연결해서 작성합니다. 경사진 부분은 매스를 참고해서 작성합니다.

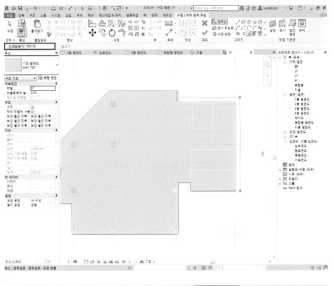

09 연단거리가 필요할 경우 선 선택 모드에서 간격띄우기 값을 입력하고 작성하면 편리합니다.

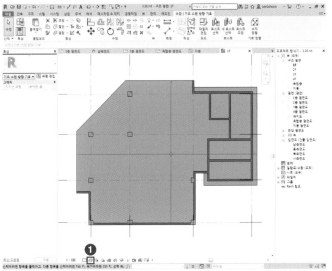

10 다 작성되었으면 편집 모드 완료를 클릭해서 기초 작성을 완료합니다. 뷰의 비주얼 스타일을 음영 보드로 바꾸고 '매스 작업 & 대지 - 개념 매스 - 매스 양식 및 바닥 표시'를 클릭해서 매스도 뷰에서 꺼 줍니다.

방금 만든 기초 슬래브 위에 화살표 하나가 표시되어 있습니다. 이것은 스팬 방향을 나타내 주는 것입니다. 구도 도면을 작성할 때 별도로 표시하는 것이 편리하기 때문에 선택해서 삭제합니다.

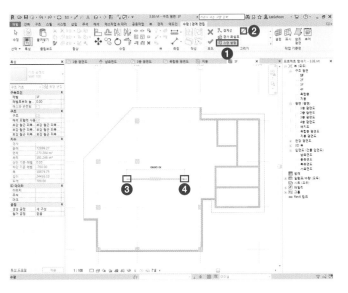

11 기초 슬래브나 구조 바닥을 만들 때 스팬 방향을 설정할 수 있습니다. 따로 설정하지 않으면 첫 번째 그리는 선의 방향이 스팬 방향이 됩니다.

다음 이미지는 스팬 방향을 임의로 설정하는 모습입니다. 그리기 모드의 경계선이 아닌 스팬 방향을 클릭해서 원하는 방향의 선을 그려 주거나 선택할 수 있습니다.

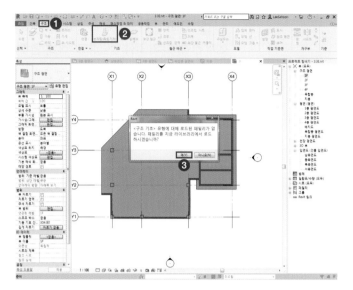

12 이어서 독립 기초를 작성하겠습니다. 독립 기초는 기둥을 호스트로 기둥을 따라다니게 됩니다. 학습을 위해 기둥마다 배치해보고 삭제 하겠습니다.

'구조 - 기초 - 분리됨(독립 기초)' 명령을 클릭합니다. 프로젝트에 로드된 패밀리가 없기 때문에 예를 눌러서 새로운 패밀리를 로드하겠습니다.

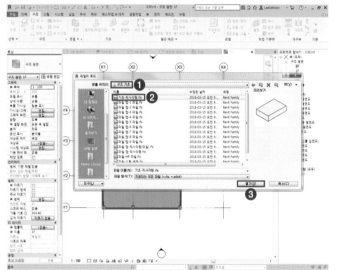

13 '구조 기초 - 기초 직사각형' 타입을 선택하고 열기를 클릭합니다. 파일과 결합된 형태도 있으니 필요시 로드해서 사용할 수 있습니다.

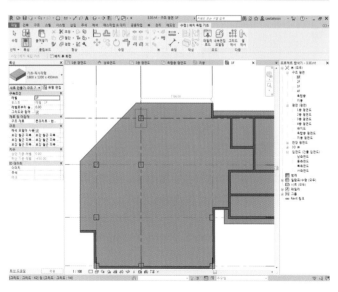

14 기둥과 비슷하게 마우스 커서를 따라 기초가 배치될 미리보기가 보여지고, 작업창에 클릭하면 바로 배치가 됩니다. 매트 기초가 독립 기초보다 두껍기 때문에 유형을 변경하고 배치하겠습니다.

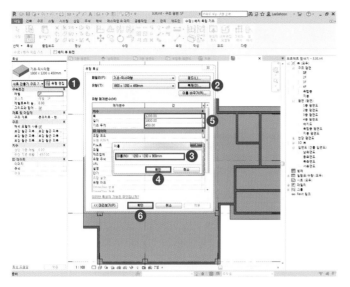

15 기초의 크기는 기둥 크기를 조정하는 것과 유사합니다. '유형 편집 - 복제'를 클릭해서 다음과 같이 새로운 유형을 만들고 치수 항목의 실제 크기도 변경하고 확인을 클릭합니다.

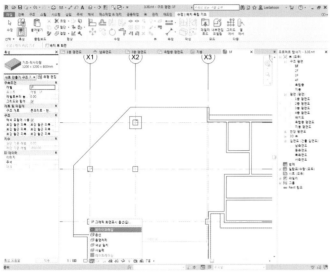

16 기둥이 있는 곳의 그리드 교차점을 클릭해서 배치합니다. 하지만 기초 슬래브와 자동결합되기 때문에 보이지 않을 것입니다. 뷰 모드를 와이어 프레임으로 변경합니다.

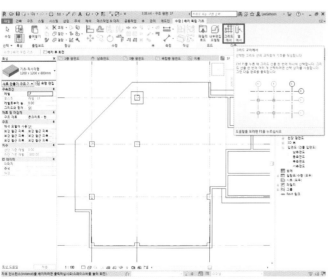

17 리본 메뉴에는 다중 - 그리드에서와 열에서가 있습니다. 기둥처럼 그리드가 중첩되는 곳에 여러 개를 배치하려면 그리드에서를 선택하고 배치할 수 있습니다. '다중 - 열에서'는 기둥을 직접 선택하고, 선택된 기둥의 하단에 자동으로 부착이 됩니다.

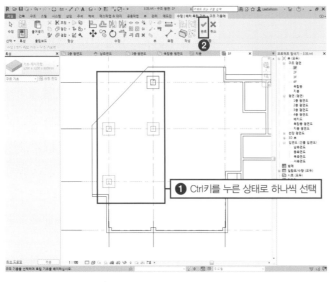

① Ctrl키를 누른 상태로 하나씩 선택

18 '다중 - 열에서'를 이용해서 배치해 보겠습니다. '다중 - 열에서' 명령을 클릭하고 기둥을 선택합니다. 키보드 Ctrl 키를 누르고 여러 개의 기둥을 클릭해서 선택하거나 드래그 해서 선택할 수 있습니다. 선택이 완료되었으면 완료 버튼을 클릭합니다.

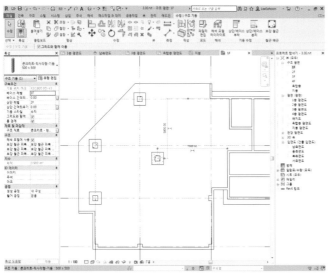

19 만드는 방법에 상관없이 기둥에 한번 배치된 독립 기초들은 기둥이 변경되면 같이 변경됩니다. 기둥 하나를 선택해서 드래그로 이동시켜 보겠습니다. 이동시키면 기둥과 기초가 함께 이동되는 것을 확인할 수 있습니다. Ctrl + Z 키를 이용해서 원래대로 되돌립니다.

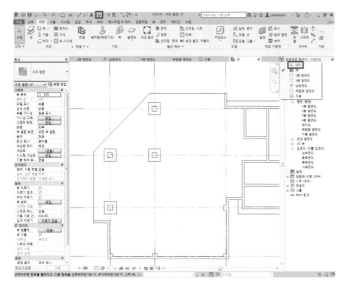

20 기본 3D뷰에서 변경되는 모습을 확인해 보겠습니다. 기본 3D뷰 아이콘을 클릭하거나 프로젝트 탐색기의 3D뷰를 더블클릭해도 되지만 뷰 탭에서 3D뷰를 클릭해서 이동하는 것이 편리합니다.

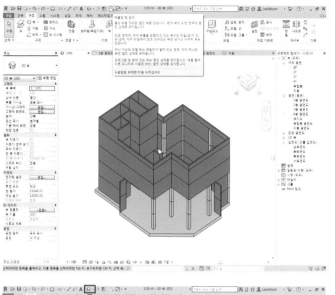

21 하지만 너무 많은 뷰가 열려있을 때에는 뷰를 한번씩 닫아주는 것이 좋습니다. 기본 3D뷰를 열고 비활성 창 닫기 버튼을 클릭합니다.

별도의 창으로 열린 뷰를 제외하고는 모두 닫히게 됩니다. 또한 여러개의 프로젝트가 열려있는 경우, 하나의 창만 남기고 닫게 됩니다.

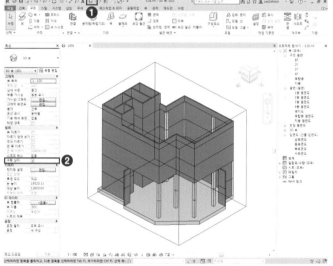

22 3D뷰에서 특성 창의 구획상자를 체크합니다. 현재 뷰의 모델을 감싸는 직육면체가 나타납니다.

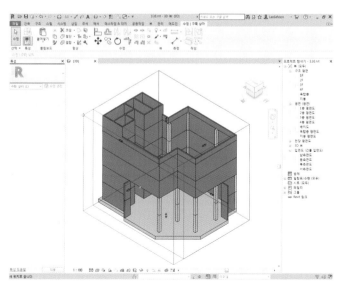

23 구획상자는 Revit 작업을 하면서 매우 자주 사용하게 되는 기능입니다. 현재 뷰에 나타난 개체들을 모두 감싸는 와이어 상자가 나타나는데 이 상자를 선택하면 직육면체 상자의 각 면 위에 화살표가 나타납니다. 이 화살표는 마우스로 드래그해서 움직일 수 있습니다.

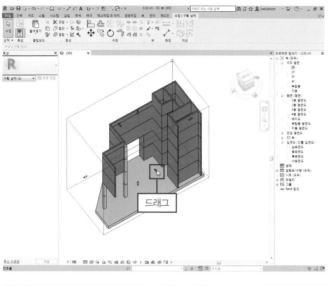

24 남측면의 화살표를 드래그해 보겠습니다. 마우스를 가져가면 화살표의 색이 진해지는데 이때 드래그를 하면 됩니다.

화살표를 건물 안쪽으로 드래그해서 상자의 경계를 움직이면 그 경계면에 맞춰서 모델의 단면이 보여 지게 됩니다.

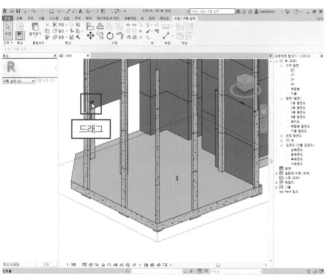

25 서측면의 화살표도 드래그해서 구획상자의 면을 이동해 보겠습니다. 기둥과 독립기초의 단면이 보이도록 구획상자를 조절합니다.

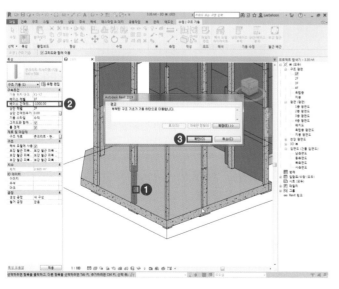

26 구획상자를 이용하면 3D뷰에서 건물의 안쪽 모델까지 쉽게 확인할 수 있습니다. 현재 뷰에서 보이는 1층 기둥을 선택해서 베이스 간격띄우기 값을 -1000으로 변경해 보겠습니다. 그러자 다음과 같은 경고창이 나타납니다.

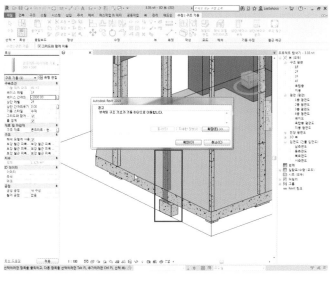

27 기둥의 베이스 레벨의 높이가 바뀌기 때문에 그 기둥에 부착된 기초도 같이 이동된다는 메시지입니다. 확인을 클릭하면 기둥의 베이스 높이와 기초의 높이가 함께 변경되는 것을 확인할 수 있습니다.

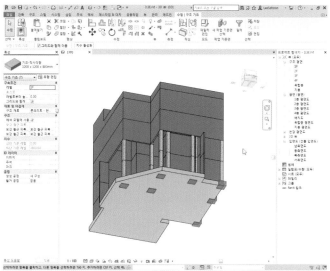

28 Ctrl + Z 를 눌러 기둥 베이스 간격띄우기 명령을 실행 취소하고 뷰의 구획상자를 체크 해제합니다.
참고로 만들어본 독립 기초를 모두 선택하고 키보드 Del 키를 눌러 삭제합니다.

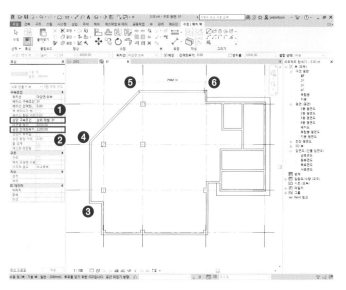

29 이어서 구조 바닥을 만들겠습니다. 커튼월 부분의 선형을 참고하기 위해 벽을 먼저 작성하겠습니다. 프로젝트 탐색기의 구조 평면 1F를 열고 '건축 - 빌드 - 벽'을 클릭합니다. 상단 구속조건을 3F, 상단 간격띄우기 값을 1100으로 변경하고 기초를 따라 벽을 작성합니다. 위치선은 마감면을 선택합니다.

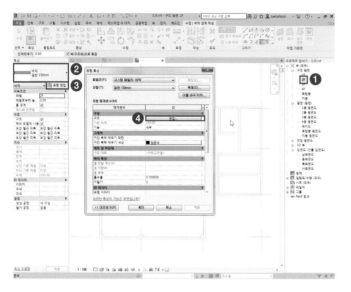

30 구조평면 2F를 열고 '구조 - 구조 - 바닥' 명령을 클릭합니다. 유형은 '일반 150mm'으로 하겠습니다. 바닥의 재료를 변경해 주겠습니다. 유형 편집을 클릭해서 '유형 매개변수 - 구조 - 편집'을 클릭합니다.

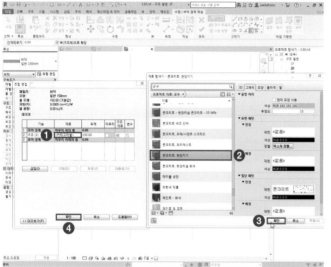

31 카테고리별로 되어 있는 재료를 선택하면 나오는 작은 사각형을 클릭해서 재료 탐색기 창을 열고 '콘크리트 - 현장치기'로 변경하겠습니다.

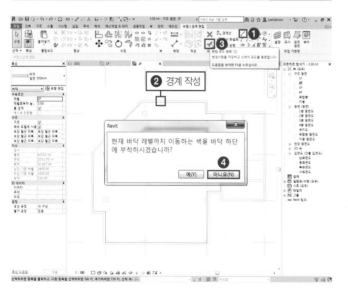

32 그리기 모드의 선을 선택해서 벽의 안쪽 선을 따라서 작성합니다. 다 되었으면 편집 모드 완료를 클릭합니다.
벽의 안쪽 선을 따라서 구조 바닥의 라인을 그려줬고 슬래브와 중첩되는 벽이 없기 때문에 '아니요'를 선택합니다.

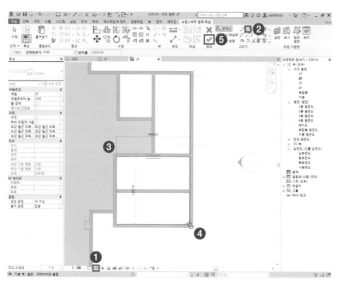

33 비주얼 스타일을 음영 모드로 변경하고 코어 구조바닥도 작성하겠습니다. '구조 - 구조 - 바닥' 명령을 클릭합니다.

마찬가지로 벽의 안쪽으로 그려주겠습니다.

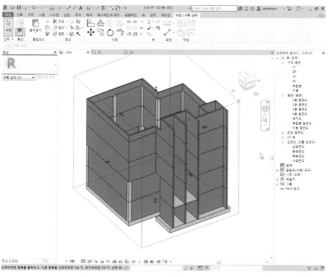

34 편집 모드 완료를 선택하고 벽 부착 여부는 마찬가지로 '아니요'를 클릭합니다. 3D 뷰로 이동해서 구획상자를 체크하고 코어 쪽 단면을 보겠습니다.

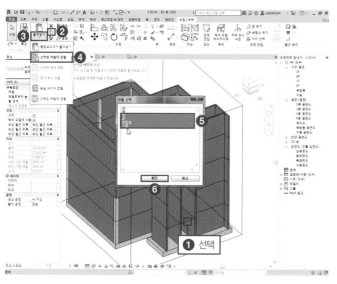

35 새로 작성된 코어 바닥을 선택하고 클립보드에 복사, '붙여넣기 - 선택한 레벨에 정렬'을 클릭합니다. 3F에서 지붕까지 선택하고 확인을 클릭합니다.

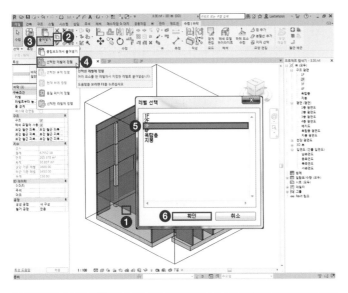

36 구획상자를 조정해서 전용 공간의 2층 바닥을 선택하고 코어 바닥과 마찬가지로 클립보드로 복사, '붙여넣기 - 선택한 레벨에 정렬'을 클릭하고 3F를 선택하고 확인을 클릭합니다.

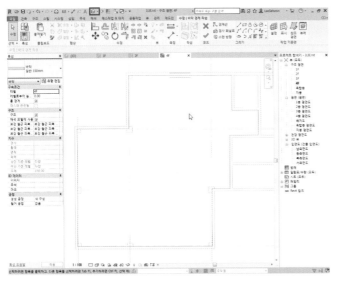

37 3층 바닥이 복사되었으면 4층 구조 평면도로 이동해서 벽의 안쪽 선을 따라 바닥을 작성합니다.

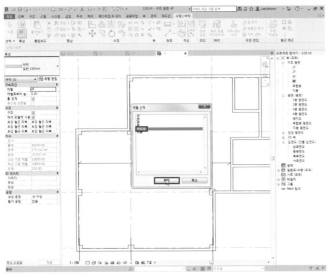

38 완성된 4층 바닥도 클립보드로 복사, '붙여넣기 - 선택한 레벨에 정렬'을 클릭하고 옥탑층을 선택하고 확인을 클릭합니다.

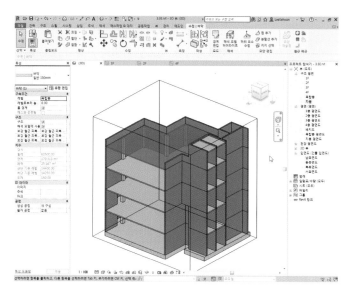

39 3D뷰에서 바닥이 생성된 모습을 확인하고 바닥 작성을 마치겠습니다.

> **Section 4**   **보 모델링**

이번에는 구조 보를 만들고 구조 모델링을 마치겠습니다. 구조 평면 2F를 열겠습니다.

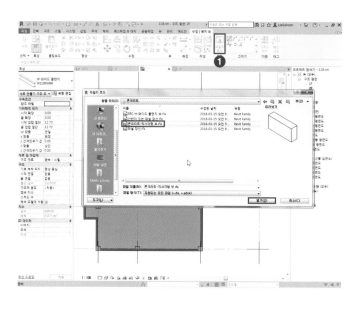

01 '구조 - 구조 - 보' 명령을 클릭합니다. 현재 철골 형태의 보만 로드되어 있기 때문에 콘크리트 보를 로드해서 사용하겠습니다. 패밀리 로드를 클릭하고 패밀리 로드 창에서 '구조 프레임 - 콘크리트 - 콘크리트 직사각형 보'를 선택하고 열기 버튼을 클릭합니다.

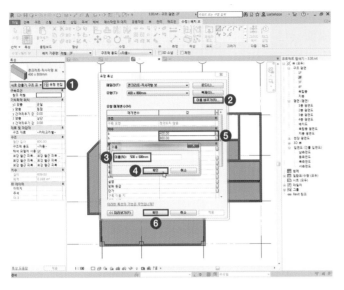

02 유형 편집을 클릭해서 보 유형을 수정하겠습니다. 새로운 유형을 만들지 않고 현재 유형을 수정해서 사용하겠습니다.

이름 바꾸기를 클릭하고 이름을 500×600mm로 변경합니다. 확인을 클릭하고 b의 값을 500, h의 값을 600으로 변경합니다.

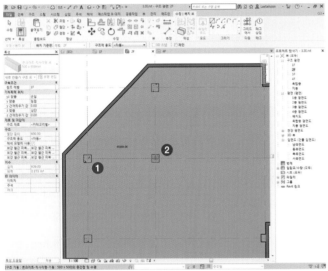

03 기둥과 기둥 중심을 차례로 클릭해서 보를 작성하겠습니다.

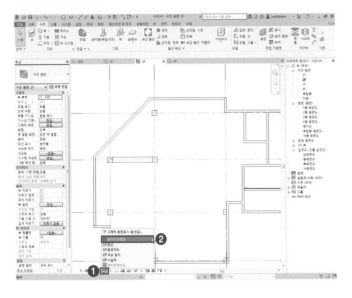

04 보를 작성하였지만 뷰에서 보이지가 않습니다. 바닥과 자동으로 결합되었기 때문입니다. 비주얼 스타일을 와이어 프레임으로 변경하고 작업하겠습니다.

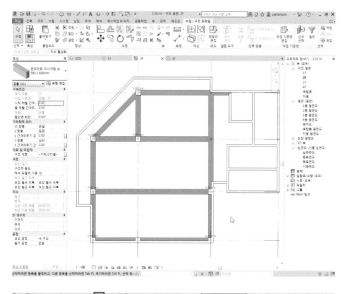

05 보를 다음과 같이 작성합니다. 현재 구조평면 뷰의 모습은 보의 위치를 잘 보여주기 위해 비주얼 스타일을 음영으로 변경하고 바닥을 카테고리 숨기기 한 모습입니다. 뒤에서 다시 설명하겠습니다.

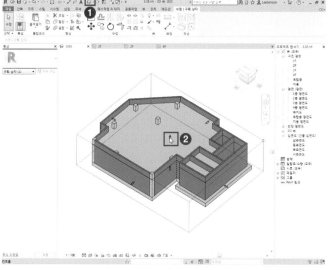

06 3D뷰에서 확인하겠습니다. 구획상자를 체크하고 상자의 윗부분을 아래로 내려서 2층이 잘 보이도록 조정합니다.

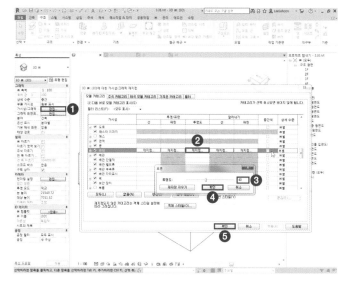

07 구획상자를 선택 해제하고 3D뷰의 가시성/그래픽 재설정을 클릭해서 바닥의 투영/표면 - 투명도를 40으로 설정하고 차례로 확인을 클릭합니다.

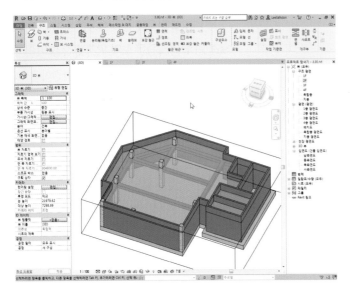

08   바닥이 반투명하게 보여지면서 완성된 2층보를 3D뷰에서도 쉽게 확인할 수 있습니다.

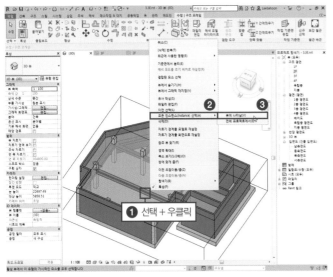

09   기둥과 마찬가지로 그려진 보를 하나 선택해서 우클릭 - 모든 인스턴스 선택 - 뷰에 나타남을 클릭해서 모두 선택합니다.

① 선택 + 우클릭

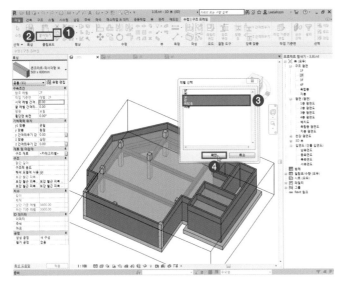

10   클립보드로 복사, '붙여넣기 - 선택한 레벨에 정렬'을 클릭하고 3F~옥탑층을 선택한 후 확인을 클릭합니다.

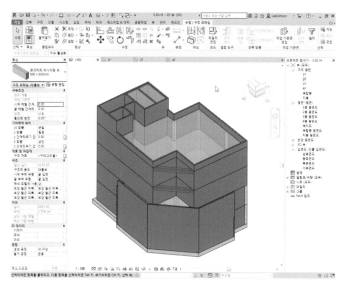

11 구획상자를 체크 해제하고 튀어나온 보들을 선택해서 Del 키로 삭제합니다.

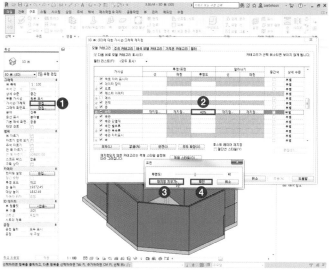

12 기본 3D뷰의 가시성 설정을 원래대로 돌려놓고 구조 모델링을 마치겠습니다. '가시성/그래픽 재지정 - 바닥 - 투명도'를 클릭해서 재지정 지우기를 클릭하고 확인을 클릭합니다.

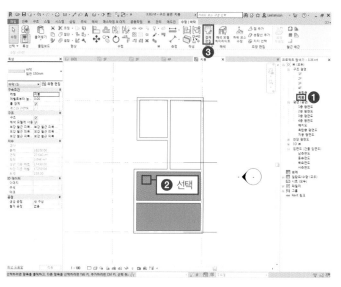

13 지붕층을 정리하겠습니다. 지붕 구조 평면도로 이동하고 바닥을 선택합니다. 선택이 잘 안될 때는 Tap 키를 이용합니다. '수정/바닥 - 경계 편집'을 클릭합니다.

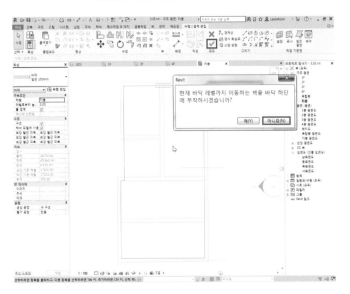

14 지붕층 바닥의 영역을 편집합니다. 편집 모드 완료를 클릭합니다. 하단 부착은 '아니요'를 선택합니다.

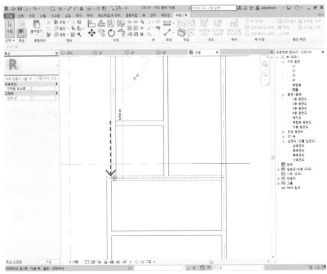

15 좌측 벽의 끝점을 드래그해서 벽을 연결합니다.

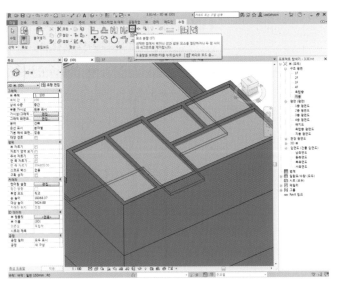

16 3D뷰로 이동해서 코어 안쪽 벽체를 지붕 바닥에 부착 시키겠습니다. 부착 전에 꺾인 부분을 먼저 정리하겠습니다.
수정 탭에서 요소분할 명령을 클릭합니다.

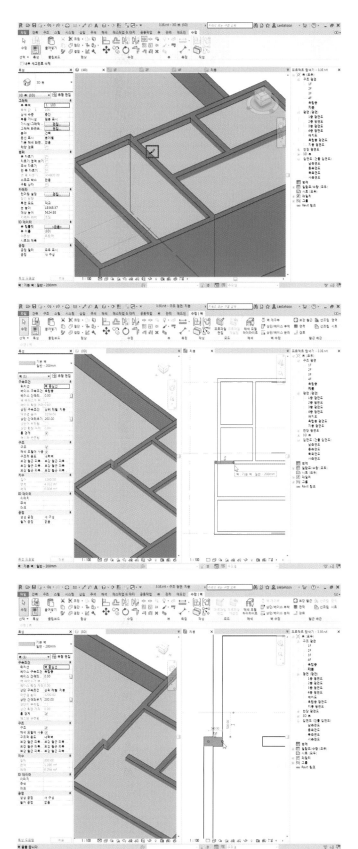

17 정리할 벽의 중간 부분을 클릭해서 벽을 두 개로 분할합니다.

18 원활한 작업을 위해 다른 뷰는 모두 닫고 3D뷰와 지붕층 평면만 열고 작업하겠습니다. 두 개의 뷰만 남기고 W T 를 입력해 창을 정렬합니다. 지붕층 평면에서 잘린 벽을 선택하겠습니다.

19 선택한 벽의 끝점을 끌어 끝단에 맞춰 줍니다. 코너 자르기 연장을 하지 않는 이유는, 벽 길이나 결합 상태 때문에 원하는 형상이 되지 않을 경우가 자주 발생하기 때문입니다. 결합 순서를 바꾸거나 벽 자동결합을 해제해야 할 경우도 자주 발생합니다.

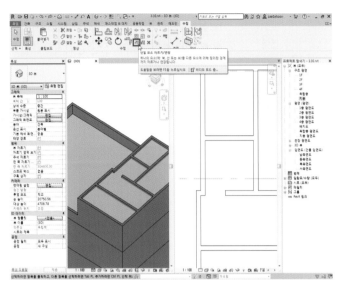

20 나머지 잘린 벽을 편집한 벽에 정렬시키겠습니다. 단일 요소 자르기/연장 명령을 클릭합니다.

기준선(면)을 선택하고 다른 요소를 해당 기준선까지 자르거나 연장하는 기능입니다.

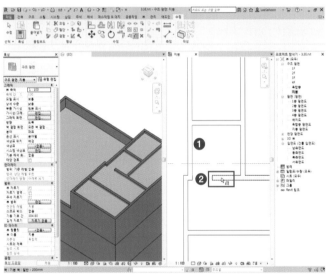

21 기준이 되는 벽면을 먼저 클릭하고 연장하거나 자를 벽을 클릭합니다.

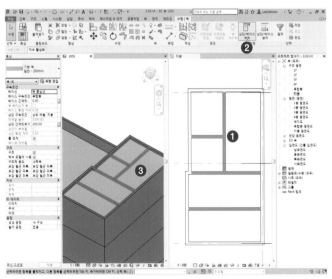

22 지붕 바닥보다 돌출된 4개의 벽을 선택하고 '수정/벽 - 벽 수정 - 상단/베이스 부착'을 클릭하고 지붕 바닥을 선택합니다.

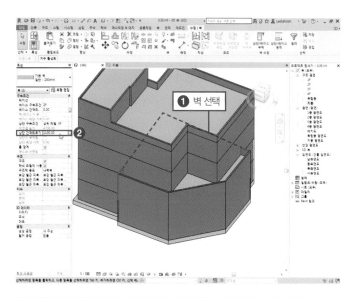

23 2층의 커튼월 측벽 높이를 수정하겠습니다. 두 벽을 선택해서 상단 간격띄우기 값을 1100으로 변경합니다.

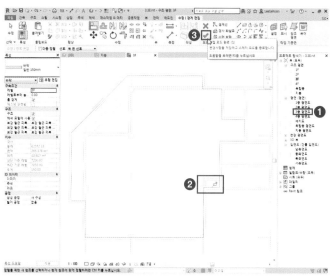

24 3층 평면도로 이동하고 바닥을 선택합니다. 경계 편집으로 들어가서 벽이 돌출된 부분의 바닥을 수정하고 편집 모드 완료를 클릭합니다.

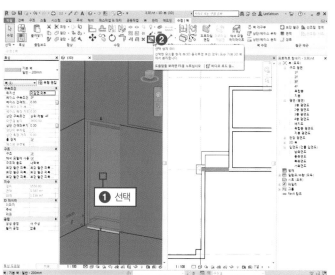

25 3D 뷰에서 바닥이 수정된 부분을 확인하겠습니다. 3D뷰와 3층 평면을 같이 열고 하면 이해가 편합니다. 벽과 바닥이 제대로 만나고 있지 않고 수정된 바닥은 아래층 벽과 간섭이 발생하고 있습니다.

3층 복도 남측 벽을 선택하고 '수정/벽 - 뷰 - 선택상자'를 클릭합니다.

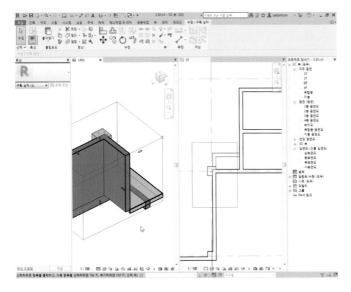

26 선택상자를 클릭하면 구획상자가 선택된 개체만 감싸는 크기로 생성되어서 그 부분을 쉽게 확인할 수 있습니다. 구획상자를 조절해서 간섭이 생기는 부분과 끝이 맞지 않는 부분이 잘 보이도록 영역을 수정합니다. 평면 뷰에서 구획상자가 어디를 자르고 있는지 확인할 수 있습니다.

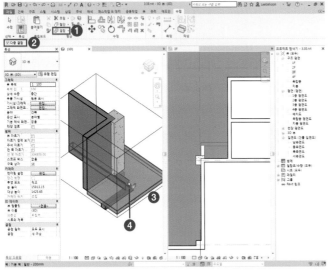

27 간섭이 발생하고 있는 바닥과 아래층 벽은 형상 결합을 합니다. '수정 - 형상 - 결합'을 클릭하고 다중결합을 체크합니다. 바닥과 2층 벽들을 차례로 클릭합니다. 방향이 잘 파악되지 않는다면 뷰 큐브의 방향을 참고하시기 바랍니다.

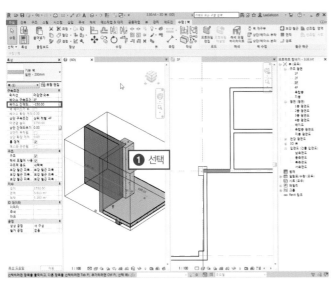

28 3층 벽은 베이스 간격띄우기를 조절해서 수정하겠습니다. 베이스 간격띄우기 값을 -150으로 변경하고 2층 벽과 간섭이 발생하면 형상 결합을 합니다. 구조 모델이 완료되었습니다. 구획상자를 체크 해제하고 3D 뷰에서 모델을 확인합니다.

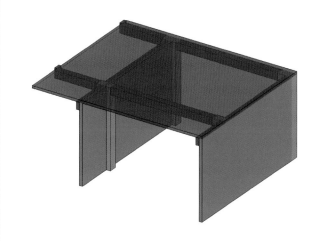

01 구조 부재들을 결합할 경우, '바닥 > 벽 > 기둥 > 보'의 순서대로 결합됩니다. 바닥과 벽은 자동결합 되지 않고, 나머지는 자동결합 됩니다. 바닥과 벽까지 형상 결합을 할 경우 그림처럼 결합 순서가 됩니다.

소규모의 건축물일 경우, 결합의 순서가 크게 중요하지 않을 수 있습니다. 시트의 작성이나, 수량의 산출에 맞게 회사마다 다르게 결합 방식을 사용하기도 합니다.

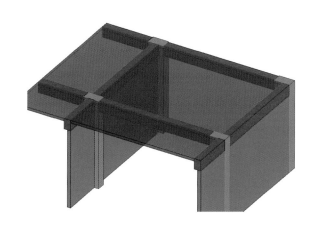

02 제가 실무에서 작업하는 경우는 대부분 대규모의 건축물일 경우가 많습니다. 때문에 가시성과 효율을 높이기 위해 그림처럼 기둥 > 보 > 바닥 > 벽의 순서로 작업을 하되, 서로 형상 결합이 최소화 되도록 분리해서 작성합니다. 이러한 방법들은 정답이 아니며, 프로젝트의 목적이나 활용에 따라 얼마든지 달라질 수 있습니다.

05

외벽 모델링

외벽 마감을 작성하겠습니다. 외벽 마감은 구조벽과 마찬가지로 층을 구분해서 하기도 하지만, 전체 층을 하나의 개체로 모델링하기도 합니다. 특히나 커튼월 외벽 같은 경우에는 대부분 하나의 벽으로 모델링합니다. 여기에서도 외벽 마감은 하나의 개체로 모델링하겠습니다. 필요에 따라 달라질 수 있습니다.

Section 1 커튼월 모델링

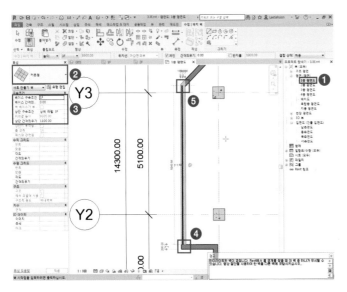

01 1층 평면도를 열고 '건축 - 빌드 - 벽' 명령을 클릭합니다. 특성 창에서 커튼월을 선택하고 베이스 구속조건을 1F, 상단 구속조건을 3F, 상단 간격띄우기 값을 1100으로 입력합니다.

기존에 참고용으로 그렸던 벽의 중심선을 따라 커튼월을 작성합니다. 참고용 벽은 삭제할 것이기 때문에 경고 창은 무시하겠습니다.

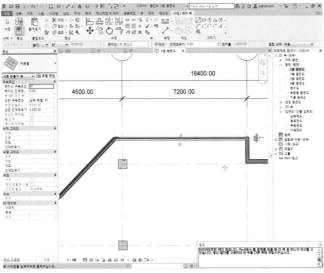

02 나머지 면들도 중심선을 따라 끝점에서 끝점까지 커튼월을 작성합니다.

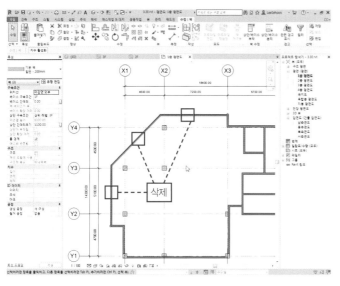

03 다 되었으면 다음 그림에 선택된 3개의 벽체는 Del 키를 눌러 삭제합니다.

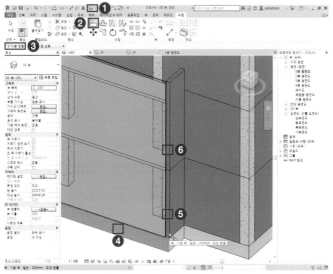

04 3D뷰로 이동합니다. 결합된 상태에서 참고용 벽을 삭제했기 때문에 벽의 끝점이 변경되어 있습니다. 정렬을 통해 끝점을 수정하겠습니다.

'수정 - 수정 - 정렬'을 클릭하고 옵션 바에서 다중 정렬을 체크합니다. 하나의 기준에 여러 개를 정렬할 때 사용하는 옵션입니다. 기초의 옆면을 기준으로 클릭하고 벽체의 옆면을 차례로 클릭합니다.

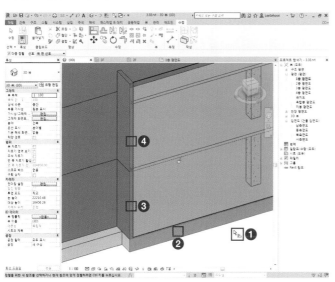

05 작업창의 빈 곳을 한번 클릭해서 기준면을 선택 해제하고 다른 쪽 면도 똑같이 작업합니다.

벽의 결합상태에 따라 이 과정이 필요 없을 수도 있습니다.

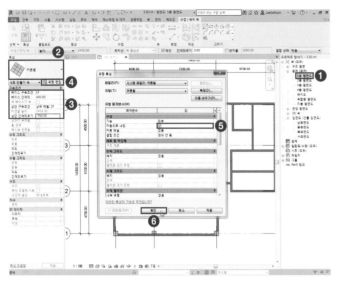

06 다시 1층 평면도로 이동해서 남측면의 커튼월을 작성하겠습니다.

'건축 - 빌드 - 벽'을 클릭합니다. 커튼월의 상단 구속조건을 2F로 변경하고 베이스 간격띄우기는 400, 상단 간격띄우기는 -750을 입력합니다. 커튼월의 유형 편집을 클릭해서 자동으로 내장을 체크하고 확인을 클릭합니다.

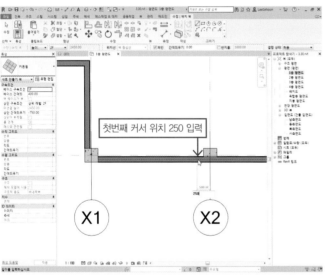

첫번째 커서 위치 250 입력

07 자동으로 표시되는 거리 값을 참고해서 X2열 그리드에서 250 간격을 두고 2500 길이의 커튼월을 작성합니다.

250 간격을 두고 첫 번째 점을 클릭하려고 했지만 스냅 거리가 100 간격으로 잡히거나, 확대하면 20 간격으로 스냅점이 잡힙니다. 첫 번째 클릭하기 전에 보조 dim선이 생기면 키보드로 수치를 입력합니다. 즉, 마우스를 X2열 왼쪽으로 가져가서 보조 dim 치수가 나올 때 키보드로 250을 입력합니다.

08 마우스로 수평 방향을 설정한 다음 2500을 입력합니다.

두번째 커서 위치 2500 입력

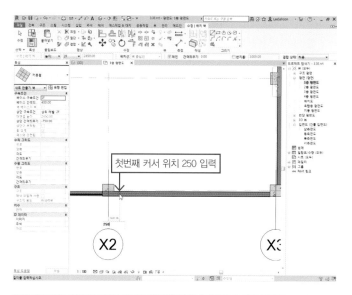

09 X2열과 X3열 사이에도 마찬가지 방법으로 커튼월을 작성합니다. 그리드와의 간격은 250을 입력합니다.

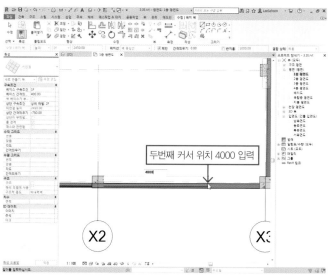

10 커튼월의 길이를 4000으로 입력하기 전에 Space bar 를 이용해서 방향을 이전 커튼월에 맞춰 줍니다. 커튼월의 진행 방향이 이전과 반대이기 때문에 반대 방향으로 작성됩니다. 방향을 바꾸고 4000을 입력합니다.

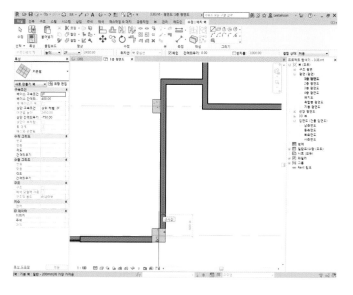

11 전용 공간의 남서측 벽에도 같은 방식으로 커튼월을 작성하려 하면 보조 dim 치수가 그리드가 아닌 벽과의 거리로 잡히는 것을 확인할 수 있습니다.

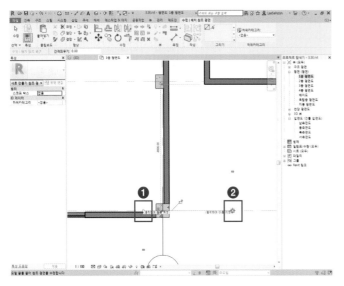

12 이럴 경우에는 벽과 그리드의 거리를 계산해서 수치를 직접 입력할 수도 있지만, 참조 평면을 이용해서 작성해보겠습니다. '건축 - 작업기준면 - 참조 평면'을 클릭합니다. 적당한 길이로 그리드 위에 참조 평면을 작성합니다.

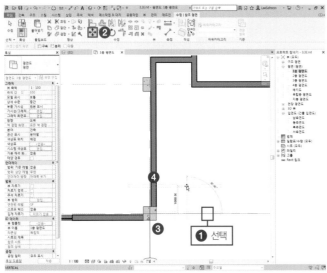

13 작성한 참조 평면을 선택합니다. 잘 선택이 되지 않으면 [Tap]키를 이용해서 선택합니다. 이동 명령을 사용해서 원하는 거리만큼 이동 합니다.

·TIP

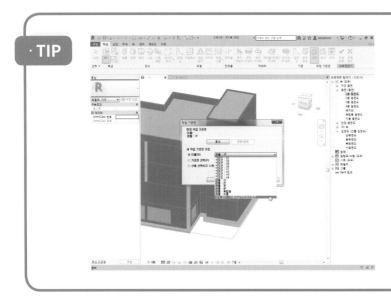

이름이 입력된 참조 평면은 지금처럼 단순 참조용 선 뿐만 아니라 입면도나 3D뷰에서 내부 편집 모델 같은 특수한 모델을 만들 때 작업 기준면으로 사용할 수 있습니다. 또한 패밀리 작성에 참조 평면은 중요한 개념입니다.

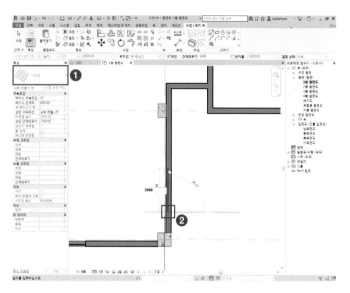

14 이동된 참조 평면과 벽 중심과의 교차점에서 시작해서 2800 길이의 커튼월을 작성합니다. 작성된 참조 평면은 따로 이름이 없습니다만 특성 창에서 이름을 입력할 수 있습니다.

15 단순 참조용으로 작성된 참조 평면을 삭제하고 남측면도를 열어 줍니다. 새로 작성된 커튼월은 다음과 같은 형태로 하겠습니다.

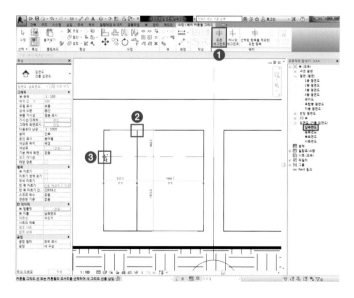

16 '건축 - 빌드 - 커튼 그리드'를 클릭합니다. 수직 그리드를 왼쪽에서 900, 수직 그리드를 아래쪽에서 1800 거리로 클릭하려 했으나 스냅이 잘 잡히지 않습니다. 이럴 때는 적당한 위치에 클릭해서 작성합니다.

마우스를 수직 모서리 방향에 가져가면 가로 그리드가 나타나고 수평 모서리 방향에 가져가면 수직 그리드가 나타납니다. 수직과 수평 그리드를 하나씩 클릭합니다.

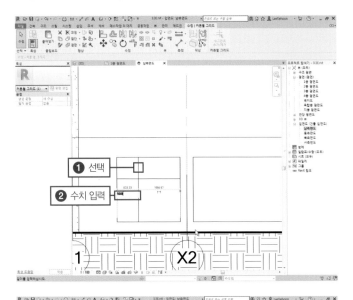

17 [Esc]키를 눌러 작성을 완료한 다음에 그리드를 선택하고 수치를 직접 입력해서 위치를 수정합니다.

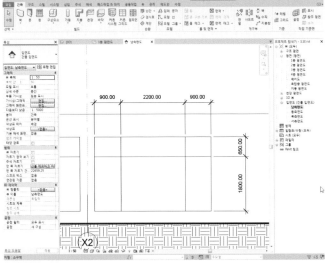

18 X2열과 X3열 사이의 커튼월도 다음과 같은 간격으로 그리드를 작성합니다.

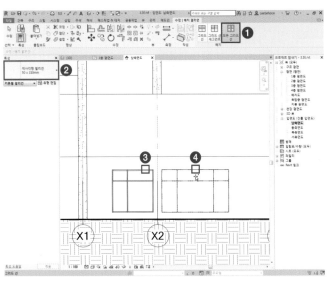

19 '건축 - 빌드 - 멀리언'을 클릭합니다. 모든 그리드 선을 선택하고 두 커튼월을 차례로 클릭해서 멀리언을 작성합니다.

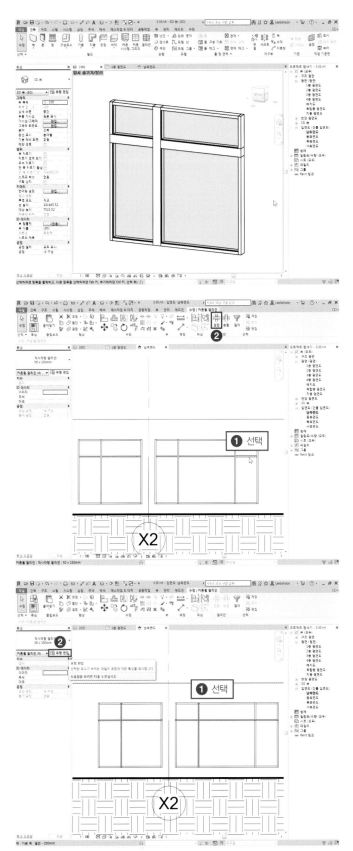

20 커튼월을 다음과 같이 편집하겠습니다. 내부 멀리언을 두껍게 해서 강조해 보겠습니다.

21 가로 방향 5개의 멀리언을 선택합니다. 잘 선택이 되지 않을 경우 `Tap` 키를 눌러 멀리언만 선택합니다. 선택이 완료되면 '수정/커튼월 멀리언 - 멀리언 - 결합'을 클릭합니다.

22 강조할 멀리언을 선택해서 유형을 변경하겠습니다. 9개의 멀리언을 선택하고 유형 편집을 클릭합니다. 멀리언을 선택할 때는 `Ctrl` 키를 누르고 클릭해서 추가하는 방식으로 합니다.

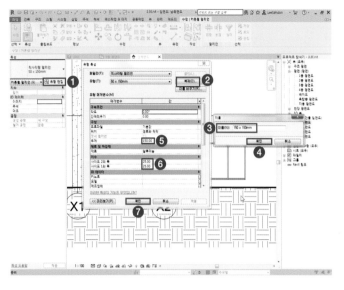

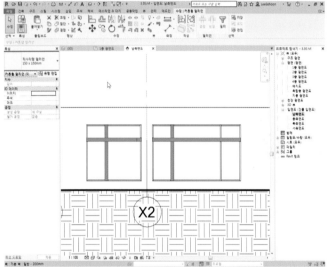

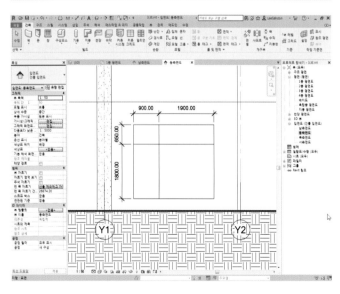

23 유형 편집 창에서 복제를 클릭하고 이름을 150 × 200mm으로 변경합니다. 확인을 클릭하고 두께를 200, 사이드 1, 2의 폭을 각각 75로 변경하고 확인을 클릭합니다.

24 커튼월의 멀리언이 변경되었습니다.

25 동측면도를 열어서 1층의 커튼월을 다음과 같은 간격으로 그리드를 작성합니다.

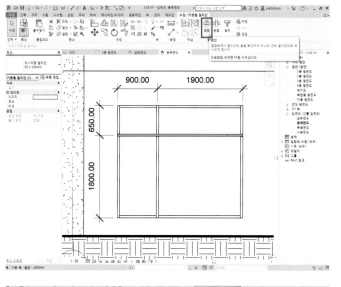

26 이전과 같은 방법으로 멀리언을 작성합니다. '건축 - 빌드 - 멀리언 - 모든 그리드선'을 이용해서 50 × 150mm 멀리언을 작성하고 가로 멀리언을 결합 합니다.

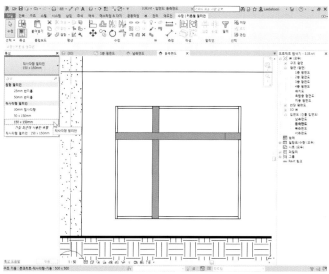

27 강조할 멀리언을 선택하고 기존에 만들었던 유형으로 변경합니다.

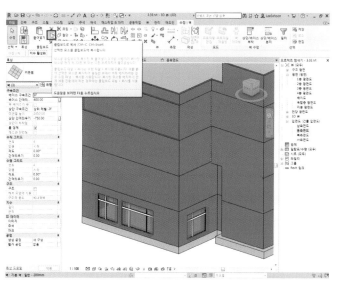

28 3D뷰로 이동해서 작성한 3개의 커튼월을 선택하고 클립보드로 복사합니다.

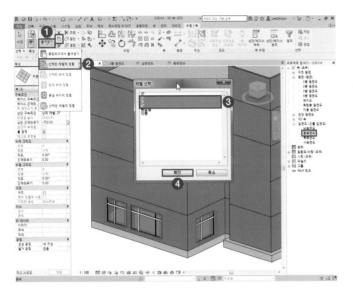

29 '붙여넣기 - 선택한 레벨에 정렬'을 클릭합니다. 2F~4F까지 선택하고 확인을 클릭합니다.

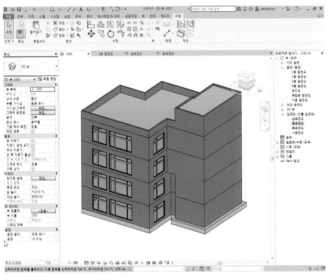

30 다음과 같이 커튼월이 작성되었습니다. 이러한 커튼월의 경우, 창 패밀리로 만들 수도 있고, 커튼월을 지금처럼 직접 편집해서 만들 수도 있습니다.

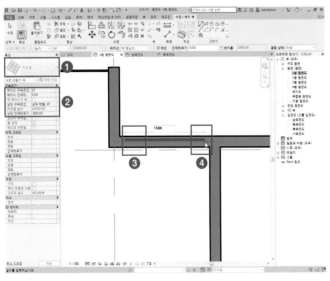

31 1층으로 이동해서 출입구 부분 커튼월을 작성하겠습니다.
'건축 - 빌드 - 벽'을 클릭하고 커튼월을 선택합니다. 먼저 북측면은 베이스 구속조건은 1F, 베이스 간격띄우기 값은 0으로 합니다. 상단 구속조건을 4F, 상단 간격띄우기 값을 -800으로 입력하고 참조 평면을 이용해 양쪽 벽으로부터 100씩 띄우고 작성합니다.

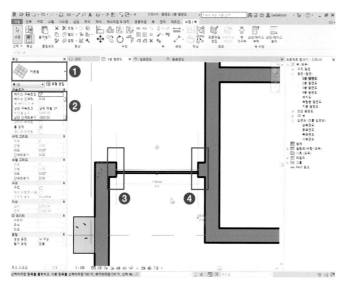

32 남측 출입구 커튼월은 베이스 조건은 북측면과 동일하고 상단 구속은 3F, 상단 간격띄우기 값은 -800으로 입력하고 마찬가지로 벽과 100간격을 두고 작성합니다.
간격 맞추기가 어려우면 작성 후 수치를 수정하는 것이 편리할 수도 있습니다.

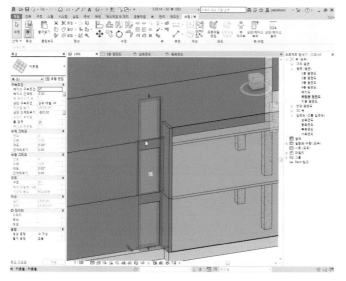

33 3D 뷰에서 확인해 보겠습니다. 남측 출입구 커튼월은 이상이 없지만 북측 출입구 부분은 보와 간섭이 발생합니다.

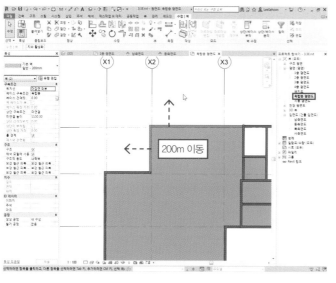

34 벽의 위치를 수정해도 면적이나 구조상 잘못된 부분이 없다는 가정 하에 벽의 위치를 수정해서 보와의 간섭이 발생하지 않도록 하겠습니다.
옥탑층 평면으로 이동합니다. 두 개의 벽을 이동 명령을 사용해서 바깥쪽으로 각각 200씩 이동합니다.

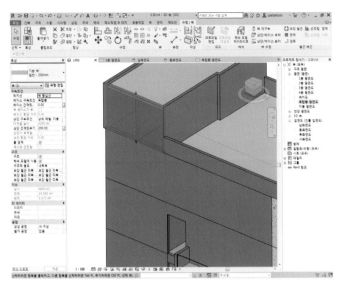

35 3D 뷰에서 확인해 보면 코어쪽 연결된 벽이 자동으로 같이 수정된 것을 확인할 수 있습니다.

이처럼 결합된 벽은 같이 움직이는 경우가 많기 때문에 수정할 때 유의해야 합니다.

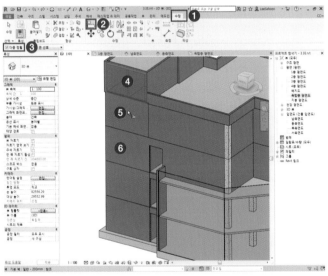

36 정렬 명령을 이용해서 다른 벽의 위치를 맞춰 주겠습니다.

'수정 - 수정 - 정렬'을 클릭합니다. 다중 정렬을 체크하고 위치를 변경한 코어 벽의 바깥쪽 면을 기준면으로 선택합니다. 이어서 아래층 벽들의 바깥쪽 면을 차례로 클릭합니다.

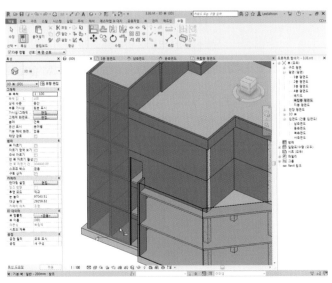

37 북측면 벽의 옆면을 모두 정렬한 모습입니다. 연결된 벽과 커튼월이 모두 같이 수정되는 것을 확인할 수 있습니다. 경우에 따라 같이 수정되지 않는 경우도 있으므로 반드시 확인하면서 수정해야 합니다.

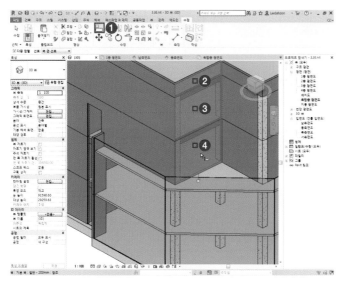

38 다른 쪽 면도 수정합니다. '수정 - 수정 - 정렬'을 클릭합니다. 마찬가지로 옥탑층 벽의 옆면을 기준면으로 선택하고, 3, 4층 벽의 옆면을 정렬합니다.

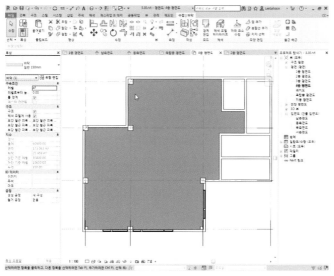

39 평면도로 이동해서 바닥 영역을 확인합니다. 연결된 벽과 마찬가지로 바닥 영역도 같이 수정된 것을 확인할 수 있습니다.

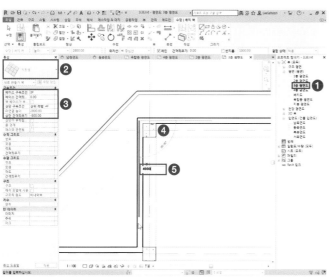

40 3층 평면도로 이동해서 테라스와 연결되는 커튼월을 추가하겠습니다.
3층 평면도를 열고 '건축 - 빌드 - 벽'을 클릭하고 커튼월을 작성합니다. 베이스는 3F, 상단은 4F, 상단 간격띄우기를 -800으로 입력하고 벽 중심선에 작성합니다. 수정한 벽의 모서리 끝점에서 수직 방향으로 4000의 길이만큼 작성합니다. (현재 단계에서 시공상의 문제는 감안하지 않겠습니다)

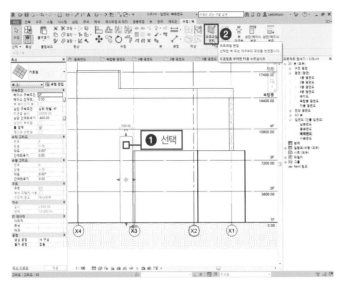

41 북측면도로 이동해서 출입구 위치의 커튼월을 수정하겠습니다.

커튼월을 선택하고 '수정/벽 - 모드 - 프로파일 편집'을 클릭합니다.

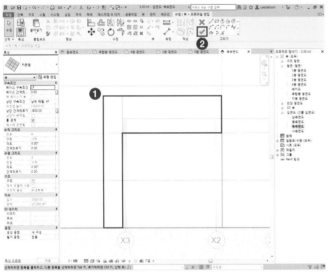

42 다음과 같이 프로파일을 편집합니다. 확장되는 라인의 하단은 레벨에, 우측은 벽의 끝선에 맞춰 줍니다. 하나의 닫힌 선으로 만들어주고 편집 모드 완료를 클릭합니다.

커튼월의 코너가 만들어지는 부분은 멀리언을 따로 지정하고, 멀리언의 간격띄우기 값 등을 고려해야 합니다. 한 번에 다 맞추려면 복잡하기 때문에, 현재는 대략 만들고 수정하는 방법으로 진행하겠습니다. 다음 그림처럼 대략 만들었으면 편집 모드 완료를 클릭합니다.

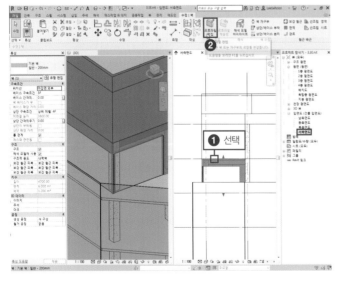

43 3D 뷰에서 확인하면 코너가 깨끗하게 정리되지 않았습니다. 벽의 자동 결합과 커튼월의 자동내장 기능이 원하는 대로 쉽게 그려지지 않을 때가 많습니다. 이럴 경우는 벽의 프로파일을 수정하는 것이 편합니다.

서측면도로 이동해서 수정할 벽을 선택하고 프로파일 편집을 클릭합니다. 입면도에서 선택이 쉽지 않다면 3D뷰와 함께 열어놓고 작업을 하는 것도 좋습니다.

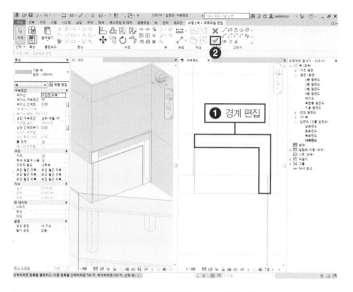

44 선 선택이나 선 그리기를 이용해서 커튼월의 경계를 그려주고 닫힌 선으로 프로파일을 정리합니다. 다 되었으면 편집 모드 완료를 클릭합니다.

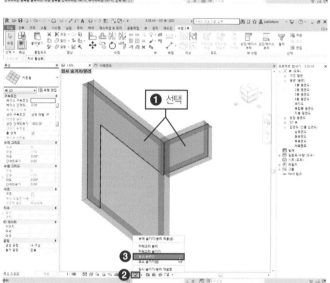

45 커튼월이 만나는 부분을 정리하기 위해 3D뷰에서 두 커튼월을 선택하고 안경 모양의 '뷰에 숨기기/분리 적용 - 요소 분리'를 클릭합니다. 선택된 요소만 남기고 나머지는 임시로 숨깁니다.

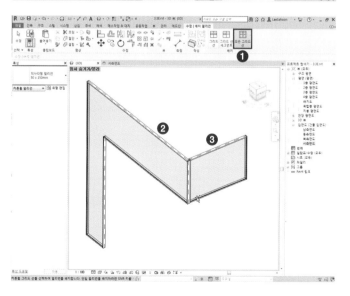

46 '건축 - 빌드 - 멀리언'을 클릭하고 모든 그리드 선을 선택합니다. 두 개의 커튼월을 차례로 클릭해서 멀리언을 작성합니다.

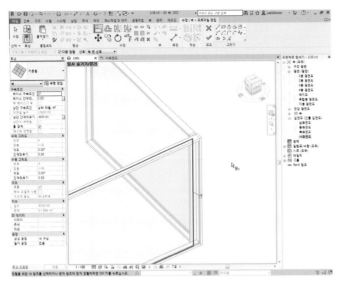

47 북측면의 커튼월을 선택하고 프로파일 편집을 클릭해서 수정하겠습니다. 우측 선을 다른 커튼월 멀리언의 안쪽 면에 정렬합니다. 뷰 큐브로 뷰의 방향을 잘 보시기 바랍니다. 정렬되었으면 편집 모드 완료를 클릭합니다.

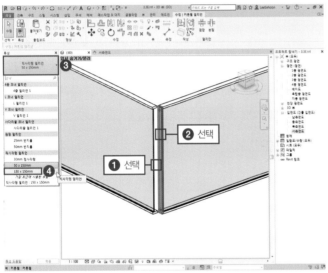

48 수정한 북측면 커튼월의 우측의 멀리언만 선택해서 삭제합니다. 서측면 커튼월의 좌측 경계 멀리언을 선택해서 새로 만든 150×50mm 멀리언으로 변경합니다.

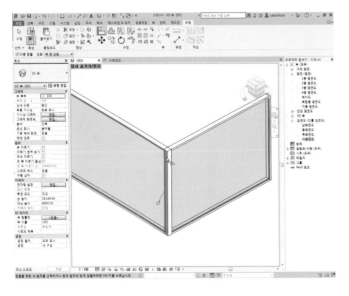

49 정렬 기능을 이용해서 북측 멀리언 바깥쪽 면을 기준으로 선택하고 변경한 멀리언의 끝을 선택합니다.

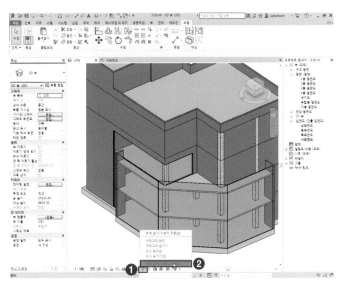

50 코너 부분을 확인합니다. 정리가 되었으면 '뷰에서 숨기기/분리적용 - 임시 숨기기/분리 재설정'을 클릭해서 모두 표시합니다.

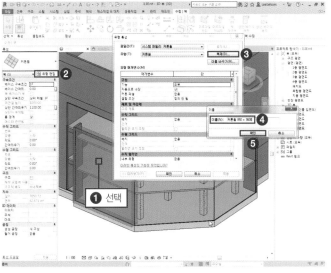

51 커튼월에 그리드와 멀리언을 넣어 보겠습니다. 북측면 커튼월을 선택해서 유형 편집을 클릭합니다. 복제를 클릭하고 이름을 '커튼월 850 × 600'으로 입력하고 확인을 클릭합니다.

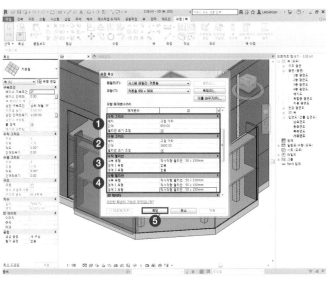

52 수직 그리드의 배치를 고정거리로 변경하고 간격은 850으로 입력합니다. 수평 그리드의 배치를 고정거리로 변경하고 간격을 3600으로 입력합니다. 수직 멀리언 내부 유형을 직사각형 멀리언: 50 × 150mm로 변경하고, 수평 멀리언의 내부 유형, 경계1, 2 유형 모두를 직사각형 멀리언: 50 × 150mm로 변경하고 확인을 클릭합니다.

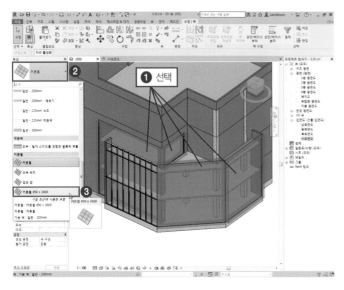

53 그림에서 보이는 4개의 커튼월을 선택해서 새로 작성한 '커튼월 850 × 3600' 유형으로 변경하겠습니다.

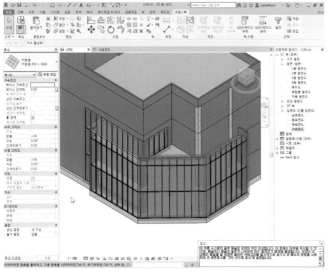

54 커튼월 유형을 선택하자 경고 메시지창이 나타납니다. 이상한 부분을 확인하라는 내용입니다.

오류 메시지창이 나올 경우도 있는데 한번 읽어보고 요소 삭제를 클릭해서 명령을 완료하면 됩니다.

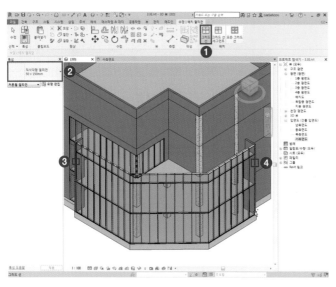

55 '건축 - 빌드 - 멀리언'을 클릭해서 수직 경계 멀리언을 작성하겠습니다. 직사각형 멀리언 50 × 150mm를 선택하고 돌출된 커튼월 가장 좌우측 경계를 클릭해서 멀리언을 생성합니다. 아직 Esc 키를 눌러 완료하지 않습니다.

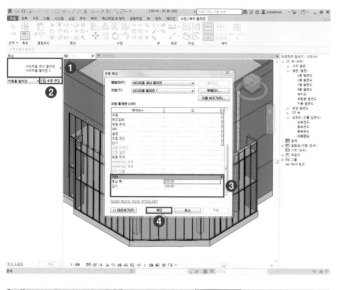

56 그런 다음 커튼월끼리 만나는 부분은 코너 멀리언을 넣겠습니다. 특성 창에서 사다리꼴 코너 멀리언을 선택해서 작성하겠습니다. '사다리꼴 코너 멀리언 - 사다리꼴 멀리언 1'을 선택하고 유형 편집을 클릭합니다. 중심 폭을 150으로 변경하고 확인을 클릭합니다.

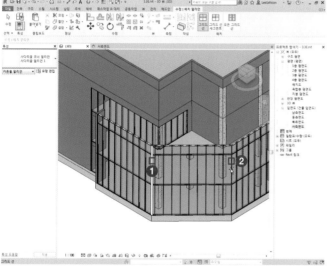

57 커튼월의 코너 부분을 클릭해서 멀리언을 작성합니다.

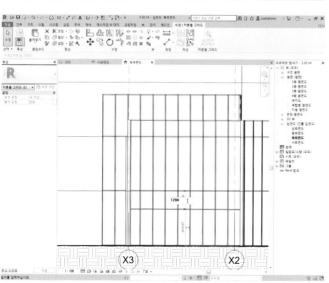

58 북측면도로 이동해서 수평 그리드를 추가 하겠습니다. '건축 - 빌드 - 커튼 그리드'를 클릭하고 상단 레벨에서 1200 간격의 위치에 수평 그리드를 추가합니다. 1200 수치가 스냅으로 잘 맞춰지지 않는다면 적당한 곳에 추가하고 그리드를 선택해서 수치를 직접 입력해서 이동합니다. 멀리언에 가려져 있기 때문에 그리드를 선택할 때는 Tap 키를 이용합니다.

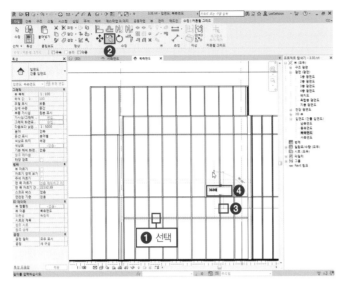

59 그리드가 이동되었다면 그리드가 선택된 상태로 '수정/커튼월 그리드 - 수정 - 복사'를 클릭합니다. 수직 방향으로 3600을 입력해서 복사합니다.

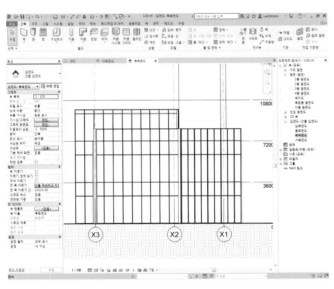

60 그리드를 추가하면 자동으로 멀리언이 함께 추가되는 것을 알 수 있습니다. 커튼월 유형 특성에 '수평 멀리언 - 내부유형'에 직사각형 멀리언: 50 × 150mm가 설정되어 있기 때문에 그리드가 추가되면 자동으로 멀리언도 함께 추가됩니다. 같은 작업을 반복해서 북측면 커튼월에 추가 그리드를 모두 작성합니다.

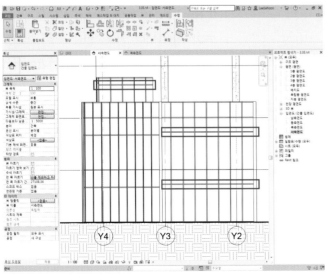

61 서측면도로 이동해서 같은 작업을 하는데 이번에는 수치에 상관없이 클릭해서 배치하겠습니다. 추가된 멀리언들의 위치가 약간 어긋나 있습니다. 3D뷰에서 수정 해보겠습니다.

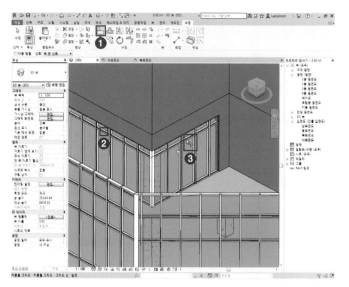

62 '수정 - 수정 - 정렬'을 클릭하고 기준 선을 정상적으로 작성된 북측면 커튼월 그리드를 클릭하고 이어서 정렬할 서측면 그리드를 클릭합니다.

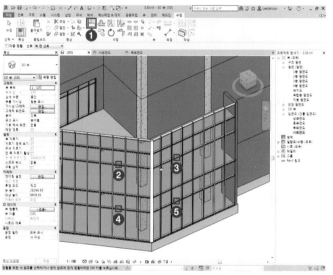

63 나머지 추가된 서측면의 그리드도 정렬시켜 줍니다. 이처럼 커튼월 그리드는 수직 방향으로밖에 움직일 수 없기 때문에 3D뷰에서 정렬을 시켜도 자동으로 수직 방향의 참조면을 가지게 됩니다.

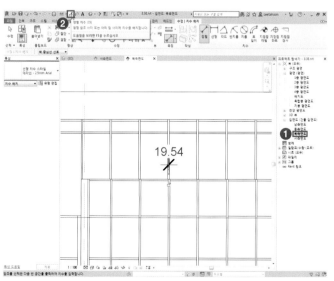

64 북측면도로 이동해서 커튼월의 간격을 맞춰보겠습니다. '빠른 실행 - 정렬 치수'를 클릭합니다. 두 커튼월 수직 그리드의 끝점들을 클릭해서 간격을 측정합니다. (치수선은 Part 4에서 학습합니다) 간격이 19.54가 나왔습니다.

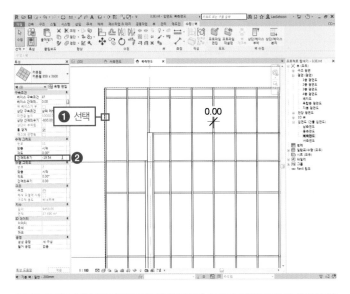

65 뒤쪽 커튼월을 선택하고 특성 창의 '수직 그리드 - 간격띄우기' 값을 –19.54로 입력합니다. 커튼월의 방향에 따라 +19.54일 수도 있고 –19.54일 수도 있습니다. 불필요한 치수선은 선택해서 삭제합니다.

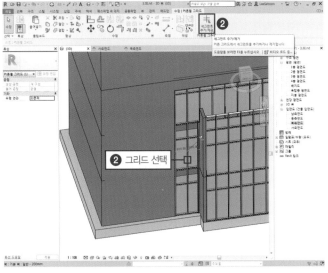

66 커튼월 도어를 작성하겠습니다. 3D뷰로 이동해서 (Tap) 키를 이용해 출입구 쪽의 커튼월 그리드를 선택하고 세그먼트 추가/제거를 클릭합니다.

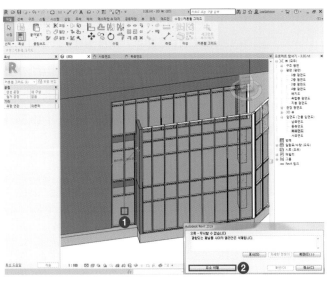

67 아래쪽 그리드 위치를 클릭하면 다음과 같은 오류창이 나타납니다. 그리드가 지워지기 때문에 그 부분에 위치한 멀리언도 삭제된다는 메시지입니다. 요소 삭제를 클릭해서 그리드와 멀리언을 삭제 합니다.

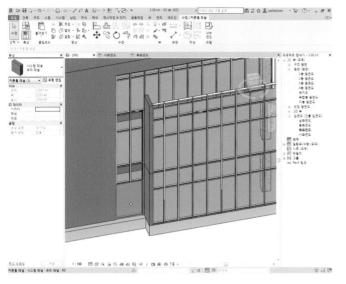

68 그리드와 멀리언이 삭제된 커튼월 패널을 선택합니다. 마찬가지로 경계 부분에 마우스를 대고 (Tap)키를 이용하면 선택할 수 있습니다. 면 선택이 활성화 되어 있으면 패널 가운데에 마우스 커서를 놓고 한번만 (Tap) 키를 입력하면 바로 선택할 수 있습니다.

69 선택되었으면 유형 편집을 클릭하고 유형 특성 창에서 로드를 클릭합니다.

작성하려는 것은 문이지만, 커튼월 패널을 대신하는 것이기 때문에 패밀리의 상위 폴더로 가서 커튼월 패널 폴더로 들어갑니다.

문 폴더에서 '커튼월 - 점두 - 이중 패밀리'를 선택하고 열기를 클릭합니다.

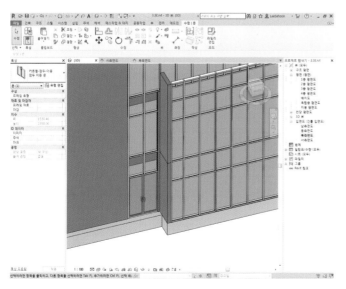

70 커튼월 문이 삽입되었습니다. 마찬가지 방법으로 커튼월 창이나 패널을 다른 종류로 변경할 수 있습니다.

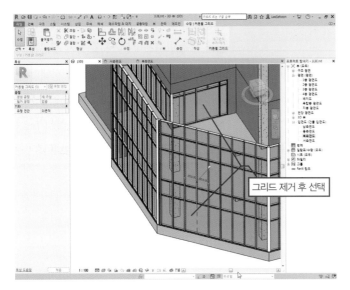

71 마찬가지 방법으로 테라스 부분과 1층 전용 공간 쪽 출입구를 작성합니다. 적당한 위치의 그리드 세그먼트를 제거해 줍니다. 제거된 부분의 커튼월 패널들을 선택합니다.

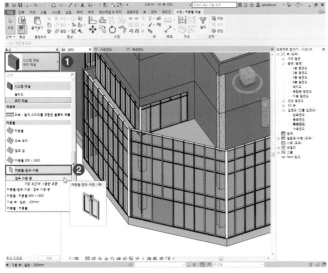

72 두 개의 패널을 선택하고 특성 창에서 새로 로드한 문을 찾아서 선택해서 변경합니다.

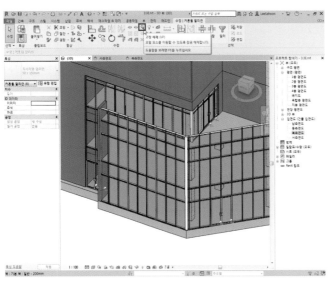

73 문 패밀리 자체에 프레임이 있기 때문에 아래쪽 멀리언은 선택해서 삭제하겠습니다. 먼저 멀리언을 선택하고, 고정 해제를 해야 합니다. 커튼월 특성에 자동으로 만들어지도록 설정했기 때문에 선택하면 핀 고정이 되어 있습니다. 해제하고 삭제합니다.

74 남측면으로 이동합니다. 남측 커튼월을 선택해서 요소 분리 하고 그리드를 다음과 같이 분할합니다.

그리드를 적당히 추가하고 간격을 직접 입력해서 수정하는 것이 편리합니다. 마찬가지로 수직 그리드의 가장 아래 세그먼트를 제거합니다.

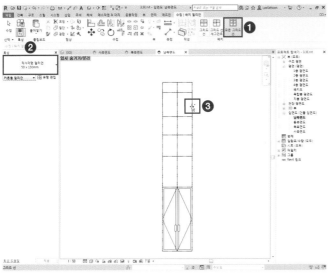

75 합쳐진 패널을 선택해서 점두 이중문으로 유형을 변경하고, '건축 - 빌드 - 멀리언'을 클릭해서 모든 그리드에 멀리언을 추가합니다.

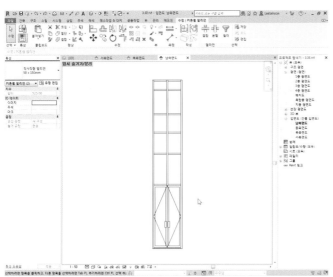

76 문 아래쪽 멀리언을 선택해서 삭제합니다. 멀리언이 자동으로 작성되는 커튼월 유형이 아니기 때문에 핀이 나타나지 않습니다.

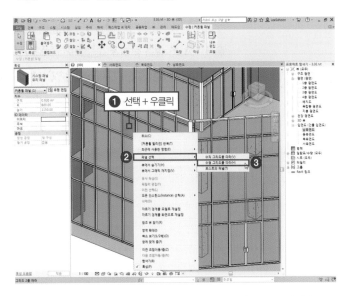

77 모두 작성되었으면 임시 숨기기/분리 재설정을 클릭하고 3D뷰로 이동합니다. 3D 뷰에서 Tap 키를 이용해 레벨 아래쪽의 작은 커튼월 패널 하나를 선택하고 '우클릭 - 패널선택 - 수평 그리드를 따라'를 선택합니다.

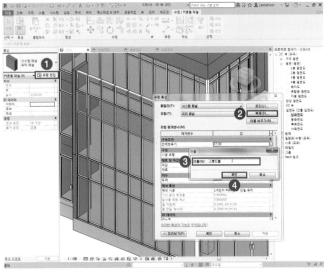

78 그림과 같이 선택되었으면 유형 편집 - 복제를 클릭해서 새로운 유형을 만듭니다. 이름을 '스팬드럴'로 입력하고 확인을 클릭합니다.

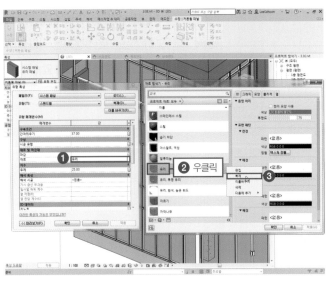

79 유형 특성 창의 재료 - 유리의 작은 사각형을 클릭하면 재료 탐색기 창이 나타납니다. 유리를 선택, 우클릭해서 복제를 클릭합니다. 유리(1) 재료가 생성되었습니다.

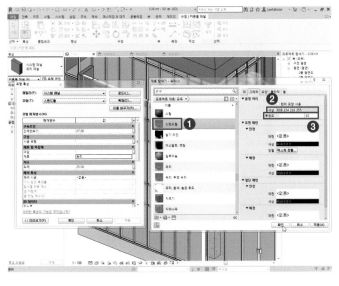

80 유리(1)을 선택, 우클릭 - 이름 바꾸기를 클릭하고 이름을 스팬드럴로 변경합니다. 그래픽 탭의 색상을 조금 연하게 변경하고 투명도를 10정도만 주겠습니다.

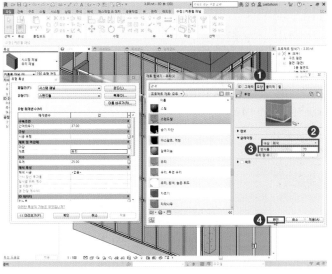

81 모양 탭으로 가서 글레이징 - 색상을 회색으로 변경하고, 반사율을 70으로 변경합니다. 모양 탭은 실제 렌더링을 걸었을 때의 재질입니다. 차례로 확인을 클릭합니다. (커튼월 패널 패밀리에 뒷판을 모델링해서 디테일하게 작성할 수도 있습니다)

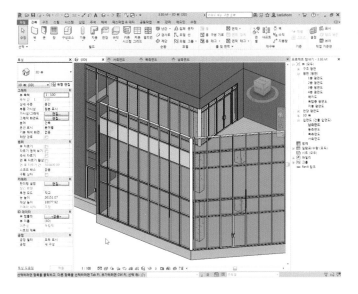

82 커튼월 패널의 스팬드럴 유형을 편집한 것이기 때문에 같은 유형의 패널이 모두 변경 됩니다.

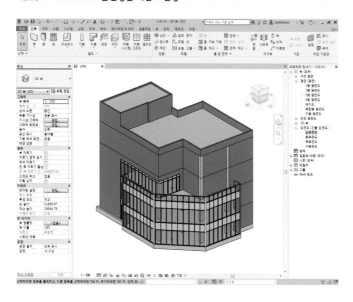

83 작은 커튼월 패널을 같은 방법으로 선택하고, 유형을 스팬드럴로 변경합니다. 커튼월 작성이 완료되었습니다.

Section 2   **외벽 마감 모델링**

외벽 마감을 작성하겠습니다. 마감은 노출 콘크리트와 석재 마감으로 하겠습니다.

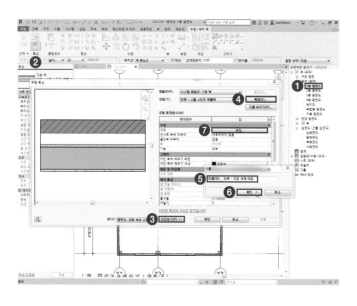

01 1층 평면도를 열고 '건축 - 빌드 - 벽' 명령을 클릭합니다. 특성 창에서 '기본 벽 - 외벽 스틸 스터드 벽돌벽'을 선택하고 유형 편집을 클릭합니다.

미리보기를 클릭해서 활성화 시키고 복제를 클릭해서 새로운 유형을 만들겠습니다. 이름을 '외벽 - 지정 석재 마감'으로 입력하고 확인을 클릭합니다. '구조 - 편집'을 클릭합니다.

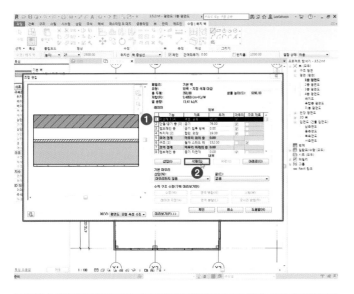

02 이 벽은 여러 레이어로 구성되어 있습니다. 레이어는 추가하거나 삭제할 수 있고, 위치 이동도 가능합니다. 레이어 번호를 클릭하면 레이어가 선택되는데 레이어를 선택하고 삽입, 삭제, 위로, 아래로 버튼을 이용해서 레이어를 조정할 수 있습니다. 레이어를 단순화하기 위해 몇 개의 레이어를 삭제하겠습니다. 1번부터 레이어를 선택해서 차례로 삭제 버튼을 클릭합니다. 4번 하지재 레이어까지 삭제하겠습니다.

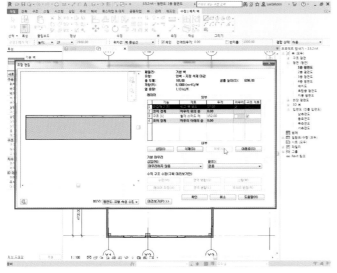

03 코어 경계 아래쪽의 멤브레인 층도 삭제하고 마지막 '마감재 2[5]'로 되어 있는 레이어를 선택해서 위로 버튼을 클릭해서 가장 위로 올려 주겠습니다. 다음과 같이 두 개의 레이어로만 구성된 벽체를 만들어 줍니다.

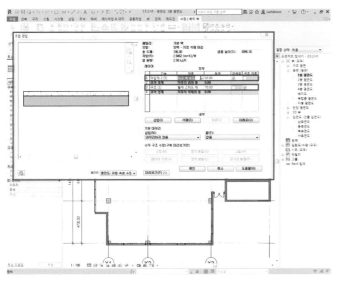

04 마감재 2[5]의 두께를 30으로 입력하고 구조[1]의 두께를 70으로 입력해서 총 두께를 100으로 만들겠습니다. 마감재 2[5]의 재료인 석고 벽 보드를 클릭하면 작은 사각형이 나타납니다. 이것을 클릭해서 재료를 변경하겠습니다.

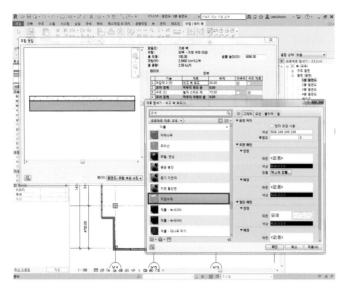

05 재료 탐색기창이 나타났지만 마땅한 재료가 없기 때문에, 새로운 재료를 만들겠습니다. 석고 벽 보드를 선택하고 우클릭 - 복제를 클릭합니다. 이름을 '지정 석재'로 변경하고 재질을 설정하겠습니다.

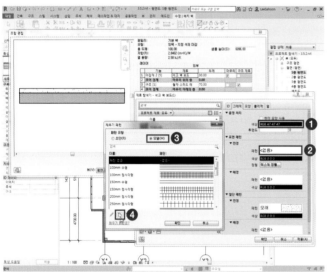

06 색상을 클릭해서 어두운색으로 변경합니다. 표면 패턴의 패턴<없음>을 클릭합니다. 기존에 정의되어 있는 패턴을 선택해도 되지만 새로운 간격으로 패턴을 만들어 보겠습니다. 패턴 유형을 모델로 변경하고 새로 만들기 버튼을 클릭합니다.

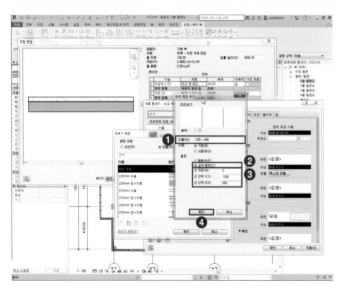

07 이름을 1200 × 600으로 입력하고 교차 해치를 선택합니다. 선 각도를 0, 선 간격 1을 1200, 선 간격2를 600으로 변경하고 확인을 클릭합니다.

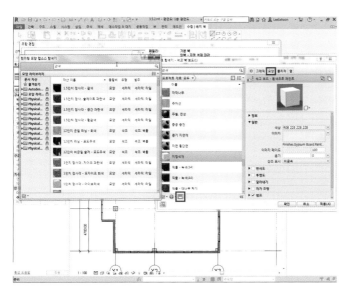

08 다음은 모양 탭으로 가서 렌더링을 걸었을 때 나타나는 재질을 설정하겠습니다. 재질 라이브러리 창을 열어 줍니다.

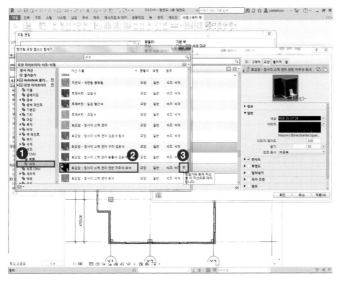

09 왼쪽 탐색 창에서 '모양 라이브러리 - 석조 - 석재 - 화강암' 중에서 어두운 재질을 선택합니다. 선택하면 나타나는 작은 화살표를 클릭해서 재질을 변경합니다. (다른 재질로 설정해도 상관없습니다)

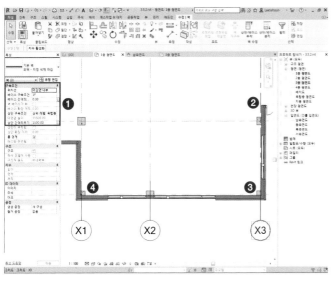

10 렌더링 모양 맵소스 탐색기 창을 닫고 차례로 확인을 클릭합니다. 베이스 구속조건을 1F, 상단 구속조건을 옥탑층, 상단 간격띄우기 값을 1100으로 입력하고 위치선을 마감면 내부로 변경합니다. 다음 세 개의 벽을 작성합니다.

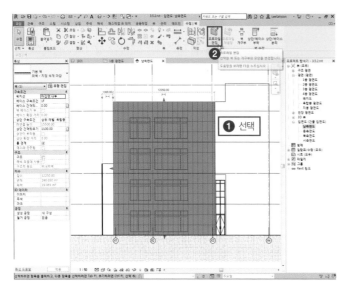

11 남측면도로 이동합니다. 마감벽을 선택하고 프로파일 편집을 클릭해서 커튼월 부분을 수정하겠습니다.

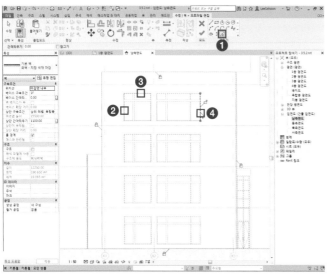

12 프로파일 편집 - 그리기에서 선 선택을 클릭하고 4층 커튼월 경계를 선택해서 선을 작성합니다.

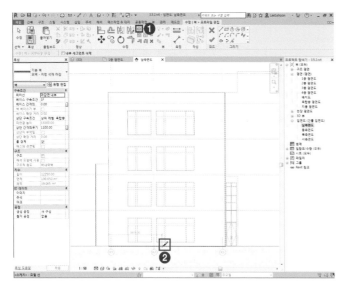

13 '수정/프로파일 편집 - 수정 - 요소분할'을 클릭합니다. 선이나 벽을 클릭해서 두 개로 분할하는 명령입니다. 아래 경계선의 중간쯤 적당한 부분을 클릭해서 분할합니다.

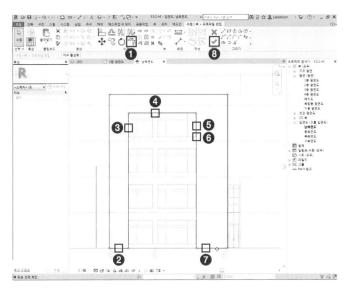

14 '수정/프로파일 편집 - 수정 - 코너 자르기/연장'을 클릭하고 선들을 다음과 같이 정리합니다.

분할과 코너 자르기/연장 등의 명령들을 이용하면 빠르게 프로파일을 수정할 수 있습니다. 편집이 완료되었으면 편집 모드 완료를 클릭합니다.

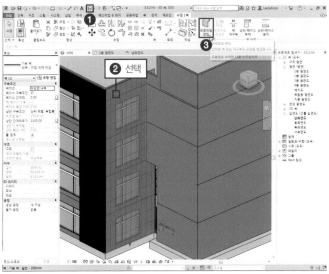

15 연결된 동측 벽을 수정하기 위해 동측 면도로 이동하지 않고 3D뷰에서 수정해 보겠습니다. 벽을 선택하고 프로파일 편집을 클릭합니다.

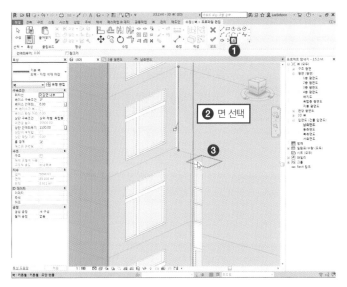

16 그리기 모드에서 선 선택을 클릭합니다. 코어벽 바깥쪽 면과 출입구 커튼월의 상단 면을 선택해서 선을 작성합니다.

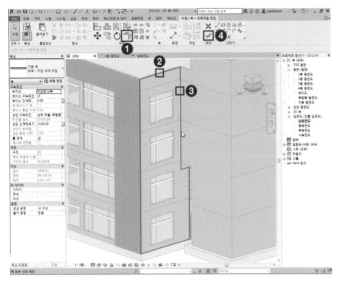

17 코너 자르기 연장 명령으로 프로파일을 정리합니다. 다음과 같이 정리하고 편집 모드 완료를 클릭합니다. 이처럼 여러 층에 걸쳐져 있는 벽 등을 수정할 때는 3D뷰에서 하는 것이 효율적일 수도 있습니다.

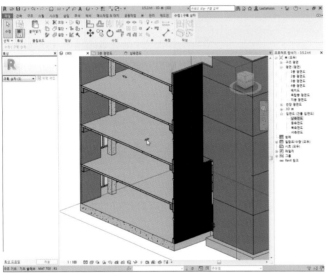

18 수정한 마감벽의 커튼월 부분은 프로파일 편집이 아니라 형상 결합으로 해결하겠습니다. 구획상자를 체크합니다. 구획상자를 조절해서 커튼월과 마감벽의 단면이 보이도록 합니다.

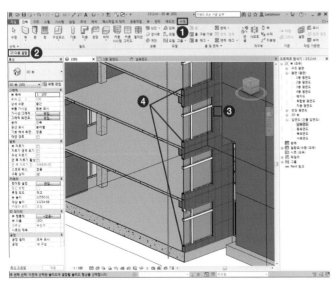

19 '수정 - 형상 - 결합'을 클릭하고 옵션바에서 다중결합을 체크합니다. 외벽 마감벽을 먼저 클릭하고 커튼월이 내장되어 있는 콘크리트 벽을 차례로 클릭합니다.

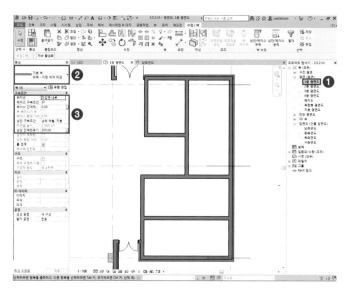

20 코어벽 마감벽체를 작성하겠습니다. 1층 평면도로 이동해서 베이스 구속조건을 1F, 상단 구속조건을 지붕층, 상단 간격띄우기 값을 200으로 입력하고 위치선을 마감면 내부로 해서 작성합니다.

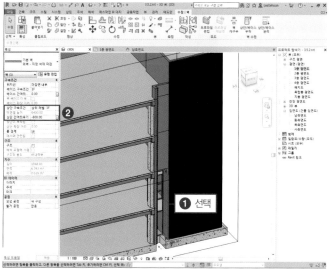

21 남측 출입구 마감벽의 상단 구속조건을 3F, 상단 간격띄우기 값을 -800으로 변경합니다.

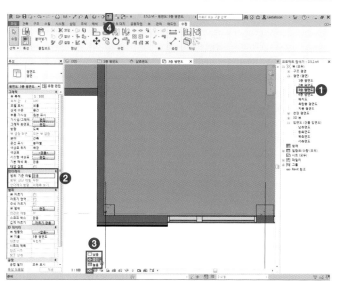

22 3층 평면으로 이동합니다. 언더레이를 없음, 비주얼 스타일을 음영처리로 변경합니다. 뷰의 상세 수준을 중간으로 변경하면 마감벽의 레이어까지 표시됩니다. 선이 두꺼워서 잘 보이지 않을 때는 빠른 실행의 가는 선을 체크합니다.

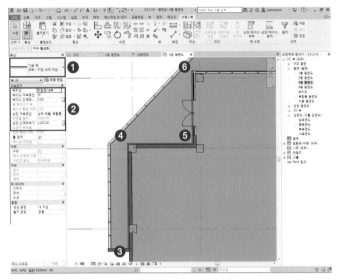

23 '건축 - 빌드 - 벽'을 클릭하고 마감벽을 작성하겠습니다. 베이스 구속조건은 3F, 상단 구속조건은 옥탑층, 상단 간격띄우기는 1100으로 입력하고 작성합니다. 다음 세 개의 벽을 작성하는데, 다른 벽 위에 벽을 작성하다보면 자동결합 기능 때문에 한 번에 그려지지 않을 때도 있습니다. 그럴 경우 (Esc) 키를 한번 누르고 새로운 시작점에서 작성하면 됩니다.

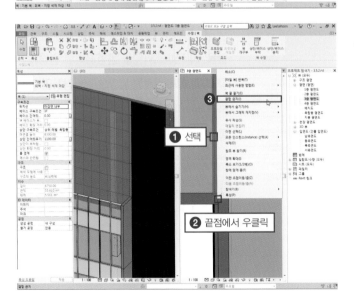

24 세 개의 벽 중에 서측 벽의 끝점이 수평 방향의 다른 벽과 자동결합이 돼서 마감벽이 떨어져 있습니다.

25 벽을 선택하고 끝점에서 우클릭 - 결합 금지를 클릭합니다. 결합 금지된 벽의 끝점을 다른 벽의 끝점까지 드래그 합니다.

① 선택

② 끝점에서 우클릭

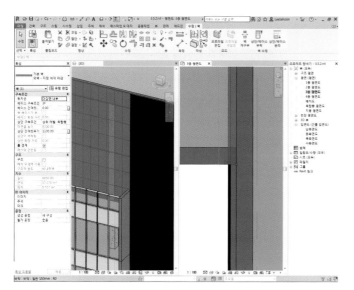

26 끝점을 드래그해서 마감벽 끝과 맞춰 줍니다. 끝점에 T자 모양의 표시가 나타나는데, 자동 결합이 해제되어 있다는 표시입니다. 두 벽이 분리되어 있습니다. 두 벽을 결합하고 서측면도로 이동하겠습니다.

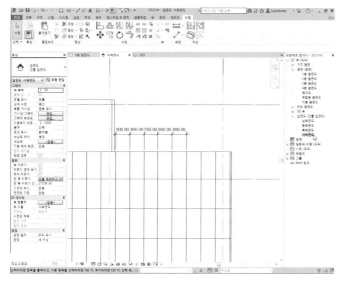

27 끝점을 맞추고 형상 결합을 했지만 패턴의 간격이 맞지 않습니다.

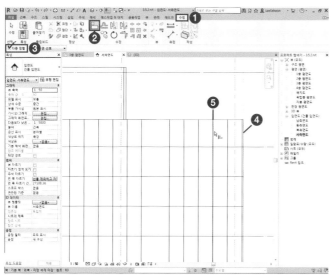

28 모델의 표면에 적용되어 있는 패턴은 이동이나 정렬이 가능합니다. 가장 우측 마감벽 끝선에 모든 수직 패턴 간격을 맞추겠습니다.

'수정 - 수정 - 정렬'을 클릭하고 옵션 바의 다중 정렬을 체크합니다. 서측면도의 우측 마감벽 끝 라인을 기준점으로 클릭하고 벽의 수직 패턴라인들을 차례로 클릭합니다.

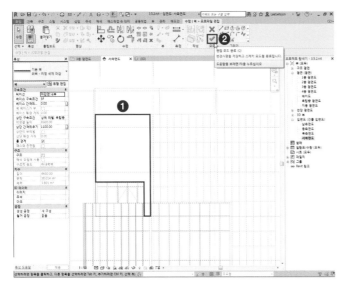

29 Y3 - Y4열의 마감벽을 선택하고 프로파일 편집을 클릭합니다. 작성된 커튼월의 경계에 맞춰서 마감벽의 프로파일을 수정하고 편집 모드 완료를 클릭합니다.

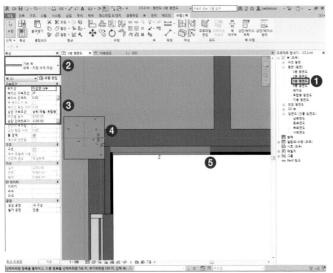

30 3층 평면으로 다시 이동해서 남측 출입구 쪽의 마감벽을 작성합니다. 베이스 간격 띄우기 값을 -800, 상단 구속조건 옥탑층, 상단 간격띄우기 값을 1100으로 변경해서 작성합니다.

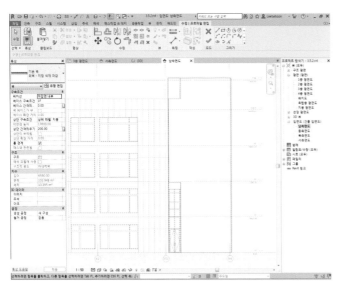

31 평면에서 작업해도 되지만, 남측면도에서 기존의 벽을 프로파일 편집해서 수정해도 됩니다. 편리한 방법을 사용합니다.

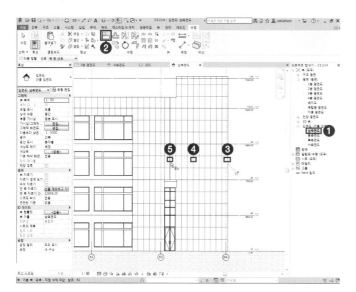

32 마찬가지로 작성된 벽의 패턴 간격도 남측면도로 이동해서 패턴의 간격을 정렬합니다.

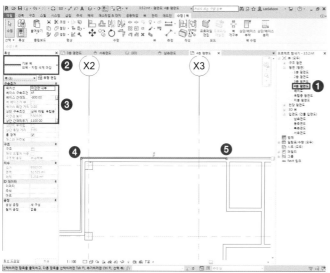

33 4층 평면으로 이동해서 북측면 마감벽을 작성하겠습니다. 벽의 베이스 구속조건은 4F, 베이스 간격띄우기 값은 -800, 상단 구속조건은 옥탑층, 상단 간격띄우기 값은 1100으로 입력하고 작성합니다.

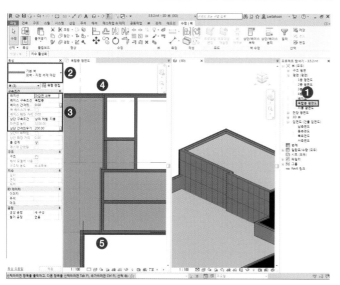

34 옥탑층 평면도로 이동해서 코어 마감벽을 작성하겠습니다. 베이스 구속조건은 옥탑층, 상단 구속조건은 지붕, 상단 간격띄우기 값은 200으로 변경하고 벽을 작성합니다.

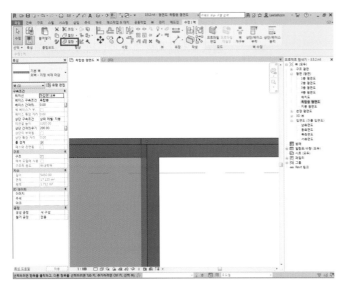

35 끝점이 바깥쪽 마감벽과 결합되도록 합니다. 끝점이 구조벽과 결합되었다면 끌어서 바깥쪽 마감벽까지 끌어주면 됩니다.

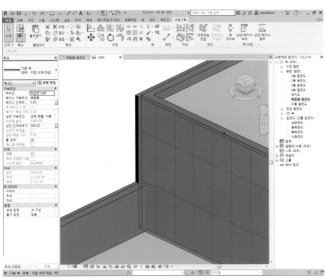

36 3D뷰로 이동해서 확인해 보면 구조벽과 간섭이 발생하는 것을 확인할 수 있습니다.

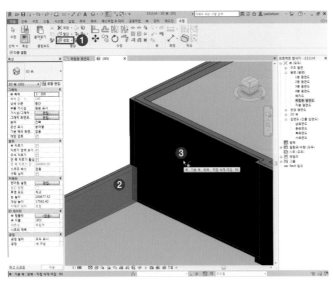

37 구조벽과 마감벽을 형상 결합 합니다. 구조벽과 형상 결합을 할 때 구조벽을 먼저 클릭하고 마감벽을 클릭하는 순서로 형상을 결합해야 구조벽이 잘리지 않고 마감벽이 잘려 나갑니다.

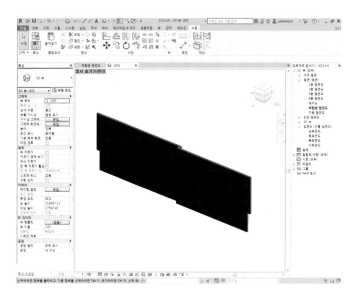

38 마찬가지 방법으로 남쪽의 마감벽도 형상 결합을 합니다. 순서대로 되었다면 마감벽이 프로파일 편집을 한 것과 같이 구조벽 부분이 잘려나간 것을 확인할 수 있습니다.

06 CHAPTER 내부 건축 모델링

Section 1 건축 벽 / 샤프트

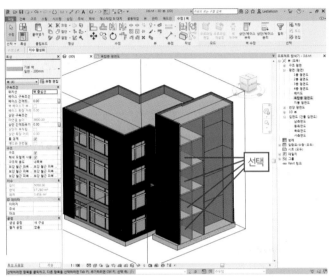

01 건물 내부의 건축벽을 작성하겠습니다. 먼저 화장실 구조벽을 수정하겠습니다. 3D뷰에서 구획상자를 체크하고 동측면을 조절해서 화장실의 단면이 나타나게 합니다. 옥탑층은 화장실이 필요 없으므로 벽을 삭제하고, 나머지 벽을 선택합니다.

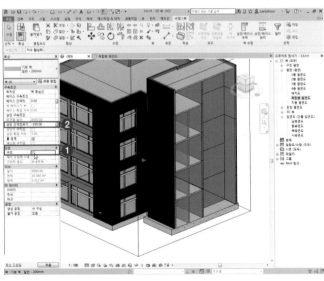

02 구조벽을 건축벽으로 변경할 때는 특성 창의 구조 체크박스를 해제하면 됩니다. 체크를 해제하고 바닥과의 간섭을 피하기 위해 상단 간격띄우기 값을 -150으로 입력합니다.

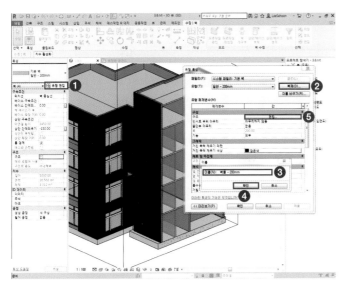

03 벽의 유형을 변경하겠습니다. 유형 편집 - 복제를 클릭하고 이름을 벽돌 - 200mm로 변경합니다. 구조 - 편집을 클릭합니다.

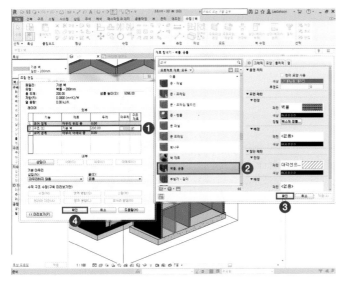

04 구조[1]의 재료 기본벽을 선택하고 작은 사각형을 클릭합니다. 나타나는 재료 탐색기 창에서 벽돌, 공통을 선택하고 차례로 확인을 클릭합니다.

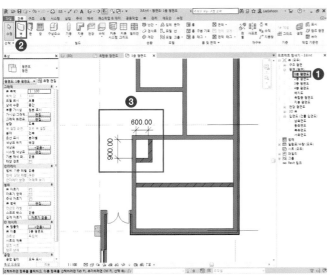

05 1층 평면도로 이동합니다. '건축 - 빌드 - 벽'을 클릭해서 새로 만든 유형의 벽을 다음과 같은 간격으로 작성합니다. 상단 구속조건은 2F, 상단 간격띄우기 값은 –150으로 합니다. 같은 얘기이지만, 작성하고 나서 치수를 수정하는 방법이 편리할 수도 있습니다.

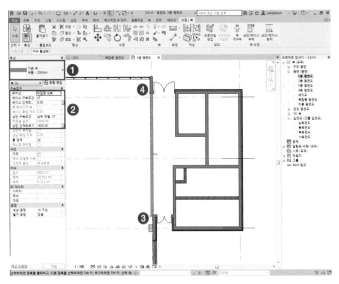

06 X3열에도 같은 유형의 벽을 작성합니다. 3D뷰에서 봤을 때 이 벽의 위치는 보의 위치와 같기 때문에 상단 간격띄우기 값을 -600으로 입력하고 작성합니다.
벽의 끝단이 맞지 않아 벽 위치를 조절하거나 중간에 꺾어야 하지만, 여기에서는 그냥 넘어가겠습니다.

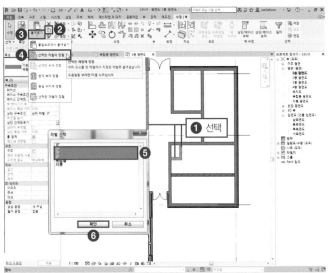

07 세 개의 벽을 선택하고 클립보드로 복사, 붙여넣기 - 선택한 레벨에 정렬을 클릭하고 2F~4F를 선택하고 확인을 클릭합니다.

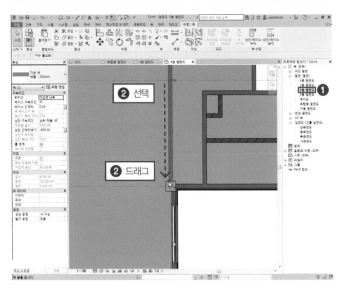

08 3층 평면으로 이동해서 건축벽의 끝점을 기둥까지 드래그 합니다. 4층도 마찬가지 작업을 합니다.

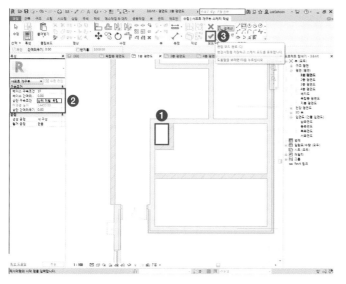

09 화장실의 PD 부분의 바닥을 절단하겠습니다. 화장실 바닥을 선택해서 층마다 프로파일을 편집할 수도 있지만, 샤프트 기능을 이용하겠습니다. '건축 - 개구부 - 샤프트'를 클릭하고 그리기 모드에서 벽 안쪽을 따라 선을 작성합니다.

베이스 구속조건을 1F, 상단 구속조건을 옥탑층으로 하고 간격띄우기 값은 모두 0으로 변경합니다. 편집 모드 완료를 클릭해서 샤프트 작성을 완료합니다.

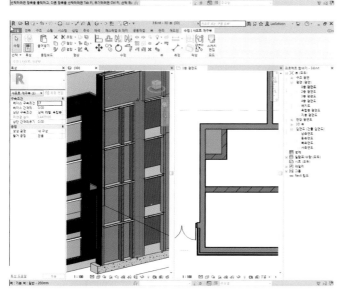

10 3D뷰에서 확인하겠습니다. 구획상자를 체크하고 동측면의 화살표를 움직여서 샤프트의 단면이 보이도록 조절합니다. 위치를 잡기가 쉽지 않을 때는 평면도와 3D뷰만 보이게 화면을 정리합니다. 3D뷰에서 구획상자를 선택하고 평면 뷰를 활성화 하면 평면 뷰에서도 구획상자의 영역을 변경할 수 있습니다.

11 샤프트가 만들어진 것을 확인할 수 있습니다. 마우스를 근처로 가져가면 쉽게 선택할 수 있고 위, 아래 방향으로 화살표가 생성돼서 높낮이를 조절할 수도 있습니다. 샤프트 개구부 안에 있는 지붕, 바닥, 천장을 모두 절단합니다.

마감을 작성하기위해 구조 부재들을 수정하겠습니다. 현재 구조 바닥은 레벨0(각 레벨 간격띄우기 값이 0)
높이에 위치합니다. 실제 프로젝트에서는 구조레벨(SL)과 마감레벨(FL)을 구분해서 작업을 하기도 하지만,
현재는 건물 매스에서부터 점점 디테일한 모델을 추가하는 방식이기 때문에 구조 바닥의 레벨을 수정하고
바닥 마감을 추가하도록 하겠습니다.(일반적인 방법은 아닙니다)

처음부터 마감의 높이를 기준으로 레벨을 작성하고 마감 두께를 고려해 구조를 그에 맞게 작성합니다. 설계
단계나 프로젝트에 따라 매우 다양한 방식으로 진행될 수 있음을 미리 알려드리겠습니다.

이 책은 건축이나 BIM에 대한 얘기가 아닌 Revit의 여러 기본 기능을 최대한 설명하기 위한 책임을 다시 알려
드립니다.

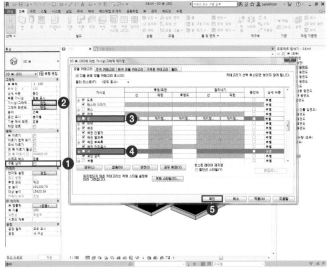

01 3D뷰에서 구획상자를 체크 해제하고
가시성/그래픽 재지정 - 편집을 클릭합니다.
문과 벽을 체크 해제하고 확인을 클릭합니다.

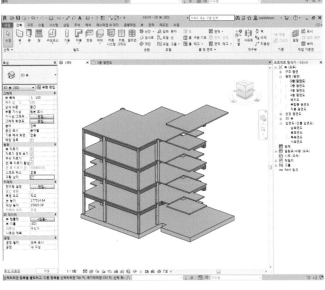

02 커튼월 도어는 커튼월 패널을 문 카테
고리로 대체한 것이기 때문에 숨기려면 가시
성/그래픽 재지정에서 문 카테고리를 체크 해
제해야 합니다. 문과 벽 카테고리를 체크 해제
한 모습입니다.

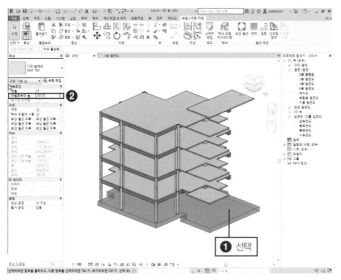

03 현재 프로젝트에서 실내 바닥 마감은 일괄적으로 30두께로 작성하겠습니다. 가장 먼저 기초 슬래브를 선택하고 레벨로부터 높이 값을 -30으로 입력합니다.

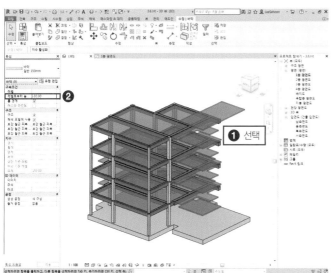

04 나머지 구조 바닥을 선택해서 높이 값을 조정하겠습니다. 구조 바닥을 하나 선택하고 '우클릭 - 모든 인스턴스 선택 - 뷰에 나타남'을 클릭합니다. 특성 창에서 레벨로부터 높이 간격띄우기 값을 -30으로 입력합니다.

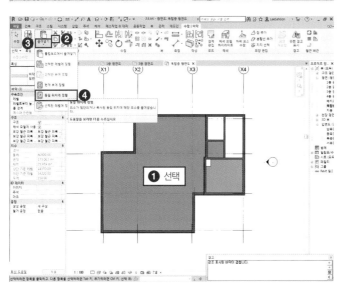

05 외부에 노출되는 바닥 마감의 두께는 100으로 하겠습니다. 3층 바닥과 옥탑층 바닥은 실내외 구분 없이 되어 있습니다. 실제 프로젝트처럼 바닥 영역을 구분해서 마감을 작성하겠습니다. 옥탑층 평면도를 열어서 바닥을 선택합니다. 선택 되었으면 클립보드로 복사, 붙여넣기 - 동일 위치에 정렬을 클릭합니다. 경고창은 무시합니다.

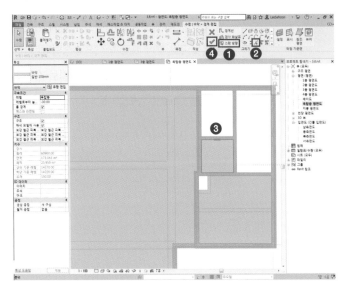

06 동일한 위치에 두 개의 구조 바닥이 있습니다. 현재 붙여넣기 된 바닥이 선택되어져 있는데 '수정/바닥 - 모드 - 경계 편집'을 클릭합니다. 다음과 같이 경계선을 작성하고 나머지 선들은 삭제합니다. 이때 스팬 방향이 없으면 완료가 되지 않습니다. 스팬 방향을 나타내는 선이 삭제되었다면 스팬 방향을 선택하고 편집 모드 완료를 클릭합니다. 벽의 하단 부착은 '아니요'를 선택합니다.

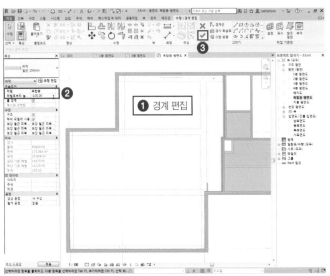

07 다시 원래 바닥을 선택하고 경계 편집을 클릭합니다. 이번에는 코어 안쪽 선을 정리하고 레벨로부터 높이 간격띄우기 값을 -100으로 변경하고 편집 모드 완료를 클릭합니다.

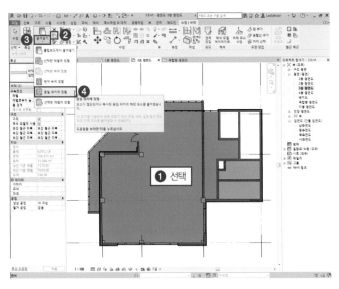

08 3층 평면도로 이동해서 옥탑층과 같은 작업을 하겠습니다. 바닥을 선택하고 클립보드로 복사, 붙여넣기 - 동일 위치에 정렬을 클릭합니다.

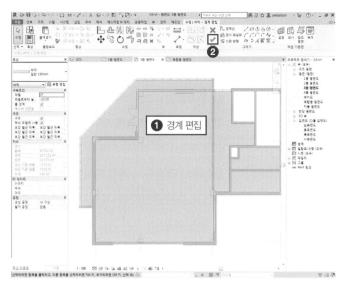

09 경계 편집을 클릭하고 안쪽과 바깥쪽 영역을 구분해서 프로파일을 수정합니다. 구조벽 안쪽 선을 기준으로 프로파일을 수정하고 편집 모드 완료를 클릭합니다.

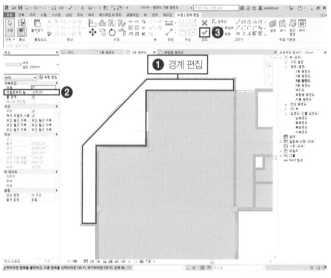

10 마찬가지로 바깥쪽 구조 바닥도 구조 벽 바깥쪽을 기준으로 프로파일을 수정하고 편집 모드 완료를 클릭합니다.

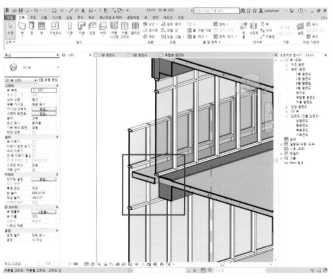

11 3D 뷰로 이동합니다. 가시성/그래픽 재지정 - 편집을 클릭해서 벽을 체크하고 확인을 클릭합니다. 구획상자를 이용해서 커튼월 부분을 보면, 3층 커튼월은 구조벽에 내장된 것이 아니라 그냥 작성하고 구조벽을 프로파일 편집으로 잘라냈기 때문에 다음과 같이 커튼월 바닥이 공중에 떠 있는 형상으로 되어 있습니다.

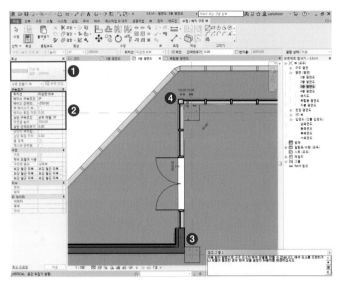

12 구조벽을 추가해서 수정하겠습니다. 3층 평면도에서 '구조 - 벽'을 클릭하고 기본 벽 - 일반 200mm 유형을 선택합니다. 베이스 구속조건을 3F, 베이스 간격띄우기 값을 -250, 상단 구속조건을 3F, 상단 간격띄우기 값을 0으로 변경하고 커튼월 위치에 기둥의 끝점에서 끝점까지 벽을 작성합니다. 그러자 다음과 같은 경고창이 나타나고 벽이 표시되지 않습니다.

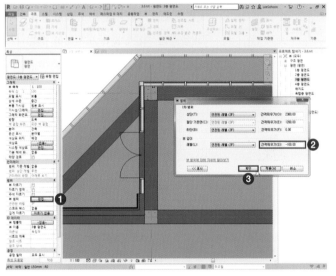

13 벽의 높이가 해석 모델 설정보다 낮기 때문인데, 구조 해석을 할 게 아니기 때문에 무시합니다. (Esc) 키를 눌러서 그리기 모드를 완료하고 뷰 특성 창에서 '뷰 범위 - 편집'을 클릭합니다. 뷰 범위 창에서 뷰 깊이의 간격띄우기 값을 -100으로 변경하고 확인을 클릭합니다.

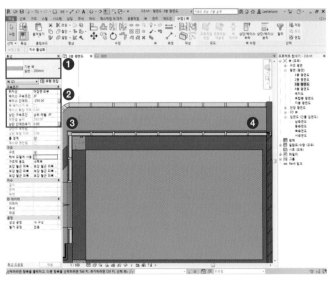

14 작성한 벽이 커튼월 밑으로 보입니다. 다시 '구조 - 벽'을 클릭하고 같은 조건의 벽을 작성합니다.

해석 모델에 대한 경고창이 신경 쓰인다면 벽을 작성할 때나 작성하고나서 벽의 특성 창에서 '해석 모델에 사용'을 체크 해제 합니다.

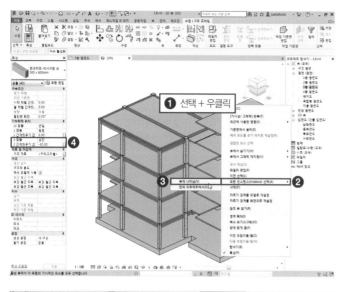

15 3D뷰에서 가시성/그래픽 재지정을 클릭하고 벽을 다시 체크 해제합니다. 보와 기둥을 구조 바닥에 맞게 수정하겠습니다. 보를 하나 선택하고 '우클릭 - 모든 인스턴스 선택 - 뷰에 나타남'을 클릭합니다. 모두 선택되었으면 특성 창에서 z 간격띄우기 값을 -30으로 입력합니다.

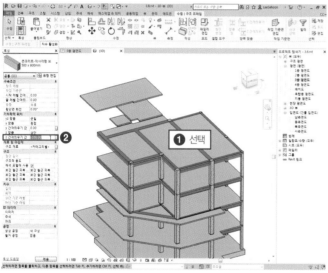

16 3층의 대각선 보와 옥탑층 보를 모두 선택합니다. 컨트롤 키나 필터를 이용하면 쉽게 선택할 수 있습니다. 선택되었으면 z 간격띄우기 값을 -100으로 입력합니다.

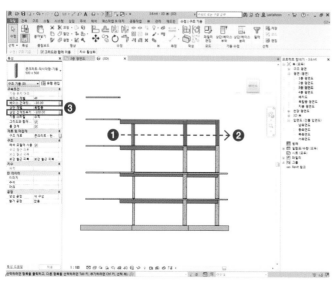

17 이어서 뷰 큐브의 배면을 클릭하고 4층의 기둥을 드래그해서 모두 선택하고 베이스 간격띄우기 값을 –30, 상단 간격띄우기 값을 –100으로 변경합니다.

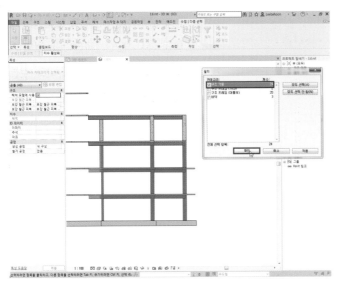

18 마찬가지로 나머지 부재들을 드래그로 선택하고 필터에서 기둥만 체크하고 확인을 클릭합니다.

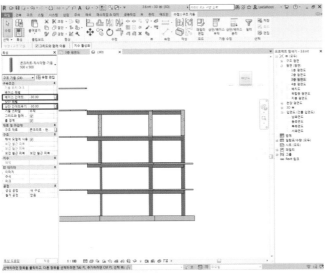

19 기둥만 선택되었으면 베이스 간격띄우기 값을 –30, 상단 간격띄우기 값을 -30으로 변경합니다.

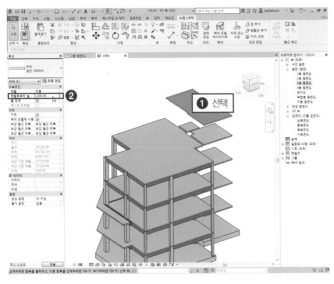

20 지붕층 구조 바닥을 선택해서 레벨로부터 높이 간격띄우기 값을 -100으로 변경합니다.

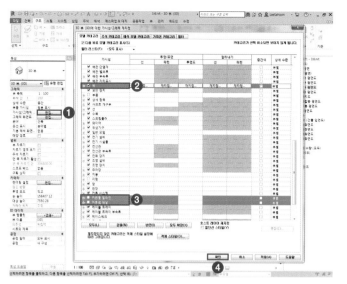

21 그래픽/가시성 설정에서 벽을 체크하고 커튼월 패널과 커튼월 멀리언은 체크를 해제합니다. 다음 단락의 구조뷰 변경에도 커튼월 멀리언과 패널은 표시되기 때문에 가시성에서 별도로 체크 해제합니다.

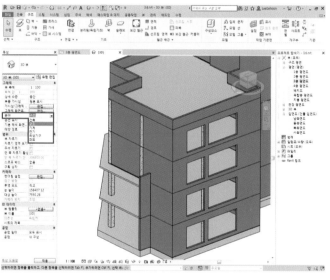

22 건축벽을 숨기기 위해 뷰 특성 창의 분야 - 건축을, 구조로 변경합니다. 벽의 유형 특성에서 구조에 체크가 되어 있지 않은 건축 벽체는 모두 숨겨지게 됩니다.

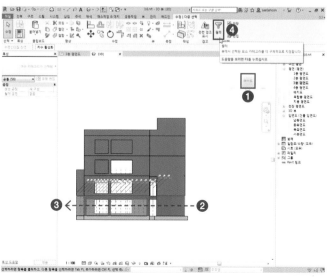

23 뷰 큐브를 클릭해서 정면 방향으로 뷰를 돌리고 마우스를 오른쪽에서 왼쪽으로 드래그해서 1층 벽체 부분을 모두 선택합니다. 다른 카테고리도 선택되었기 때문에 필터를 클릭합니다.

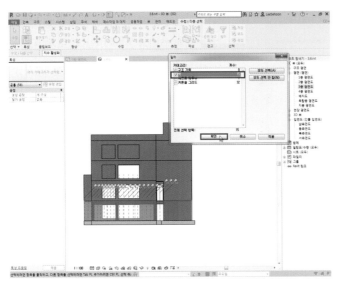

24 필터에서 벽만 체크를 남기고 나머지는 체크를 해제합니다. 확인을 클릭하면 벽만 선택됩니다.

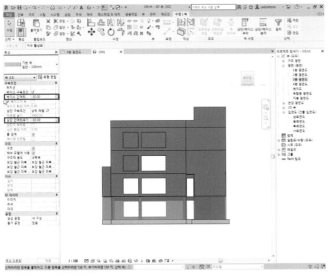

25 선택된 벽체의 베이스와 상단 간격띄우기 값을 각각 -30으로 변경합니다.

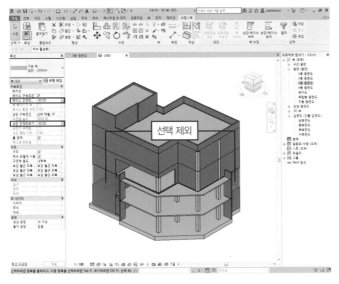

26 같은 방법으로 2층 벽체를 모두 선택합니다. 선택하면 상단 간격띄우기 값이 공란으로 되어 있습니다. 특정한 파라메터 값이 다를 경우 공란으로 표시됩니다.

뷰를 회전해서 커튼월 측벽을 Shift 키를 누른 상태로 클릭하여 선택에서 제외시킵니다. 그리고 나머지 선택된 벽들의 베이스/상단 간격띄우기 값을 -30으로 입력합니다.

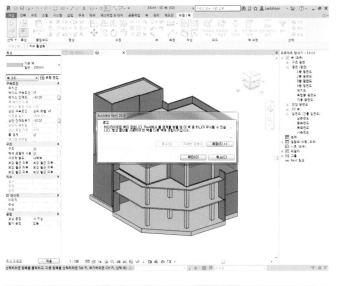

27 같은 방법으로 3층 벽체를 선택합니다. 3층에서는 남측면 출입구 쪽 벽체를 제외하고 베이스/상단 간격띄우기 값을 -30으로 입력합니다. 어떤 벽이 겹치게 된다고 경고 메시지가 나타납니다. 일단 확인을 클릭합니다.

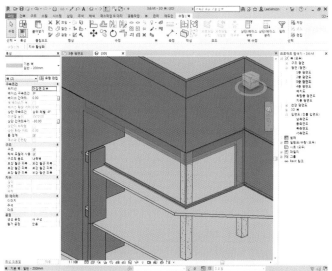

28 3층 커튼월이 내장되어 있는 벽이 바닥 레벨 차이를 메워주기 위한 벽과 간섭이 발생하게 됩니다. 두 벽의 베이스 간격띄우기 값을 0으로 변경합니다.

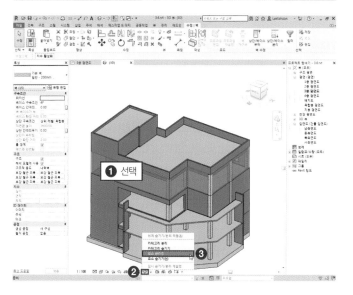

29 같은 방법으로 4층 벽을 선택합니다. 4층벽은 상단의 레벨이 코어와 전용 공간 쪽 높이가 다르기 때문에 분리해서 작업해야 하는데, 선택하고 요소 분리를 하면 쉽게 작업할 수 있습니다.

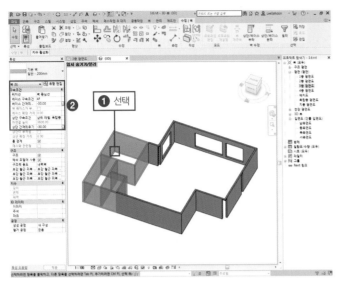

30 코어 쪽 벽을 모두 선택해서 간격띄우기 값을 베이스와 상단 모두 –30으로 입력합니다.

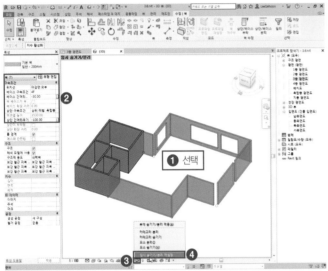

31 전용 공간 쪽 벽은 베이스 -30, 상단 –100으로 변경합니다. 완료되었으면 임시 숨기기 분리/재지정을 클릭합니다.

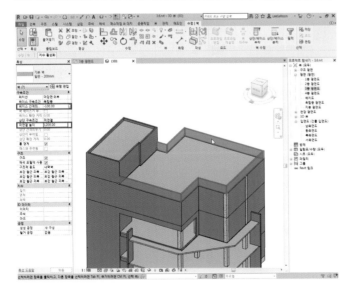

32 옥탑층의 코어벽은 베이스 간격띄우기 값만 -30으로 입력하고, 나머지 옥탑층 벽은 베이스 간격띄우기 값을 -100, 상단 구속조건이 미연결로 되어 있기 때문에 미연결 높이를 1200으로 변경합니다.

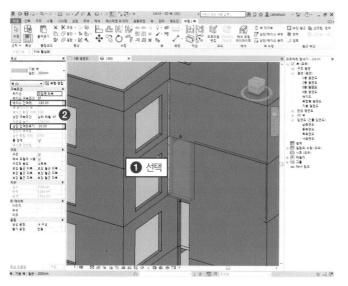

33 마지막으로 커튼월 2층 측벽을 선택해서 베이스 간격띄우기 값을 -30, 남측 출입구 위쪽의 벽을 선택해서 베이스 간격띄우기 값을 -180, 상단 간격띄우기 값을 -30으로 변경합니다.

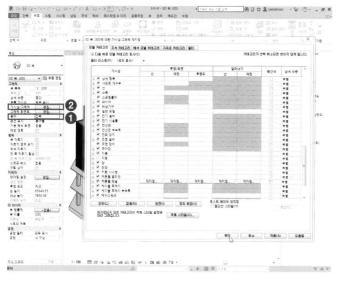

34 모두 되었으면 뷰 특성 창 - 분야 - 구조를 건축으로 다시 변경하고, 가시성/그래픽 재지정에서 문, 커튼월 패널, 커튼월 멀리언을 모두 체크하고 확인을 클릭합니다.

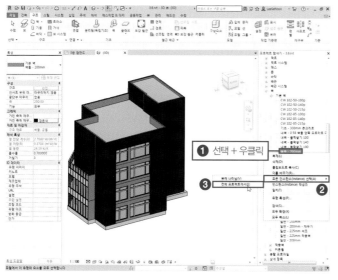

35 조적벽도 모두 수정하겠습니다. 이번에는 다른 방식으로 선택해 보겠습니다. 프로젝트 탐색기에서 패밀리를 확장합니다. 패밀리 - 벽 - 기본벽을 차례로 확장해서 벽돌 - 200mm를 선택하고 '우클릭 - 모든 인스턴스 선택 - 전체 프로젝트'를 클릭합니다.

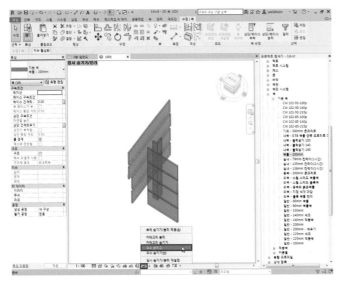

36 이렇게 특정한 유형을 프로젝트 탐색기에서 찾아서 선택할 수도 있습니다. 벽이 모두 선택되었으면 '뷰에서 숨기기/분리 적용 - 요소 분리'를 클릭합니다.

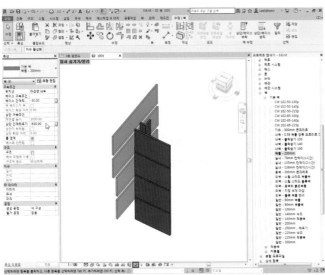

37 코어쪽 벽을 선택해서 베이스 간격띄우기 값을 -30, 상단 간격띄우기 값을 -180으로 변경합니다. 전용 공간 쪽 벽은 베이스 간격띄우기 값을 -30, 상단 간격띄우기 값을 -630으로 변경합니다. 모두 되었으면 '뷰에 숨기기/분리 적용 - 임시 숨기기/분리 재설정'을 클릭합니다.

Section 3	**바닥 마감**

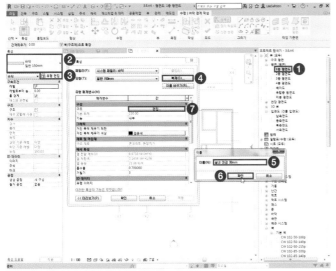

01 바닥 마감을 작성하기위해 1층 평면도로 이동합니다. 모든 실내 마감은 두께 30짜리 한 개의 유형으로 작성하겠습니다. '건축 - 빌드 - 바닥'을 클릭합니다.

유형 편집을 클릭해서 새로운 유형을 만들겠습니다. 복제를 클릭하고 실내 마감 30mm로 이름을 입력하고 확인을 클릭합니다. 구조 - 편집을 클릭합니다.

02 벽과 마찬가지로 미리보기를 클릭해서 벽이 구성되는 모습을 확인할 수 있고, 삽입과 삭제, 위/아래로 버튼을 클릭해서 레이어의 구성을 변경할 수 있습니다. 삽입을 클릭하고, 새로 생긴 레이어를 위로 버튼을 클릭해서 코어경계 위로 보냅니다.

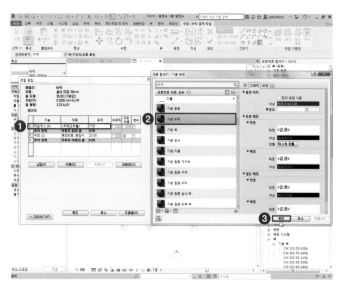

03 구조[1]을 마감재 1[4]로 변경하고 두께를 7로, 3번 레이어의 구조[1]은 두께를 23로 변경합니다. 마감재1[4]의 재료 - 카테고리별을 클릭해서 기본 바닥을 선택하고 확인을 클릭합니다.

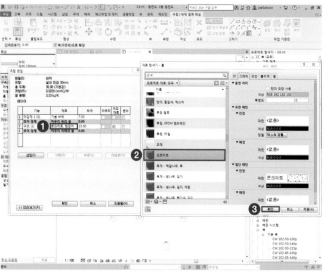

04 이어서 3번 레이어의 구조 [1] 재료 - 콘크리트, 현장치기를 클릭해서 재료를 변경하겠습니다. 기본 값을 선택해서 우클릭 - 복제를 클릭하고 이름을 '모르타르'로 입력합니다. 차례로 확인을 클릭해서 유형 편집을 완료합니다.

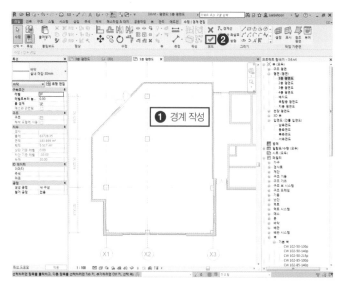

05 다음과 같이 벽과 기둥을 모두 제외하고 작성합니다. 작성이 완료되었으면 편집 모드 완료를 클릭합니다.

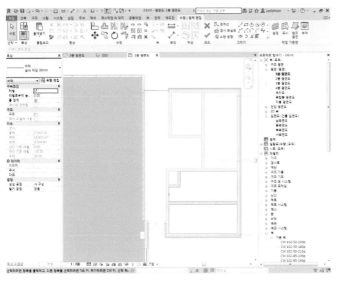

06 마찬가지로 복도와 화장실 모두 바닥 마감을 작성합니다. 복도와 화장실 바닥 마감은 당연히 다른 유형으로 되어 있겠지만, 이 프로젝트에서는 하나의 타입으로 작성하겠습니다. 작성이 완료되었으면 편집 모드 완료를 클릭합니다.

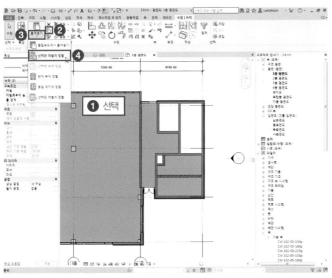

07 작성된 바닥 마감을 선택해서 클립보드로 복사, 붙여넣기 - 선택한 레벨에 정렬 - 2F를 선택하고 확인을 클릭합니다.

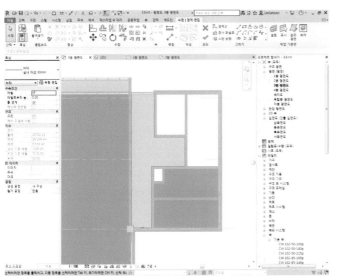

08 3층 평면도로 이동해서 바닥 마감을 작성하겠습니다. '건축 - 빌드 - 바닥'을 클릭하고 각각의 공간에 개체로 작성합니다. 작성된 바닥 마감은 클립보드에 복사, 붙여넣기 - 선택한 레벨에 정렬 기능을 이용해서 4층에 붙여넣기 합니다.

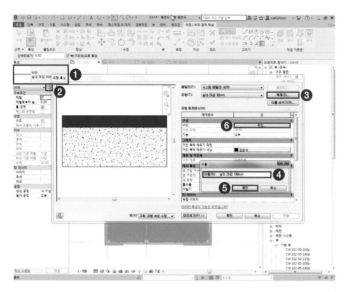

09 다시 '건축 - 빌드 - 바닥'을 클릭하고 유형 편집을 클릭합니다. 복제를 클릭하고 이름을 실외 마감 100mm으로 입력하고 확인을 클릭합니다. 구조 - 편집을 클릭해서 레이어를 편집합니다.

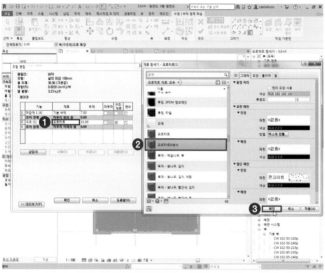

10 구조[1]의 재료를 클릭해서 모르타르를 선택하고 우클릭 - 복제합니다. 이름을 모르타르 & 방수로 변경합니다. 레이어를 추가하지 않고 하나로 통합해서 작성하겠습니다.

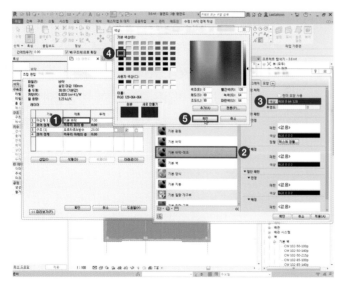

11 마감재 1[4]의 재료를 클릭하고 기본 바닥을 우클릭 - 복제합니다. 이름을 기본 바닥 - 데크로 변경합니다. 그래픽 탭의 음영처리 - 색상을 클릭해서 적당한 갈색으로 변경합니다.

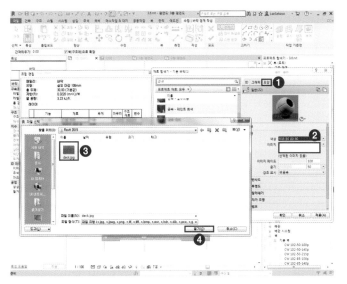

12 모양 탭으로 가서 특정한 맵을 지정하 겠습니다. 모양 타입을 복제합니다. 일반 - 이 미지의 하얀색 빈 곳을 클릭하면 파일 선택창 이 나타납니다. 파일 선택 창에서 적당한 파일 을 선택하고 열기를 클릭합니다. 차례로 확인 을 클릭하고, 두께를 각각 20, 80으로 변경하 고 유형 편집을 완료합니다.

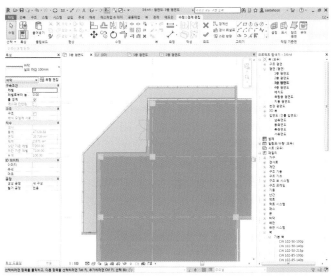

13 다른 층 바닥과 마찬가지로 경계를 작 성하고 편집 모드 완료를 클릭합니다.
옥탑층과 지붕층은 따로 설명 드리지 않겠습 니다. 지붕층 바닥은 기본 바닥 - 데크가 아닌 새로운 유형을 만들어서 작성해 보도록 합니다.

Section 4	**벽 마감**

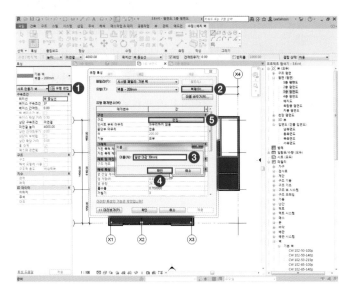

01 벽 마감은 외장 마감벽을 작성하는 것과 크게 다르지 않습니다.

1층 평면도를 열고 '건축 - 빌드 - 벽'을 클릭합니다. 유형 편집에 들어가서 새로운 유형을 복제합니다. 이름을 일반마감 - 30mm로 입력하고 확인을 클릭합니다. 구조 - 편집을 클릭합니다.

02 두께를 30으로 변경하고 재료 - 기본벽을 클릭합니다. 재료 탐색기에서 페인트 및 코팅을 선택하고 확인을 클릭합니다. 벽 마감은 일반 실내 마감과 화장실 마감 두 가지로만 작성하겠습니다. 차례로 확인을 클릭하고 벽을 작성합니다.

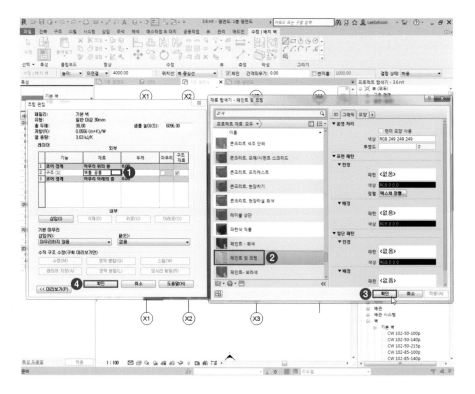

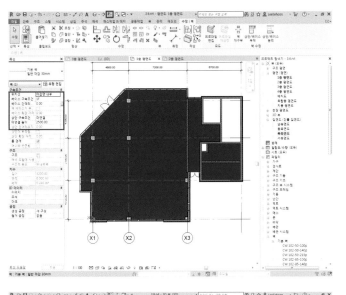

03 베이스 간격띄우기 값은 0, 상단 구속 조건은 미연결, 높이는 2500으로 변경합니다. 미 연결로 하면 벽 시작 레벨에 따라 벽의 높이는 2500을 유지합니다. 빠른 실행의 가는 선을 체크하고 비주얼 스타일을 음영 모드로 변경하면 두께가 얇은 모델을 작성하는데 편리합니다.

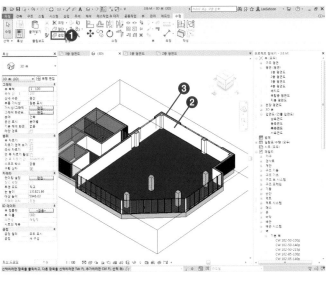

04 1, 2층 커튼월과 화장실 부분을 제외한 나머지 벽에 모두 작성합니다. 3D뷰에서 보이는 하얀색으로 작성된 벽이 모두 마감벽입니다. 내장된 커튼월이 있는 벽체는 구조벽과 마감벽을 형상 결합 시켜 줍니다.

05 커튼월이 내장된 구조벽과 마감벽을 형상 결합하면 마감벽도 구조벽과 마찬가지로 커튼월 부분이 절단 됩니다. 1층 형상 결합을 완료한 모습입니다.

다시 마감벽을 선택하고 '우클릭 - 모든 인스턴스 선택 - 뷰에 나타남'을 클릭합니다.

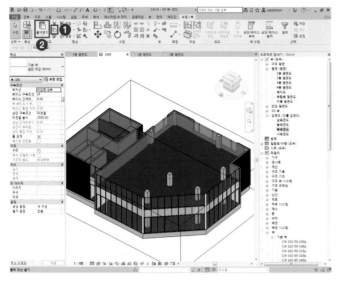

06 클립보드에 복사, 붙여넣기 - 선택한 레벨에 정렬을 클릭하고 2F를 선택하고 확인을 클릭합니다. 붙여 넣기가 완료되면 구획상자의 범위를 조정해서 2F의 마감벽을 형상 결합 합니다.

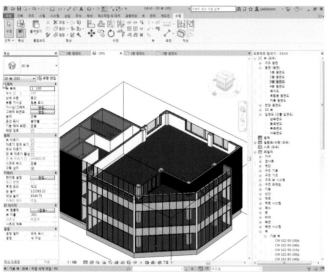

07 다시 3층 평면도로 이동해서 마감벽을 작성합니다. 3층도 외부로 연결된 커튼월 부분을 제외하고 마감벽을 작성하고 구조벽과 형상 결합합니다. 3층에서 작성한 마감벽을 선택해서 4층으로 복사하겠습니다. 현재 상태에서 모든 인스턴스 선택을 하게 되면 1층에 있는 벽까지 모두 선택됩니다. 그것을 방지하기 위해서, 쉽게는 구획상자 범위를 조절해서 3층 실내 마감벽만 선택하는 방법이 있을 수 있고, 요소 분리를 통해서 선택하는 방법이 있을 수 있습니다.

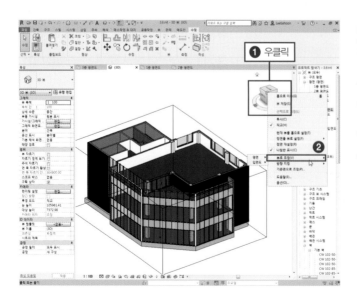

08 구획상자를 이용하지만 조금 다른 방법을 알려드리겠습니다. 구획상자를 선택해서 화살표를 직접 드래그해도 되지만 특정층만 구획상자 영역으로 지정해 보겠습니다.
뷰 큐브 위에서 마우스를 우클릭 - 뷰로 조정을 확장하면 2가지 뷰가 나타납니다.

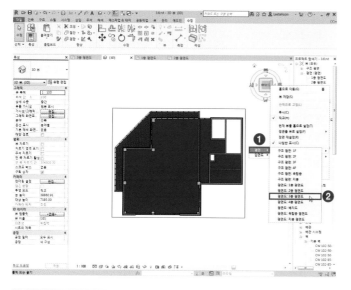

09　평면, 입면에 있는 모든 뷰가 분리돼 있습니다. 그 중에 평면을 확장해보면 현재 작성된 모든 평면 뷰가 나타납니다. 평면도: 3층 평면도를 클릭합니다. 평면 방향으로 뷰가 회전합니다.

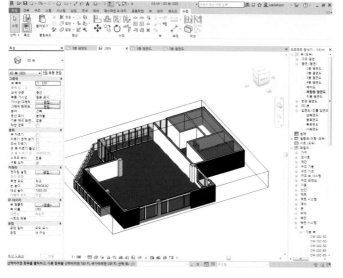

10　이 뷰를 돌려보면 다음과 같이 선택한 층만 보이도록 구획상자가 조절된 것을 확인할 수 있습니다. 구획상자의 영역은 해당 뷰의 뷰 범위로 조절되어 있습니다. 고층 건물을 작업할 때 매우 유용하게 사용할 수 있는 기능입니다.

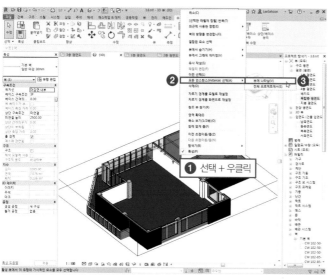

11　현재 상태에서 마감벽을 선택하고 '우클릭 - 모든 인스턴스 선택 - 뷰에 나타남'을 클릭하면 3층 마감벽만 선택할 수 있습니다.

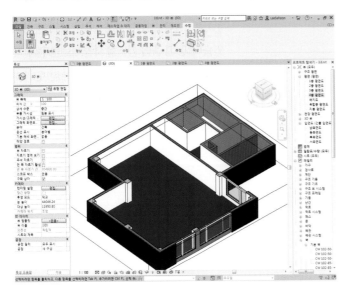

12 클립보드에 복사, 붙여넣기 - 선택한 레벨에 정렬을 클릭하고 4층에 붙여넣기 합니다. 4층 평면으로 이동해서 작성되지 않은 부분을 추가로 작성하고 남측, 동측 구조벽과 형상 결합을 해 줍니다.

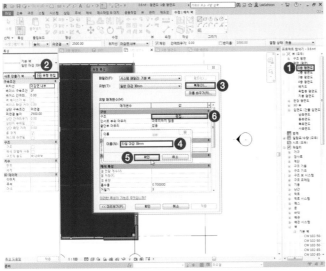

13 다시 1층 평면도로 이동해서 화장실 마감벽을 작성하겠습니다. '건축 - 빌드 - 벽'을 클릭합니다. 유형 편집을 클릭하고 복제를 클릭해서 새로운 유형을 복사합니다. 이름은 타일마감 - 30mm로 입력하고 확인을 클릭합니다. 구조 - 편집을 클릭합니다.

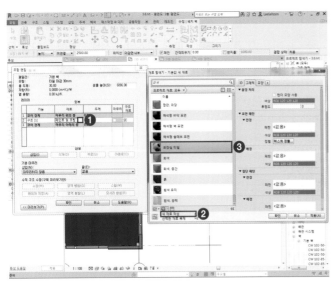

14 재료만 변경하겠습니다. 재료를 클릭해서 재료 탐색기 창을 열어 줍니다. 탐색기 창의 새 재료 작성을 클릭합니다. 생성된 새 재료를 우클릭해서 이름을 화장실 타일로 변경하겠습니다.

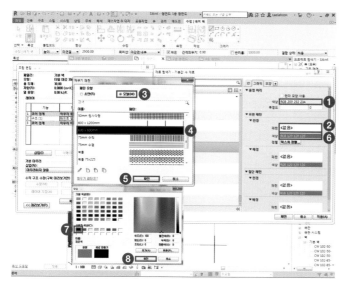

15 그래픽 탭의 음영처리 - 색상을 클릭하고 적당한 색을 선택합니다. 표면 패턴 - 패턴을 클릭해서 패턴 유형을 모델로 변경하고, 600 × 600mm를 선택하고 확인을 클릭합니다. 표면 패턴 - 색상은 검은색으로 지정합니다.

16 모양 탭에서 렌더링 모양 맵소스 탐색기 창을 열고 적당한 재질을 선택하고 양방향 화살표를 클릭합니다. 탐색기 창을 닫고 차례로 확인을 클릭합니다.

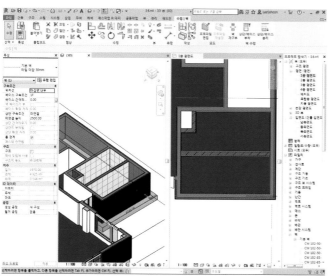

17 일반 마감벽과 마찬가지로 베이스 간격 띄우기 0, 상단 구속조건은 미연결, 미연결 높이는 2500으로 설정하고, 화장실 내부에 벽을 작성합니다.

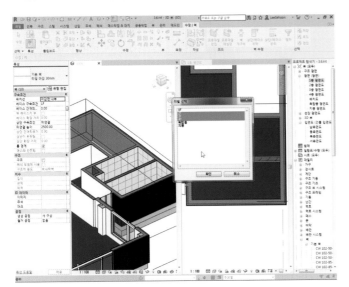

18 1층의 화장실 마감벽을 '우클릭 - 모든 인스턴스 선택' 기능을 이용해서 모두 선택합니다. 클립보드에 복사, 붙여넣기 - 선택한 레벨에 정렬을 클릭하고 2F~4F까지 선택하고 확인을 클릭합니다.

Section 5	천장

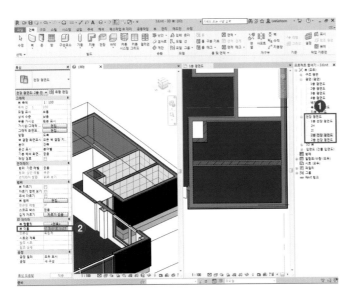

01 천장을 작성하겠습니다. 천장을 그리는 방법은 자동으로 영역을 선택해서 작성하는 방법과 바닥을 그리듯이 경계선을 직접 그려서 작성하는 방법이 있습니다.

프로젝트 탐색기에서 천장 평면도를 확장해보면 다른 평면도처럼 이름이 2G, 2H, 2I로 되어 있습니다. 이를 각각 선택해서 특성 창에서 뷰의 이름을 2층 천장 평면도, 3층 천장 평면도, 4층 천장 평면도로 변경합니다.

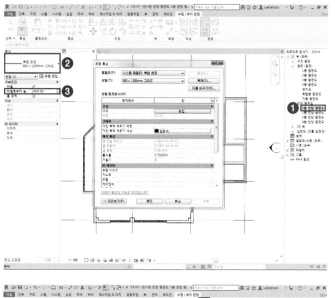

02　1층 천장 평면도로 이동해서 '건축 - 빌드 - 천장'을 클릭합니다. 특성 창을 보면 복합 천장 600 × 1200mm 그리드로 되어있고 레벨로부터 높이 간격띄우기는 천장고정입니다. 2600을 2400으로 변경합니다. 유형 편집 방법은 바닥 유형 편집과 동일하기 때문에 따로 설명드리지 않겠습니다.

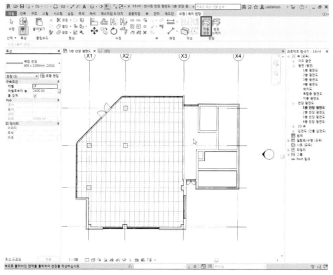

03　리본 메뉴를 보면 기본적으로 자동 천장이 선택되어 있습니다. 마우스를 벽으로 둘러싸인 공간으로 가져가면 벽 테두리에 붉은색으로 경계선이 따라다니며 그려집니다. 이때 클릭을 하면 붉은색 경계로 천장이 작성됩니다.

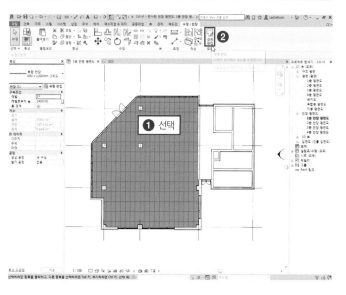

04　복도와 전용 공간을 클릭해서 천장을 작성합니다. 다음과 같이 작성된 천장을 선택해서 커튼박스가 없다는 전제하에 천장을 수정하겠습니다. 천장의 그리드 위에서 Tap 키를 누르면 천장을 쉽게 선택할 수 있습니다. 천장이 선택되었으면 경계 편집을 클릭합니다.

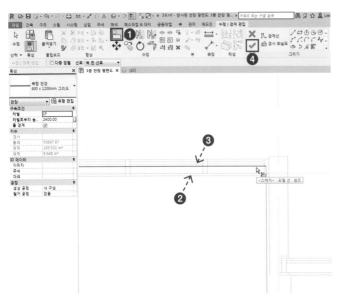

05 커튼월 부분을 확대해 보면 커튼월의 중심선에 천장의 경계선이 작성되어 있습니다. 이 선들을 멀리언의 끝선에 정렬합니다. 경계 편집이 완료되면 편집 모드 완료를 클릭해서 수정을 마치겠습니다.

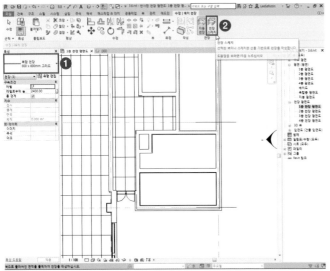

06 다시 '건축 - 빌드 - 천장'을 클릭해서 화장실 천장을 작성하겠습니다. 천장의 유형은 600 × 600mm 그리드로 선택하고 리본 메뉴에서 천장 스케치를 클릭합니다. 원래는 화장실처럼 단순한 모양의 공간에서 자동으로 작성하고 형태가 복잡한 공간에서는 직접 스케치를 해서 작성하는 것이 보통입니다.

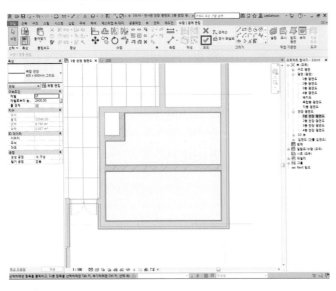

07 벽의 안쪽 선들을 따라서 경계선을 작성합니다. 뷰의 상세 수준을 중간으로 변경하고 비주얼 스타일을 음영처리로 변경하면, 경계가 잘 보여서 작성하기 편합니다. 다음과 같이 작성하고 편집 모드 완료를 클릭합니다.

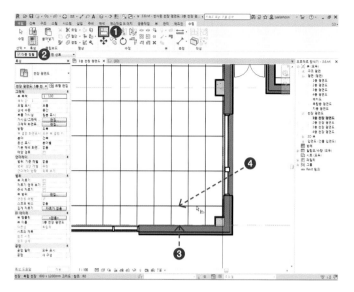

08 화장실 천장은 하나의 개체이기 때문에 표면 패턴이 일정하지만, 전용 공간과 복도의 천장 패턴은 일정하지 않습니다. 정렬 기능을 이용해서 패턴을 맞춰주겠습니다.

'수정 - 수정 - 정렬'을 클릭하고 옵션 바에서 다중 정렬을 체크합니다. 기준선으로 남측 실내 마감벽체 안쪽 선을 클릭합니다. 이어서 전용 공간과 복도 천장의 수평 그리드를 차례로 클릭합니다.

09 이어서 복도와 전용 공간의 경계 마감벽의 바깥쪽을 기준으로 수직 그리드를 맞춰주겠습니다. 모두 정렬된 모습입니다.

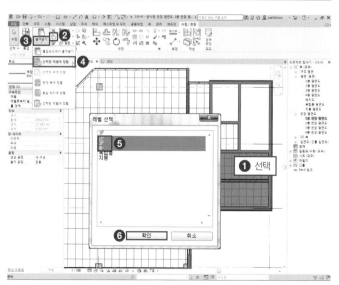

10 화장실 천장을 선택하고 클릭보드로 복사, 붙여넣기 - 선택한 레벨에 정렬을 클릭합니다. 2F~4F를 선택하고 확인을 클릭합니다. 마찬가지로 전용 공간과 복도 천장을 2F로 복사합니다.

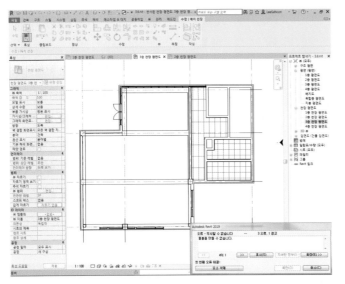

11 3층 천장 평면도로 이동하고 '건축 - 빌드 - 천장'을 클릭합니다. 자동 천장 기능을 이용해서 복도와 전용 공간에 천장을 작성하려 했으나, 복도는 작성되지만 전용 공간은 작성되지 않습니다. 이런 경우 직접 경계 편집을 해서 작성해야 합니다. 1층과 마찬가지로 커튼월과 간섭이 발생하는 부분의 경계선을 수정하고 편집 모드 완료를 클릭합니다.

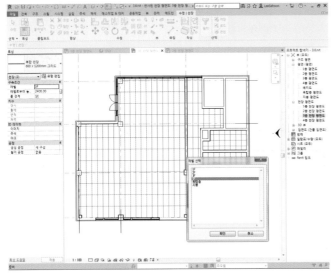

12 정렬 기능을 이용해서 마감벽에 그리드 간격을 맞춰주고 두 천장을 클립보드에 복사, 붙여넣기 - 선택한 레벨에 정렬, 4층을 선택하고 확인을 클릭합니다.

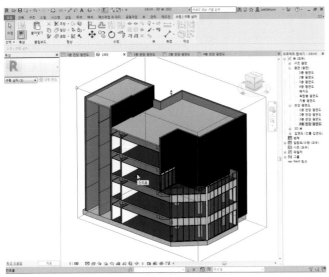

13 현재까지 작성된 모델을 3D뷰에서 돌려보며 확인합니다.

Section 6 **문 / 창**

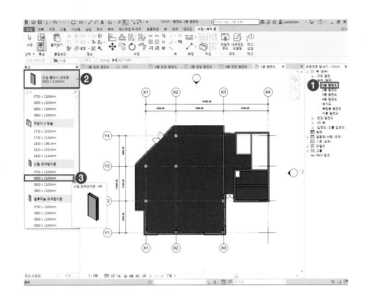

01 커튼월에 들어가는 문은 커튼월 패널 패밀리를 이용해서 넣었습니다. 일반적인 문과 창은 벽에 커튼월을 내장하는 것과 카테고리만 다를 뿐 방법은 거의 비슷합니다. 1층 평면도를 열고 '건축 - 빌드 - 문'을 클릭합니다. 특성 창에서 여러 가지 유형의 문을 선택할 수 있습니다. 스틸 외여닫이문 800 × 2100mm 를 선택합니다.

02 문은 벽에 종속되기 때문에 벽이 있어야 작성할 수 있습니다. 마우스를 벽 쪽으로 가져가면 미리보기가 나타나면서 문의 위치를 결정할 수 있습니다. 키보드의 Space bar 로 좌우 방향을 결정하고 마우스로 안쪽과 바깥쪽을 선택할 수 있습니다. 방향 선택이 잘 되지 않는다면 적당히 배치하고 수정하는 것이 빠릅니다.

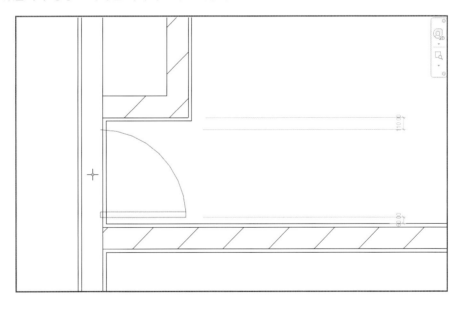

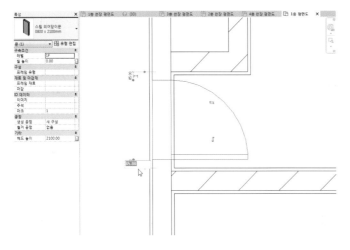

03 `Esc`키를 눌러 명령을 완료하고 작성된 문을 선택합니다. 특성 창의 씰 높이는 베이스 레벨 간격띄우기와 비슷한 기능이라고 생각하면 됩니다. 배치된 문에 벽과의 거리가 보조 치수선으로 나타납니다. 이 치수를 클릭하면 간격을 직접 수정할 수 있습니다.

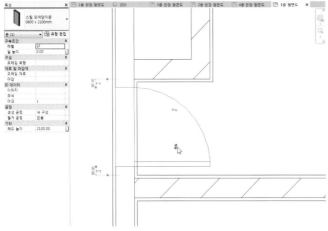

04 문 위에 표시된 화살표를 클릭해서 방향을 쉽게 변경할 수 있습니다. 화살표가 양방향으로 두 개가 있습니다. 하나는 좌우, 하나는 안쪽과 바깥쪽으로 대칭되는 것을 알 수 있습니다.

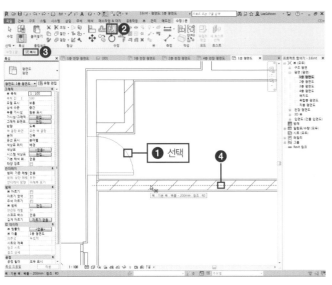

05 문의 방향과 간격이 제대로 배치되었다면, 문을 선택하고 '수정 - 수정 - 대칭' 명령을 클릭합니다. 기준선을 클릭해서 개체를 대칭 시켜주는 명령입니다. 옵션 바에 복사가 체크되어 있는 것을 확인하고 화장실 조적벽의 중심선을 클릭합니다.

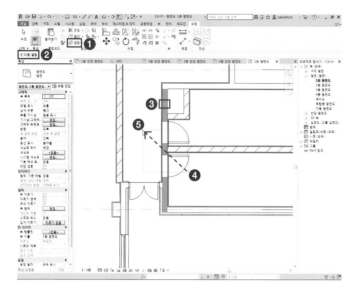

06 커튼월과 마찬가지로 마감벽과 문이 설치된 벽을 형상 결합해야 마감벽도 같이 절단됩니다. '수정 - 형상 - 결합'을 클릭해서 구조벽과 마감벽을 결합하겠습니다. 그런데 이처럼 하나의 구조벽에 3개의 마감벽을 결합할 때는 일일이 클릭을 하지 않고, 옵션 바에서 다중결합을 체크해 줍니다. 먼저 구조벽을 클릭하고 이어서 마감벽을 드래그로 선택합니다. 그렇게 되면 선택된 영역 안에 구조벽과 붙어있는 개체들 중에 결합 가능한 모두가 결합됩니다.

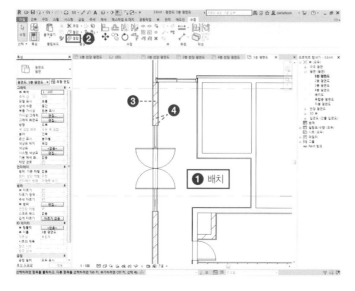

07 복도 - 전용 공간 벽의 출입문도 작성하겠습니다. '건축 - 빌드 - 문'을 클릭하고 리본메뉴의 패밀리 로드를 클릭합니다. 패밀리 로드 창에서 문 폴더로 들어갑니다. 'SSD2 3' 패밀리를 선택하고 열기를 클릭합니다.

08 적당한 위치를 클릭해서 배치합니다. 배치가 되었으면 조적벽과 마감벽을 형상 결합 합니다.

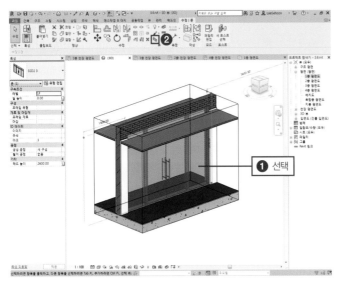

09 배치된 모습을 3D뷰로 보겠습니다. 작성된 문을 선택하고 '수정/문 - 뷰 - 선택상자'를 클릭합니다. 문이 작성된 모습을 3D뷰 상에서 구획상자를 이용해 쉽게 확인할 수 있습니다.

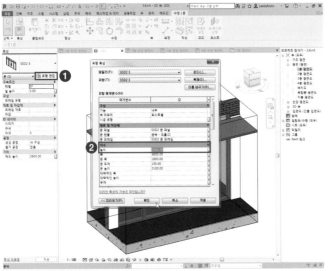

10 작성된 천장과 문의 높이가 맞지 않습니다. 유형 편집을 클릭하고 치수 - 높이 값을 2400으로 변경하고 확인을 클릭합니다. 전체 높이뿐만 아니라 세부적인 치수나 재료도 수정 가능합니다. 이처럼 하나의 문짝뿐만 아니라 여러 다른 구성으로 패밀리를 만들 수도 있습니다.

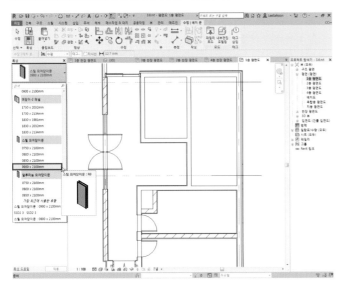

11 다시 1층 평면도로 이동합니다. '건축 - 빌드 - 문'을 클릭하고 스틸 외여닫이문 900×2100mm를 선택합니다.

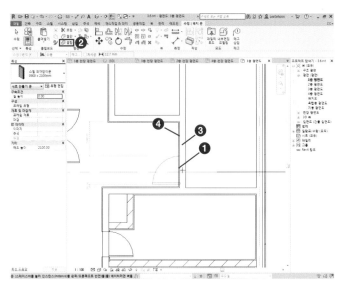

12 적당한 위치에 문을 배치하고 마찬가지로 마감벽과 구조벽을 형상 결합 합니다.

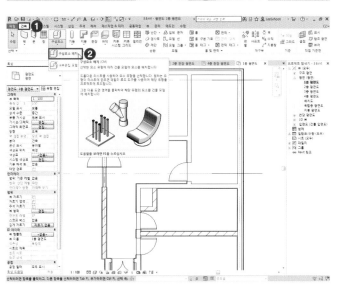

13 이어서 엘리베이터를 작성하겠습니다. 엘리베이터는 문 패밀리를 이용해서 만들 수도 있지만 Revit기본 패밀리에서는 문이 아닌 특수 시설물 카테고리로 분류되어 있습니다. '건축 - 빌드 - 구성요소 - 구성요소 배치'를 클릭합니다. 여러 가지 요소들을 선택해서 배치할 때 사용합니다.

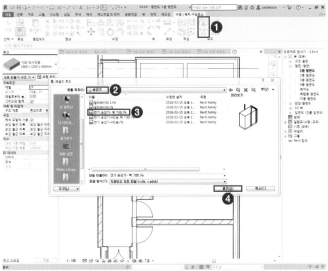

14 '수정/배치 구성요소 - 모드 - 패밀리 로드'를 클릭합니다. 패밀리 로드 창에서 특수 시설물 - 승강기 폴더로 들어가서 전기 승강기 - 벽 기반.rfa를 선택하고 열기를 클릭합니다.

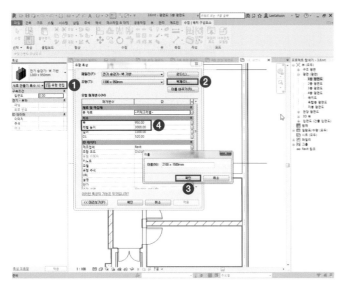

15 유형 편집을 클릭하고 복제를 클릭합니다. 이름은 1500 × 2100mm로 입력하고 확인을 클릭합니다. 폭을 1500, 길이를 2100으로 변경합니다.

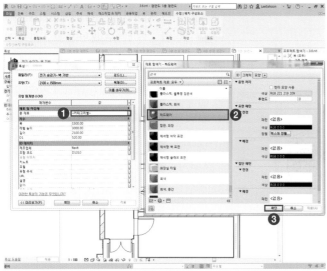

16 문 재료를 클릭합니다. 재료 탐색기에서 하드웨어를 선택하고 확인을 클릭합니다.

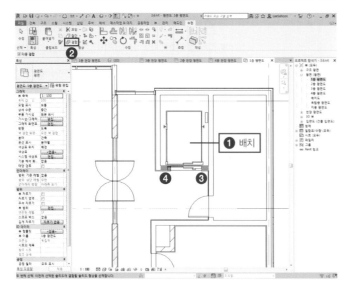

17 적당한 위치에 엘리베이터를 배치하고 구조벽과 마감벽을 형상 결합 합니다.

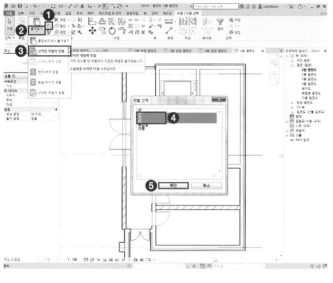

18 엘리베이터 배치까지 모두 끝났으면 4개의 문과 엘리베이터를 모두 선택하고 클립보드에 복사, 붙여넣기 - 선택한 레벨에 정렬을 클릭합니다. 2F~4F를 선택하고 확인을 클릭합니다.

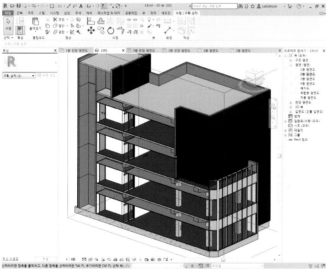

19 2층 평면도로 이동합니다. 1층에서와 마찬가지로 문이나 엘리베이터가 삽입된 벽과 마감벽을 형상 결합을 통해 절단합니다. 3, 4층도 같은 작업을 반복합니다. 3D뷰에서도 이상이 없는지 확인해 봅니다.

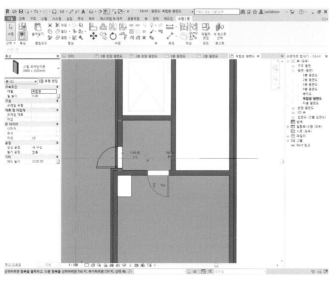

20 옥탑층 평면으로 이동합니다. 계단실 벽과 엘리베이터 벽에 개구부를 작성합니다. 옥상과 창고로 통하는 문을 하나씩 작성합니다.

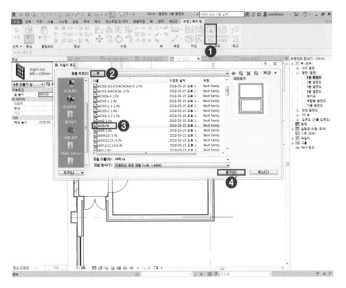

21 다시 1층 평면도로 이동해서 화장실 창을 배치하도록 하겠습니다. '건축 - 빌드 - 창'을 클릭합니다. '수정/배치 창 - 모드 - 패밀리 로드'를 클릭합니다. 패밀리 로드 창에서 창 폴더로 들어갑니다. AW8.rfa파일은 선택하고 열기를 클릭합니다.

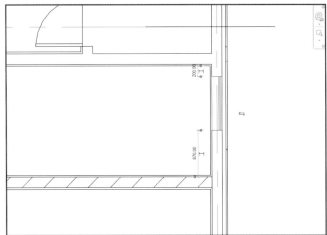

22 적당한 위치에 클릭해서 배치합니다. 문과 마찬가지로 선택하면 작은 화살표가 나타납니다. 화살표를 클릭하거나 Space bar 를 이용해서 앞뒤 방향을 전환할 수 있습니다.

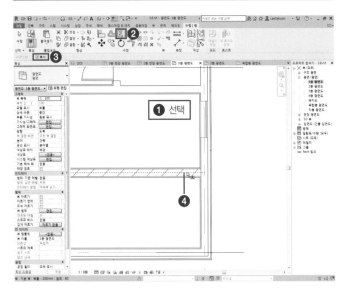

23 화장실 문과 같이 창을 선택하고 '수정/창 - 수정 - 대칭/축 선택'을 클릭합니다. 화장실 조적벽의 중심선을 클릭해서 대칭 복사합니다.

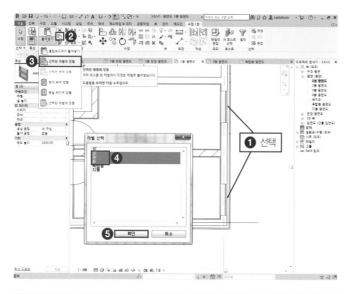

24 만들어진 두 개의 창을 선택해서 클립 보드에 복사, 붙여넣기 - 선택한 레벨에 정렬을 클릭하고 2F~4F를 선택하고 확인을 클릭합니다.

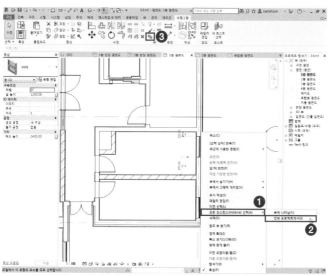

25 창을 선택하고 '우클릭 - 모든 인스턴스 선택 - 전체 프로젝트에서'를 클릭해서 모두 선택하고 선택상자를 클릭합니다.

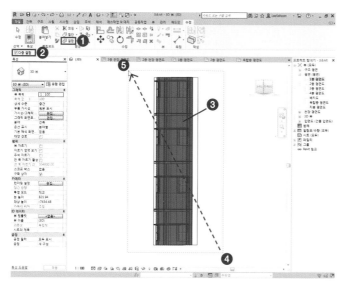

26 구획상자를 조금 조절하면 화장실 창이 구조벽에만 영향을 미치고 있는 것을 확인할 수 있습니다. 형상 결합을 클릭하고 다중 결합을 체크합니다. 외부 마감벽을 먼저 선택하고 나머지 전체를 드래그해서 선택합니다.

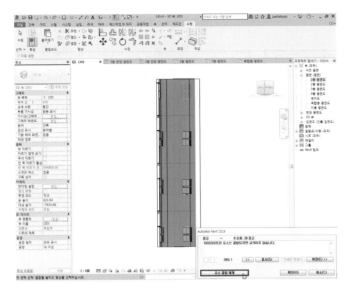

27 형상 결합 되지 않는 벽들은 경고창이 나타나면 요소 결합 해제를 클릭하면 됩니다.

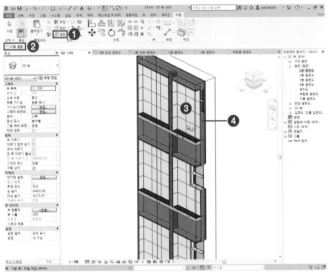

28 '수정 - 형상 - 결합'을 클릭하고 옵션 바의 다중 결합을 체크 해제 합니다. 화장실 내부 마감벽과 구조벽을 하나씩 형상 결합 합 니다.

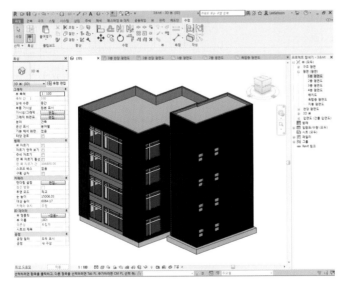

29 화장실 창문까지 작업이 완료되었습 니다.

07 계단 / 내부 편집 모델 / 패밀리 수정

CHAPTER

Section 1 **계단 모델링**

Revit에서 계단 작성은 상당히 불편합니다. 특히나 일반적인 콘크리트 계단은 바닥과 만나는 부분을 처리하기가 어렵고 다른 개체들과 형상 결합도 되지 않습니다. Revit이 버전을 업그레이드 하면서 기능적으로 많이 향상되긴 했지만 아직까지 계단은 가장 마음에 들지 않는 부분 중에 하나입니다.

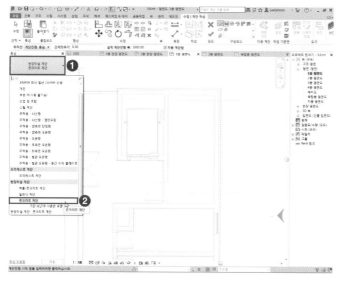

01 이번 Chapter에서는 여러 가지 방법을 이용해서 기능적으로 지원하지 않는 부분을 해결해 보도록 하겠습니다.

1층 평면으로 이동합니다. '건축 - 순환 - 계단'을 클릭합니다. 특성 창에서 유형을 '현장타설 계단 - 콘크리트 계단'으로 변경합니다.

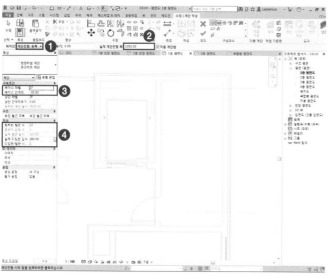

02 옵션 바에서 위치선을 계단 진행: 왼쪽으로 변경하고 실제 계단 진행 폭에 1050을 입력합니다. 벽과 마찬가지로 특성 창에서 베이스와 상단의 레벨이나 간격띄우기 값을 조절할 수 있습니다. 베이스 간격띄우기 값을 -30, 원하는 챌판 수를 22로 변경하고, 실제 디딤판 깊이 값을 280으로 변경합니다.

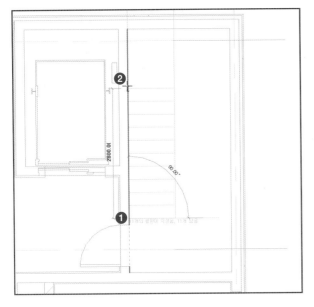

03 개구부의 모서리에서 시작점을 클릭하고 수직 방향으로 마우스를 가져가면 계단이 미리보기 형태로 보이고 현재 몇 개의 챌판이 작성되었는지와 몇 개가 남았는지가 표시 됩니다. 왼쪽에 11개가 작성되는 위치에서 한번 클릭합니다.

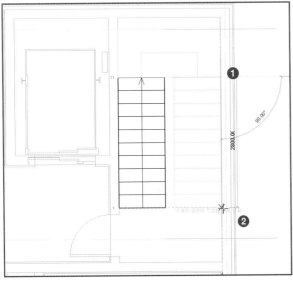

04 이어서 첫 번째 계단의 끝점과 반대편 벽의 교차점이 스냅으로 잡히는 위치를 시작점으로 클릭하고 아래쪽 수직 방향으로 마우스를 가져갑니다. 남은 챌판이 0이 되도록 하고 클릭합니다. 다 되었으면 편집 모드 완료를 클릭해서 계단 작성을 마칩니다.

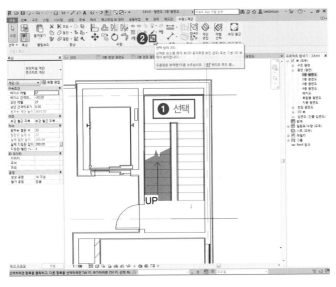

05 난간이 제대로 그려지지 않았다는 경고 창이 나타나는데 일단 무시하고 넘어가겠습니다. 만들어진 난간을 선택하고 선택상자를 클릭해서 3D뷰로 보겠습니다.

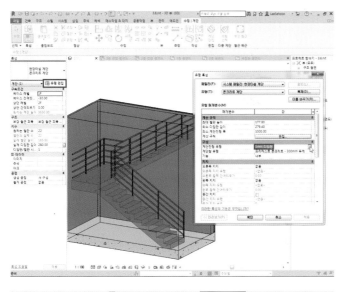

06 구획상자를 계단의 단면이 잘 보이도록 조절합니다. 계단을 선택하고 유형을 편집해 보겠습니다. 계단 유형 편집은 조금 복잡하기 때문에 여러 번 반복해서 보고 따라하셔야 합니다. 구성에 계단 진행 유형 - 1mm 디딤판을 선택하면 작은 사각형이 나타납니다. 이 사각형을 클릭해서 계단 진행 유형을 편집하겠습니다.

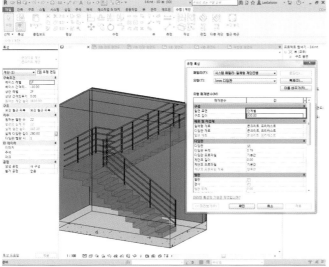

07 계단 진행 유형 특성 창이 나타납니다. 구성에 밑면 표면 - 매끄러움과 구조 깊이 - 150은 계단의 형상과 두께를 나타냅니다. 단계별로 선택하고 두께를 300으로 입력하고 적용을 클릭하면 계단이 아래와 같이 바뀌는 모습을 확인할 수 있습니다.

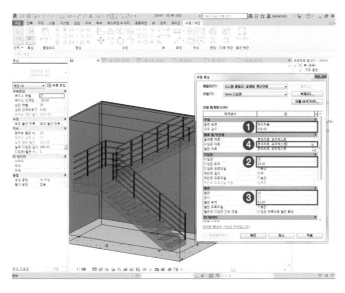

08 다시 원래대로 매끄러움과 150으로 변경하고 적용을 클릭합니다. 디딤판과 챌판이 있습니다. 디딤판은 계단의 바닥면이고 챌판은 수직면입니다. 두 면에 각각 다른 두께와 다른 재료를 넣을 수 있습니다. 디딤판 두께를 30으로 변경합니다. 챌판을 체크하고 두께를 15로 입력합니다. 재료 및 마감재에서 디딤판 재료 - 콘크리트, 프리캐스트를 선택하고 작은 사각형을 클릭 합니다.

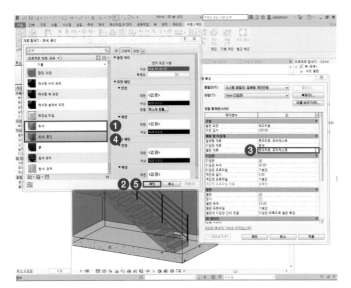

09 재료 탐색기 창에서 회색을 선택하고 확인을 클릭합니다. 그리고 챌판 재료 - 콘크리트, 프리캐스트를 클릭하고 회색 중간을 선택하고 확인을 클릭합니다.

10 1mm 디딤판 유형 특성 창의 확인을 클릭합니다. 콘크리트 계단 유형 특성 창에서 계단참 유형 - 프리캐스트 콘크리트 - 300mm 두께를 선택하고 작은 사각형을 클릭합니다. 이름 바꾸기를 클릭하고 콘크리트 - 150mm 로 입력하고 확인을 클릭합니다. 일체형 두께 값도 150으로 입력하고 확인을 클릭합니다. 색의 구분을 위해 계단의 콘크리트 재질을 수정하지 않고 그대로 놔두겠습니다.

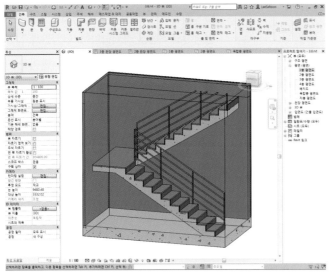

11 콘크리트 계단의 유형 특성 창도 확인을 클릭합니다. 콘크리트 계단과 계단 마감이 작성되었습니다. 난간은 자동으로 생성되었습니다. 벽 난간은 선택해서 Del 키로 삭제 합니다.

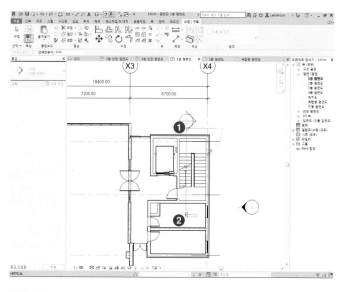

12 1층 평면도로 이동해서 '뷰 - 작성 - 단면도'를 클릭합니다. 계단실의 위쪽에서 아래쪽 방향으로 클릭을 합니다. 단면도 태그가 작성되면서 프로젝트 탐색기에 '뷰 - 구획 (건물 단면도) - 단면도0'이 새로 생성되는 것을 확인할 수 있습니다.

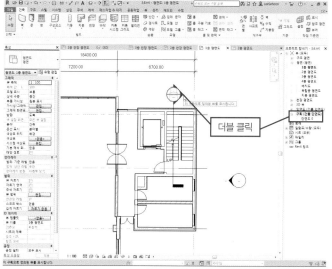

13 프로젝트 탐색기에서 '뷰 - 구획 (건물 단면도) - 단면도0'을 찾아서 해당 뷰를 열어 줍니다. 프로젝트 탐색기에서 열지 않고, 단면도 태그의 헤드를 더블클릭해도 해당 뷰로 이동됩니다.

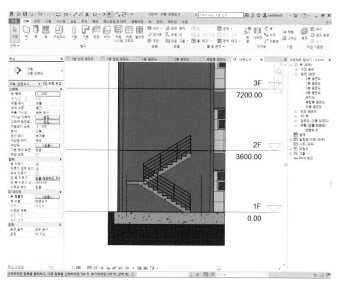

14 비주얼 스타일을 음영처리로 변경하고 상세수준을 중간으로 변경합니다. 가시성/그래픽 재지정을 클릭해서 지형을 체크 해제하고 확인을 클릭합니다. 계단 쪽을 확대해서 보면 계단참이 벽과 떨어져 있는 것을 확인할 수 있습니다. 계단을 수정하고 계단실 바닥을 작성하겠습니다.

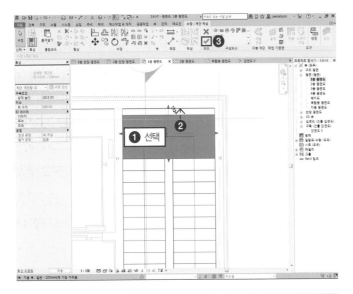

15 1층 평면으로 이동합니다. 북측면 벽과 계단이 떨어져 있는데, 계단 전체를 옮겨도 되겠지만 계단참의 간격을 수정하겠습니다.

계단 참이나 계단 진행만 선택하지 않도록 주의하면서, 계단을 선택하고 '수정/계단 - 편집 - 계단 편집'을 클릭합니다. 수정 모드에서 계단참을 선택하면 화살표가 나오는데 위쪽 화살표를 드래그 해서 북측면 벽에 맞춰 주고 편집 모드 완료를 클릭합니다.

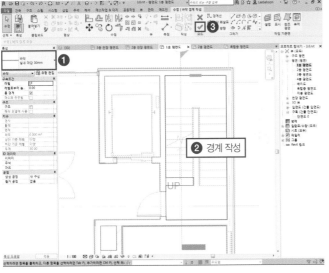

16 계단실의 바닥 마감을 작성합니다. '건축 - 빌드 - 바닥'을 클릭하고 실내 마감 30mm유형을 선택합니다. 첫 번째 계단을 제외한 영역을 작성하고 편집 모드 완료를 클릭합니다.

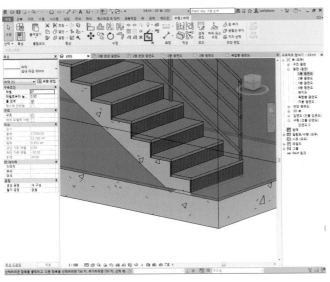

17 3D뷰에서 확인하겠습니다. 계단을 선택하고 '수정/계단 - 뷰 - 선택상자'를 클릭합니다. 계단은 마감을 제외한 0레벨에서 시작해야 합니다. 하지만 계단 밑의 콘크리트는 계단 기능으로 작성되지 않습니다. 이 부분은 내부 편집 모델을 이용해야 합니다. 뒷부분의 계단을 다른 층과 연결해서 작성하는 부분에서 다시 설명하겠습니다.

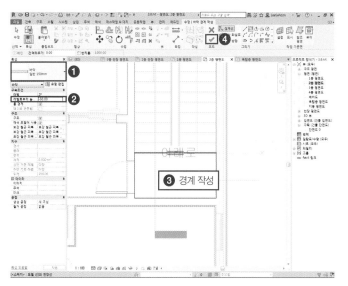

18 2층 평면도를 열고 계단실 바닥을 작성하겠습니다. '구조 - 구조 - 바닥'을 클릭하고 특성 창에서 일반 150mm를 선택합니다. 레벨로부터 높이 간격띄우기 값을 -30으로 입력하고 경계선을 작성합니다.

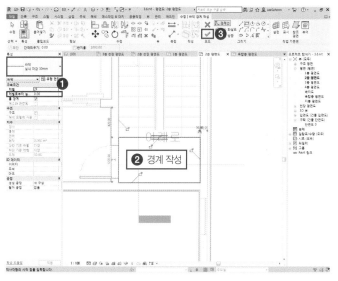

19 같은 위치에 바닥 마감을 작성합니다. '건축 - 빌드 - 바닥'을 클릭하고 특성 창에서 실내 마감 30mm를 선택합니다. 레벨로부터 높이 간격띄우기는 0으로 하고 경계를 작성합니다.

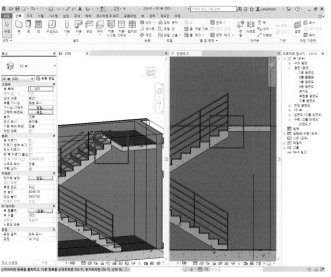

20 1층에서 2층으로 가는 계단이 완성되었습니다. 3D뷰나 단면도0으로 이동해서 작성된 계단을 보겠습니다. 2층 바닥과 콘크리트 구조물이 연결되어 있지 않습니다. 이 부분은 일반적인 기능으로 해결할 수가 없습니다. '구조 - 기초 - 슬래브 - 바닥: 슬래브 모서리' 기능을 이용할 수도 있지만 새로운 프로파일을 작성해야 하기 때문입니다.

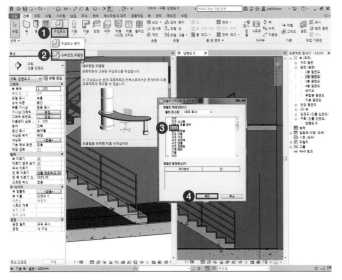

21 '건축 - 빌드 - 구성요소 - 내부 편집 모델'을 클릭합니다. 고유한 구성요소를 작성하는 기능입니다. 보통 일반적이지 않은 형상을 모델링으로 만들 때 자주 사용하는 기능입니다. 카테고리를 계단으로 선택하고 확인을 클릭합니다. 이름 입력창이 나타나면 '계단 모서리'로 입력하고 확인을 클릭합니다.

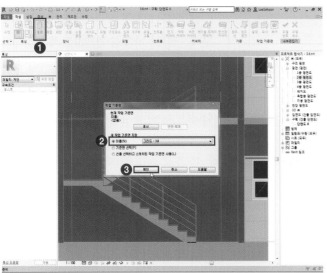

22 내부 편집 모델 작성 모드로 되었습니다. 돌출, 혼합, 회전, 스윕, 스윕 혼합의 다섯 가지 모델을 만드는 방식을 이용해서 비교적 자유롭게 모델을 만들 수 있습니다.

'작성 - 양식 - 돌출'을 클릭하면, 작업 기준면을 선택하는 창이 나타납니다. 지금까지 모델은 평면도에서 작성을 했기 때문에 작업 기준면은 당연히 작업 중인 레벨이 되었던 것입니다. 지금은 단면도를 열어서 작업을 하는 것이기 때문에 어떤 면을 기준으로 3D 형상(지금은 돌출)을 만들 것인지 지정하라는 것입니다. 이름을 체크하고 그리드: X4를 선택하고 확인을 클릭합니다.

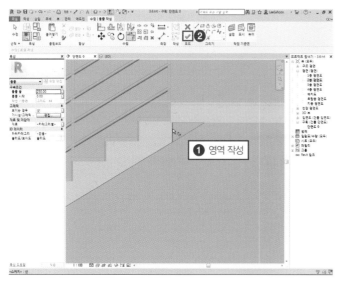

23 그러면 그리기 모드로 전환되는데 계단 경사를 맞추기 위해 선 선택을 이용해서 선을 작성하고, 코너 자르기/연장 기능을 이용해 경계선을 정리합니다. 다음과 같이 작성하고 편집 모드 완료를 클릭해서 돌출 작성을 완료합니다.

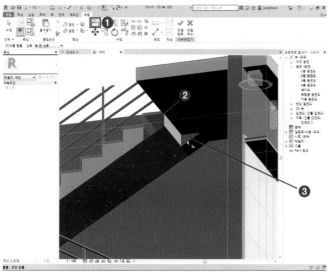

24 돌출 개체가 작성되었으면 3D뷰로 이동하겠습니다. 정렬 기능을 이용해서 위치를 수정하겠습니다. '수정 - 수정 - 정렬'을 클릭해서 기준면을 계단 옆면으로 선택하고 정렬 대상 면을 돌출의 옆면으로 클릭합니다.

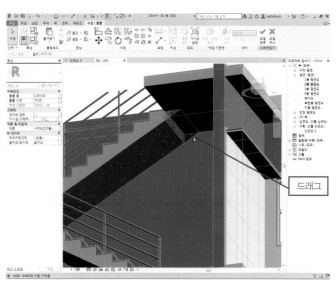

25 반대쪽 면은 드래그해서 계단 옆면에 맞추겠습니다. 돌출 개체를 선택하고 화살표를 드래그하면 스냅이 자동으로 잡힙니다.

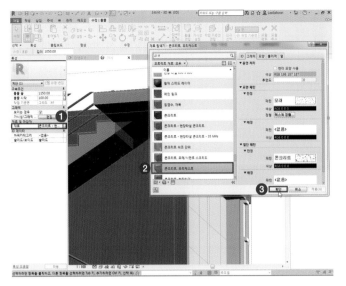

26 돌출개체가 선택된 상태에서 특성 창의 재료 및 마감재 - 재료 - 카테고리별을 선택하면 작은 사각형이 나타납니다. 사각형을 클릭해서 재료를 지정하겠습니다. 계단과 같은 재질을 지정하고 확인을 클릭합니다.

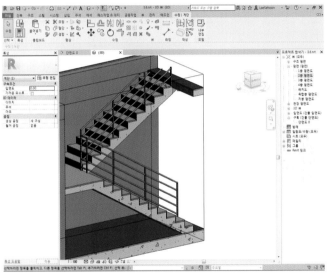

27 마찬가지의 방법으로 작성 - 돌출 개체를 하나 더 만들어서 1층 계단과 기초의 간격을 콘크리트로 채워 줍니다.

모두 완료 되었으면 모델완료를 클릭해서 내부 편집 모델 - 계단 모서리 작성을 완료합니다.

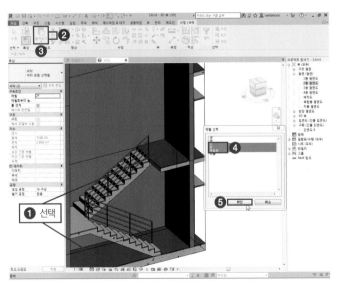

28 구획상자를 계단실 전체가 보이도록 조정하겠습니다. 2층 계단실 바닥과 바닥 마감을 선택하고 클립보드에 복사, 붙여넣기 - 선택한 레벨에 정렬을 클릭하고 3F~옥탑층까지 선택하고 확인을 클릭합니다.

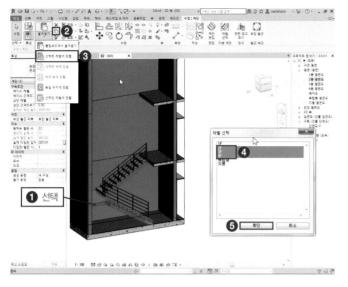

29 작성한 계단을 선택하고 클립보드에 복사, 붙여넣기 - 선택한 레벨에 정렬을 클릭하고 2F~4F를 선택하고 확인을 클릭합니다.

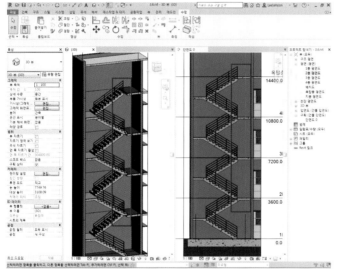

30 각 층 바닥과 계단의 만나는 부분이 제대로 만나지 않습니다. 내부 편집 모델 - 계단 모서리 개체를 이용해서 보완하도록 하겠습니다.

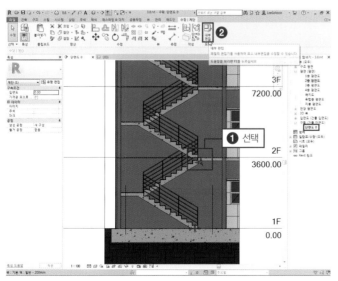

31 단면도0 뷰로 이동해서 계단 모서리 개체를 선택하고 '수정/바닥 - 모델 - 내부 편집'을 클릭합니다.

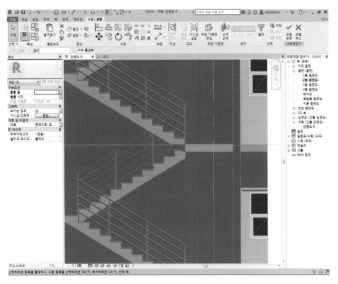

32 1층에서 했던 방식과 마찬가지로 양 방향 모두 계단과 바닥을 연결할 돌출 객체를 각각 작성하고 편집 모드 완료를 클릭합니다.

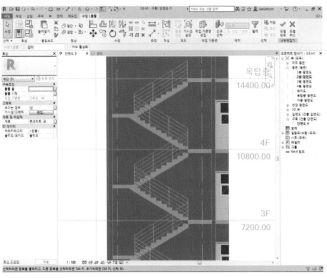

33 각 층별로 연결 부위를 복사해서 모두 작성합니다. 계단참을 열결하는 방법도 있으나, 그렇게 하면 난간이 연결되어 작성되기 때문에 똑같이 추가적인 작업이 필요합니다. 또한 수정할 때 난간을 수정할 수 없게 되는 경우가 자주 발생합니다.

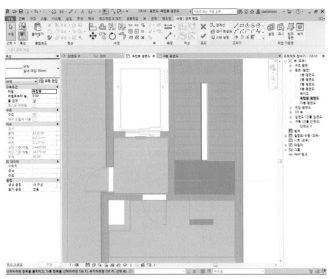

34 옥탑층 평면으로 이동해서 바닥 마감을 작성하고 모델 작성을 완료하겠습니다. 모델에 디테일한 부분까지 모두 다룰 수 없음을 양해바랍니다.

01 패밀리를 수정하겠습니다. 특정 패밀리를 수정하고 프로젝트에 적용하면 기존에 있던 모든 패밀리들이 새롭게 적용됩니다. 3D뷰에서 구획상자를 체크하고 엘리베이터 실을 단면으로 보겠습니다. 모든 문에 엘리베이터가 달려있습니다. 이것을 하나만 남기고 나머지는 안 보이도록 수정하겠습니다. 엘리베이터 패밀리 중 하나를 선택하고 '수정/특수 시설물 - 모드 - 패밀리 편집'을 클릭합니다.

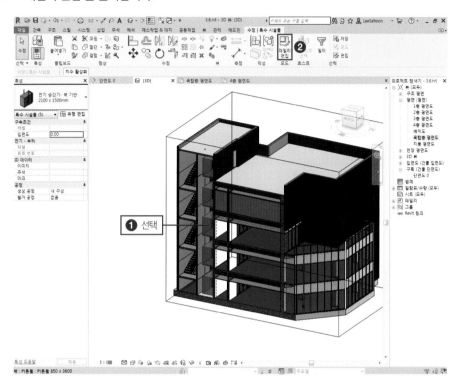

02 별도의 패밀리 파일이 열렸습니다. 각자의 패밀리 파일이 조합되어 하나의 프로젝트 파일이 되는 것입니다. 계단을 수정할 때 사용했던 작성 탭이 있습니다. 계단에서와 마찬가지로 자유로운 형상을 만들 수 있습니다. 패밀리의 제작이나 기능은 한 Chapter 이상을 할애해야 할 정도로 복잡하고 내용이 많습니다만, 가장 기본적인 요소만 수정해 보겠습니다.

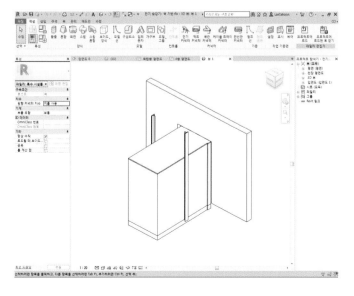

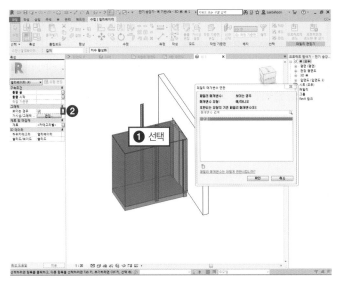

03 문과 벽을 제외하고 나머지 개체들을 선택합니다. 특성 창 - 그래픽 - 보이는 경우가 체크되어 있습니다. 프로젝트에서 개체가 보이는 여부를 결정하는 것입니다. 그 옆에 작은 사각형 버튼을 클릭합니다. 패밀리 매개변수 연관 창이 나타납니다.

04 매개변수라는 말은 어려워 보이지만, 어떤 값을 변경했을 때 개체가 변하는 항목의 이름을 매개변수라고 합니다. 예를 들어 벽의 간격띄우기 값을 변경하면 그 값에 따라 벽의 높이가 달라집니다. '간격띄우기'라는 매개변수가 가지는 값을 변경했기 때문에 벽의 높이가 바뀌는 것입니다. 현재 창에 매개변수가 없기 때문에, 매개변수 추가를 클릭합니다.

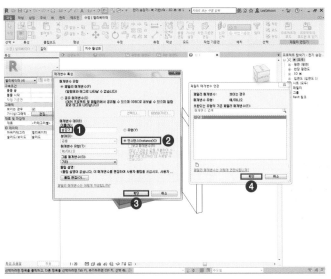

05 이름에 승강기로 입력합니다. 그리고 오른쪽에 유형과 인스턴스 두 가지가 있습니다. 유형은 해당 패밀리 유형 전체가 적용 받는 것이고 인스턴스는 선택된 개체 하나만 적용 받습니다. 인스턴스에 체크하고 차례로 확인을 클릭합니다.

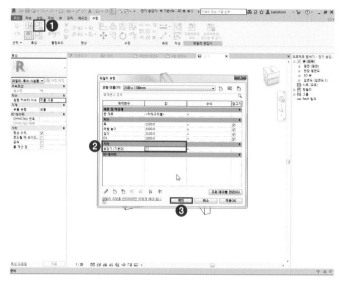

06 패밀리 유형을 클릭합니다. 패밀리 유형 창에 기타 - 승강기 (기본 값)이라는 항목이 생성되었습니다. 체크가 되어 있는 것을 체크 해제하고 확인을 클릭합니다. 이전에 선택한 개체들이 보이는 경우에 매개변수 '승강기'를 만들고 기본적으로 보이지 않게 한 것입니다.

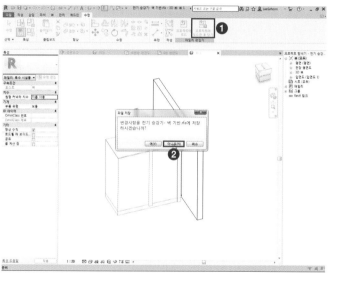

07 리본 메뉴 우측에 프로젝트에 로드한 후 닫기를 클릭하면 변경된 패밀리 파일을 저장할지 여부를 물어보는 창이 나타납니다. 패밀리 파일을 저장하려면 '예'를 클릭하고, 기존 파일은 놔두고 현재 프로젝트에서만 적용하려면 '아니요'를 클릭합니다. 지금은 기본 패밀리 파일이므로 '아니요''를 클릭하겠습니다.

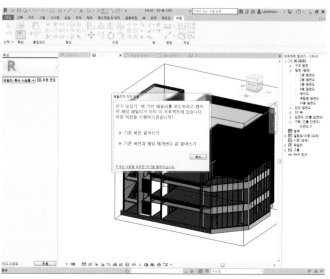

08 새로운 패밀리가 프로젝트에 로드되면서 같은 이름이 있기 때문에 어떤 작업을 수행할지 물어보는 창이 나타납니다. 패밀리 수정에서 매개변수 변경 여부에 따라 패밀리만 덮어쓸 것인지 기존 매개변수 값까지 덮어쓰기 할지 물어 보는 것입니다. 기존의 매개변수 값을 변경한 게 없기 때문에 아무거나 선택합니다.

09 그러자 3D뷰에서 모든 엘리베이터 박스가 숨겨졌습니다. 중간층에 있는 엘리베이터 문을 선택하고 특성 창을 보면, 기타 항목에 승강기라는 매개변수가 생기고 체크 박스가 해제되어 있는 것을 알 수 있습니다. 체크하면 선택된 하나만 엘리베이터 박스가 나타나게 됩니다.

05번그림에서 패밀리의 유형특성을 정의할 때 인스턴스를 선택했기 때문에 승강기 체크가 특성 창에 있습니다. 유형을 선택했다면 유형 편집에 생성돼서 패밀리 전체가 영향을 받게 됩니다.

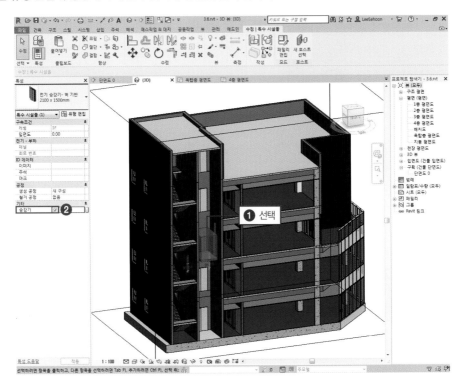

10 패밀리는 해외의 여러 사이트에서 다운받아 사용할 수 있습니다.

https://www.revitcity.com 등이 대표적인 사이트입니다.

Memo:

시트 작성

이번 Part는 시트 작성에 대해서 알아보겠습니다. Revit 자체가 2D → 3D가 아닌 3D → (2D and 4D, 5D, ...)의 과정에 가깝습니다. 작성된 3D모델 자체를 어느 한 면에서 끊어서 보는 것이 뷰이고, 그 뷰에 주석을 달아 주는 것이 주된 시트 작업입니다.

01 뷰 생성

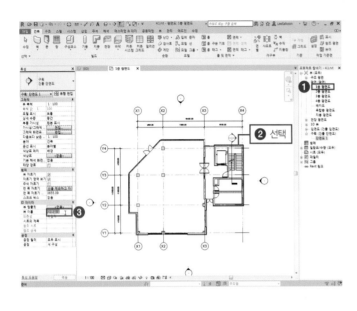

01 이전 Part에서 단면 뷰를 하나 생성했습니다. 이번 Part에서는 뷰를 생성 및 복제하고 그 뷰를 컨트롤 하는 방법에 대해서 알아보겠습니다. 1층 평면도를 열고 단면도 0의 태그를 선택합니다. 프로젝트 탐색기에서 뷰를 선택하고 특성 창에서 ID 데이터 항목에 뷰 이름을 '단면도 1'로 변경합니다.

02 또 선택된 뷰를 보면 점선으로 영역이 표시되어 있고 각 방향으로 화살표가 표시됩니다. 다른 뷰는 닫고 1층 평면과 단면도1 뷰를 열어서 창을 정렬하겠습니다. 그리고 단면도 태그를 다시 선택하면 단면 뷰의 테두리가 활성화됩니다. 즉 평면뷰에서 뷰 태그를 선택했을 때 나타나는 점선은 단면뷰의 영역입니다.

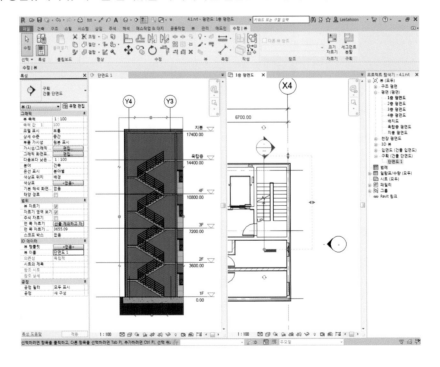

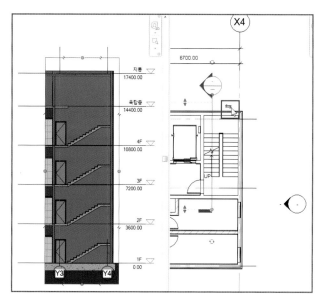

03 단면도 뷰 태그는 문과 마찬가지로 양쪽 화살표가 표시되는데 클릭하면 단면도의 방향이 전환됩니다. 클릭해서 반전시켜 보겠습니다.

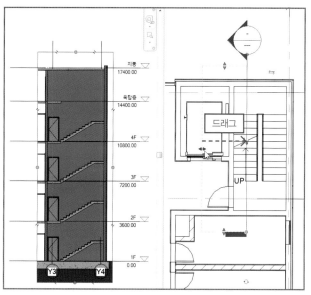

04 단면도가 보여 지는 깊이 값을 변경할 수도 있습니다. 평면도에서 태그를 선택했을 때 나타나는 화살표 중 앞쪽 화살표를 드래그 하거나, 특성 창에서 범위 - 먼 쪽 자르기 간격 수치를 조절해서 뷰 깊이를 조절할 수 있습니다. 즉, 태그와 앞쪽 화살표의 거리가 특성 창의 먼 쪽 자르기 간격입니다. 화살표를 끌어보겠습니다.

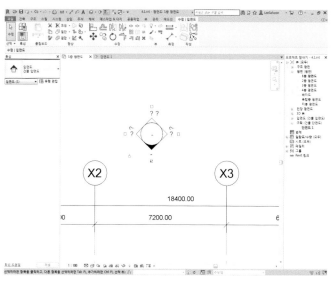

05 이번에는 입면도 뷰 태그를 살펴보겠습니다. 입면도 뷰 태그는 두 가지로 구성되어 있습니다. 그렇기 때문에 원을 클릭했을 때와 검은 삼각형을 클릭했을 때가 다릅니다. 원을 클릭하면 사방으로 체크 박스가 나타나고 입면도가 있는 부분은 체크되어 있습니다. 하나의 기호에 4개 뷰를 작성할 수 있는 것입니다.

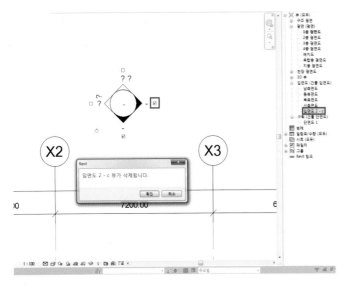

06 체크를 하면 뷰가 새로 만들어지고 체크를 해제하면 작성된 뷰가 삭제됩니다. 삭제된 뷰에서 작업된 주석이나 태그들도 삭제되기 때문에 삭제할 때는 주의해야 합니다. 오른쪽 체크 박스를 체크해서 뷰를 만들었다가 체크 해제 했을 때의 모습입니다. 만들어진 뷰는 프로젝트 탐색기 - 입면도에서도 찾을 수 있습니다.

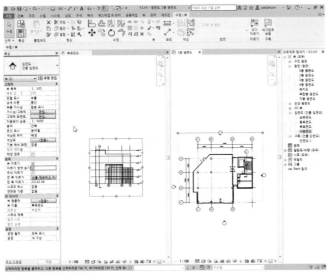

07 입면도 뷰 태그의 삼각형을 더블클릭해서 해당 뷰를 열고, 삼각형을 다시 선택해 보겠습니다. 단면도 태그와 유사한 특성을 가집니다. 특성 창에서 뷰 자르기와 자르기 영역보기를 체크합니다. 단면도와 마찬가지로 좌우 영역이 생기면서 범위를 조절할 수 있습니다.

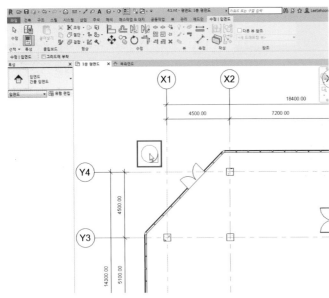

08 새로운 위치에 입면도 뷰를 생성해 보겠습니다. '뷰 - 작성 - 입면도'를 클릭합니다. 마우스를 건물 근처로 가져가면 가까운 벽의 방향에 따라 입면도 태그가 자동으로 회전합니다. 클릭하면 입면도가 작성됩니다.

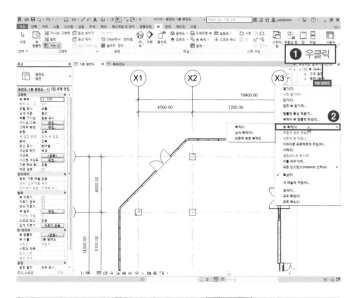

09 이번에는 뷰를 복제하는 방법을 알아 보겠습니다. 시트 작업을 할 때는 기존에 있는 뷰를 복제해서 사용합니다. 모델을 수정하면서 여러 가지 태그나 주석이 있으면 불편할 때가 많기 때문에 시트에 들어갈 뷰를 복제해서 사용합니다.

프로젝트 탐색기에서 1층 평면도를 선택하고 우클릭 - 뷰 복제를 선택합니다. 뷰 복제는 복제, 상세 복제, 의존적 뷰로 복제 3가지가 있습니다.

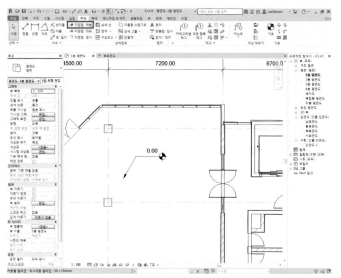

10 '복제'는 2D 패밀리처럼 현재 뷰에서만 보이는 2D 요소들을 제외하고 복제하고, '상세 복제'는 모두 포함해서 복제합니다. 예를 들어 보겠습니다. '주석 - 치수 - 지정점 레벨'을 클릭합니다. 1층 바닥에 클릭해서 지정점 레벨 태그를 작성합니다.

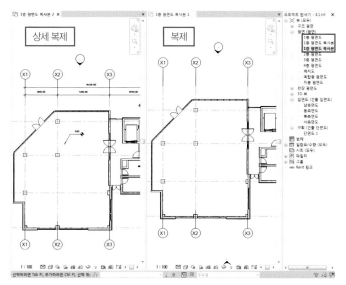

11 프로젝트 탐색기에서 1층 평면도를 선택하고 '우클릭 - 뷰 복제- 복제'를 클릭하고 다시 1층 평면도를 선택해서 '우클릭 - 뷰 복제 - 상세 복제'를 클릭합니다. 그냥 복제한 뷰는 태그가 없고, 상세 복제한 뷰는 태그가 있습니다.

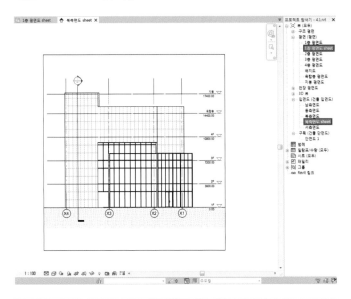

12 복사한 뷰 하나를 선택해서 '우클릭 - 삭제'로 지우고, 태그도 삭제 합니다. 남은 복제된 뷰의 이름을 '1층 평면도 sheet'로 변경합니다. 입면도 중에는 북측면도를 복제하고 이름을 '북측면도 sheet'로 변경합니다.

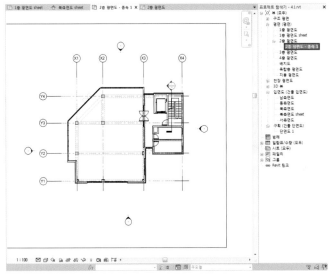

13 의존적 복제는 대상 뷰의 특성과 설정을 그대로 따라가는 뷰입니다. 2층 평면도를 선택하고 '우클릭 - 뷰 복제- 의존적 뷰로 복제'를 클릭합니다. 뷰가 트리구조의 하위에 위치하게 됩니다.

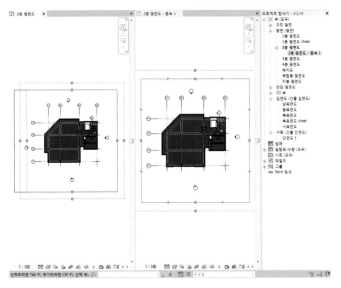

14 하나의 뷰 설정을 변경하면 연관된 뷰들이 모두 같은 설정으로 변경되는 것을 확인할 수 있습니다.

치수선 작성

CHAPTER 02

여러 치수선의 종류와 사용법에 대해서 학습합니다.

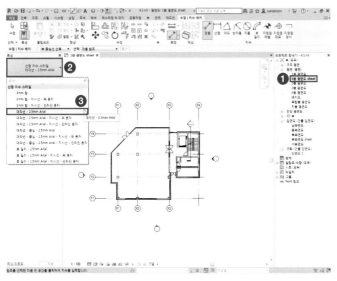

01 1층 평면도 sheet뷰를 열고 치수선을 작성하겠습니다. '주석 - 치수 - 정렬'을 클릭합니다. 치수선 또한 패밀리이기 때문에 여러 가지 유형을 선택할 수 있고, 편집할 수 있습니다. 특성 창에서 유형을 클릭하면 여러 가지 정의된 유형이 있는 것을 확인할 수 있습니다.

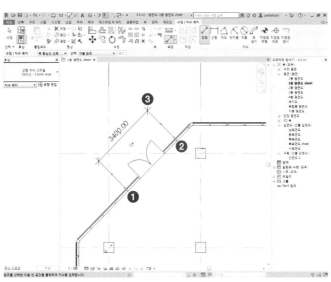

02 정렬이 선택된 상태로 마우스를 사선으로 작성된 커튼월 그리드의 두 지점을 클릭해서 치수선을 배치해 보겠습니다.

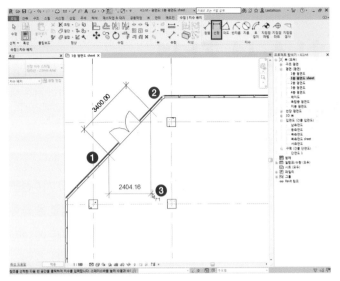

03 '주석 - 치수 - 선형'을 같은 위치에 클릭해서 배치해 보겠습니다. 마우스 위치에 따라 수직방향 혹은 수평방향으로 치수선이 작성됩니다.

마우스의 위치에 따라 가로 혹은 세로 방향으로 치수선을 작성하는 기능입니다.

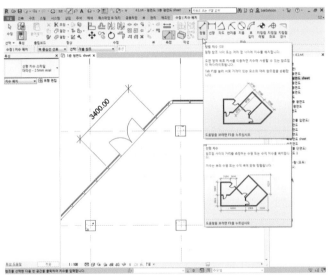

04 마우스를 가져가면 나오는 도움말에서 둘의 차이를 쉽게 알 수 있습니다. 그래서 대부분 정렬 명령을 이용해서 치수선을 작성합니다.

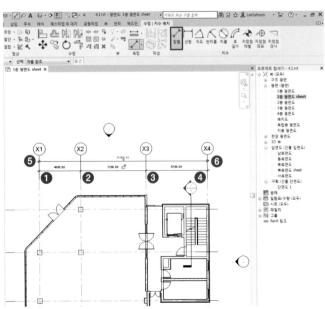

05 그리드에 치수선을 작성하겠습니다. '주석 - 치수 - 정렬'을 클릭하고 X열 그리드 선들을 차례로 클릭해서 치수선을 작성합니다. 이어서 X1열과 X4열을 클릭해서 전체 치수선을 작성합니다. 그리드와 겹쳐지면 그리드 버블 위치를 드래그해서 옮기고 작성합니다.

치수선이 두 개 이상 작성될 때는 설정된 거리에 따라 스냅이 잡히게 됩니다.

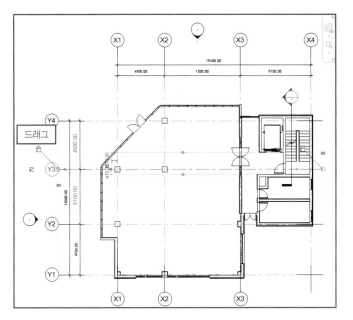

06 마찬가지의 방법으로 Y열도 치수선을 작성합니다. 그리드와 치수선이 겹쳐지지 않게 그리드 헤드나 단면도 뷰 태그를 적당히 옮겨주겠습니다. 치수선 또한 작성 완료 후 선택하면 드래그로 쉽게 이동이 가능합니다.

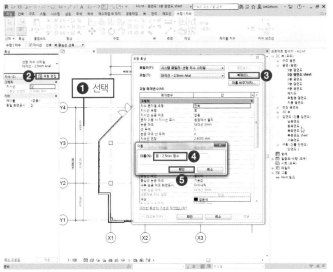

07 건물 매스를 작성할 때 프로젝트의 기본 표기 단위를 소수점 2자리까지 설정했습니다. 프로젝트의 기본 표시 단위는 그대로 두고 치수선의 표시 단위만 변경하겠습니다. 작성된 치수선을 선택하고 유형 편집을 클릭합니다. 복제를 클릭하고 이름을 '점 - 2.5mm 정수'로 변경하겠습니다.

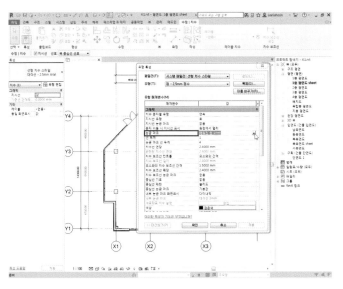

08 치수선도 하나의 2D패밀리이기 때문에 특성을 변경하면 같은 유형의 치수선들이 모두 변경됩니다. 유형 특성 창의 그래픽 - 눈금 마크를 채워진 점 1mm로 변경합니다. 그 외에 다른 유형 매개변수들을 수정하면 치수선 스타일을 상세하게 수정할 수 있습니다.

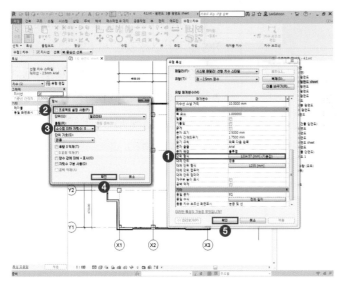

09 유형 특성 창의 문자 - 단위형식이 기본 값으로 되어 있습니다. 프로젝트의 설정을 따르겠다는 뜻입니다.

클릭하고 프로젝트 설정 사용을 체크 해제합니다. 소수점 이하 자릿수:0 으로 변경하고 차례로 확인을 클릭합니다.

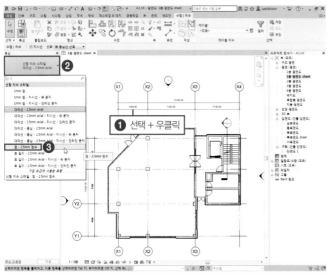

10 선택된 치수선만 변경 되었습니다. 다른 치수선을 선택하고 우클릭 - 모든 인스턴스 선택 - 뷰에 나타남을 클릭하고 유형을 새로 만든 '점 - 2.5mm 정수'로 변경합니다.

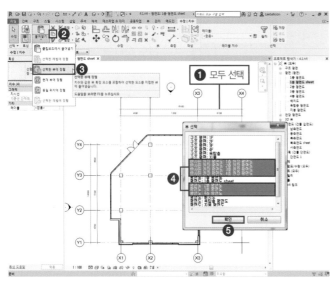

11 치수선은 2D패밀리라고 했습니다. 다른 평면 뷰를 열어도 당연히 치수선은 보이지 않습니다. 치수선을 선택하고 '우클릭 - 모든 인스턴스 선택 - 뷰에 나타남'을 클릭해서 현재 뷰의 치수선을 모두 선택하고 클립보드에 복사, 붙여넣기 - 선택한 뷰에 정렬을 클릭합니다. 붙여넣기 가능한 평면 뷰가 모두 리스트에 표시됩니다. 몇 개의 뷰를 선택해서 확인을 클릭합니다.

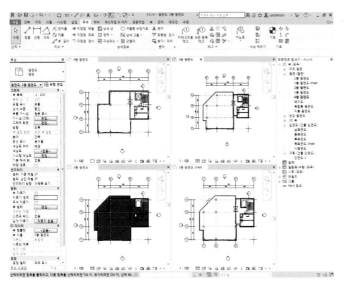

12 붙여넣기 한 평면 뷰를 열어보면 같은 치수선이 작성된 것을 확인할 수 있습니다. 2D 패밀리이기 때문에 하나의 뷰에서 위치 등을 수정해도 다른 뷰에서는 수정되지 않습니다. 그리드의 위치를 변경하면 당연히 모든 뷰에서 치수가 변경됩니다.

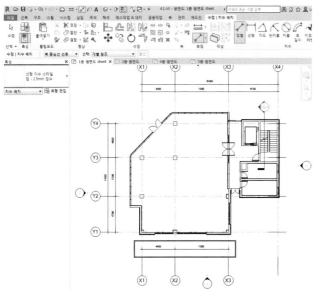

13 치수선에 대해서 조금 더 자세하게 알아보겠습니다.

이미 작성된 치수선에 치수를 추가하거나 삭제해보겠습니다. 남측에 다음과 같이 치수선을 작성합니다.

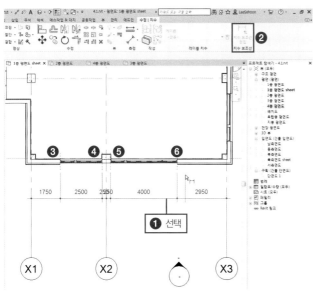

14 명령을 완료하고 작성된 치수선을 선택합니다. '수정/치수 - 치수 보조선 - 치수 보조선 편집'을 클릭하고 커튼월의 끝으로 마우스를 가져가면 커튼월 벽의 끝이 점선으로 잡힙니다. 커튼월 끝 선들을 차례로 클릭해서 치수선을 분할합니다.

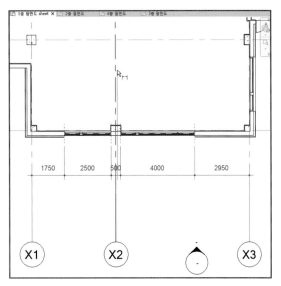

15 모두 배치했을 때 가운데 X2열은 기존 그리드와 커튼월 끝의 간격이 가까워서 두 개의 치수가 겹쳐져 보입니다. X2열 그리드를 클릭하면 X2열을 참조하던 치수선이 삭제됩니다. 커튼월 그리드의 세그먼트를 추가/삭제할 때, 기존에 있는 세그먼트를 클릭하면 삭제가 되고, 없는 부분을 클릭하면 생기는 것과 비슷합니다.

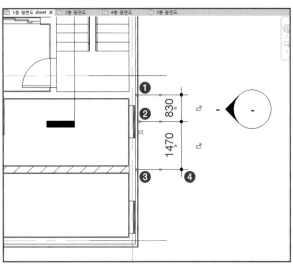

16 화장실 창문에 치수선을 새로 작성해 보겠습니다. '주석 - 치수 - 정렬'을 클릭합니다. 벽의 중심선, 창의 중심선, 벽의 중심선을 차례로 클릭해서 치수선을 작성합니다. 새로 치수선을 작성하거나, 작성된 치수선을 선택해보면 주변에 EQ라는 문자가 빨간색 사선으로 그어져 있습니다.

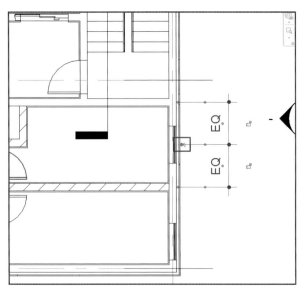

17 빨간색 사선이 그어진 EQ를 클릭합니다. 그러면 두 치수가 EQ로 변경되고 창문의 위치가 이동됩니다.

두 치수선 값을 같은 간격으로 변경하는 것입니다. 가운데 치수선이 창의 중심을 참조했기 때문에 창 위치가 두 벽의 가운데에 위치하게 됩니다.

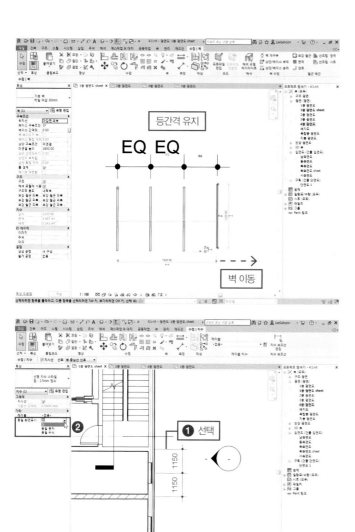

18 다음과 같이 여러 개의 벽을 참조하는 치수선을 작성하고 EQ를 클릭해서 간격을 일정하게 했을 때, 벽의 위치를 수정하게 되면 다른 벽의 위치도 간격을 맞추기 위해 이동되는 것을 확인할 수 있습니다.

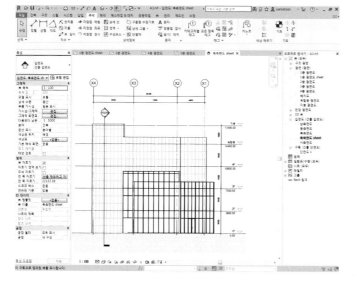

19 EQ표시는 치수선을 선택하고 특성 창에서 동일 화면 표시를 동일 문자나 값으로 표시되게 변경할 수 있습니다. 등 간격을 해제하려면 다시 EQ를 클릭해서 해제해야 합니다.

20 북측면도 sheet뷰도 치수선을 작성합니다.

03 CHAPTER

룸 작성

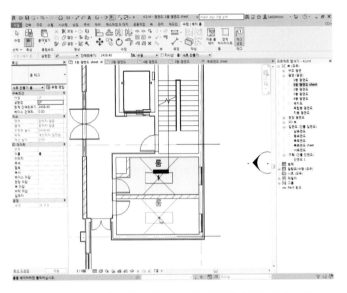

01 룸을 작성하겠습니다. 룸은 보이지는 않지만 면적과 공간을 정의하는 건축 요소이고, 룸 태그는 룸의 정보를 표현해 주는 2D 패밀리입니다. 1층 평면도 sheet뷰에서 '건축 - 룸 및 면적 - 룸'을 클릭합니다. 옵션 바에서 간격띄우기 값을 2400으로 변경하고 마우스를 화장실 쪽으로 가져가면 화장실 마감벽을 기준으로 경계가 자동으로 표시됩니다. 클릭하면 룸과 룸 태그가 배치됩니다. 화장실 위아래 모두 클릭해서 배치합니다.

02 명령을 완료하고 작성된 룸을 선택합니다. 룸을 선택할 때는 작성된 룸 태그 위에서 [Tap] 키를 누르던가, 마우스를 태그 주변으로 가져가면 룸 경계가 표시될 때 클릭해서 선택합니다.

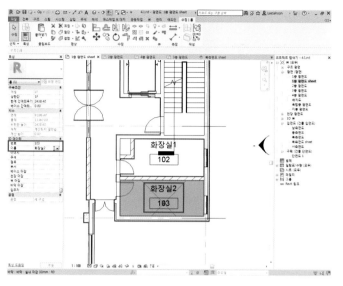

03 룸이 선택되었으면 특성 창을 보겠습니다. 특성 창의 ID 데이터에 번호, 이름 등의 매개변수가 있습니다. 두 개의 룸 각각 번호에 102, 103을 입력하고 이름을 화장실 1, 화장실2로 입력합니다. 그러면 룸 태그가 자동으로 함께 변경되는 것을 확인할 수 있습니다.

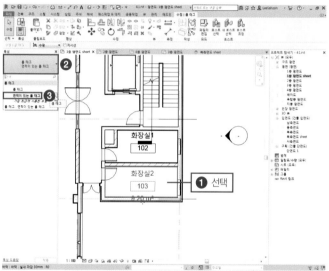

04 이번에는 룸 태그를 선택해 보겠습니다. 선택하면 해당 룸의 경계가 붉은 선으로 표시됩니다. 특성 창에서 유형을 클릭하고, 면적이 있는 룸 태그로 변경합니다. 태그에 룸의 면적이 함께 표시됩니다.

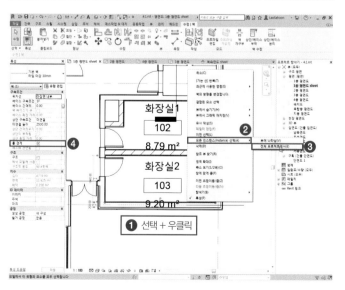

05 룸은 기본 설정이 벽의 마감 면을 경계로 배치되도록 되어 있습니다. 즉 기본 설정은 안목치수로 면적이 계산되었습니다. 안목치수로 면적을 계산한다면, 설정을 변경하지 않아도 됩니다. 중심선을 기준으로 면적을 구하려면 설정을 변경하고 마감벽을 경계로 인식하지 않도록 해야 합니다. 먼저 화장실 마감벽을 선택하고 '우클릭 - 모든 인스턴스 선택 - 전체 프로젝트에서'를 클릭합니다. 특성 창에서 룸 경계를 체크 해제합니다.

06 일반마감 - 30mm벽도 모두 선택하여 같은 방식으로 룸 경계를 체크 해제합니다.

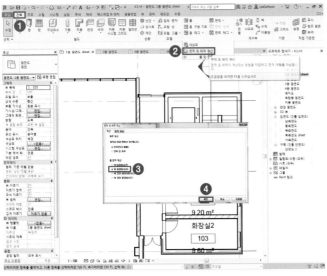

07 경계면을 변경하기 위해 '건축 - 룸 및 면적'을 클릭해서 확대하면 나오는 면적 및 체적 계산을 클릭합니다. '룸 면적 계산 - 벽 중앙에서'를 체크하고 확인을 클릭합니다.

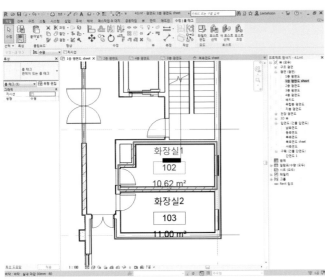

08 룸 태그를 선택해 보면 경계가 구조벽과 조적 벽의 중심선으로 변경되었습니다.

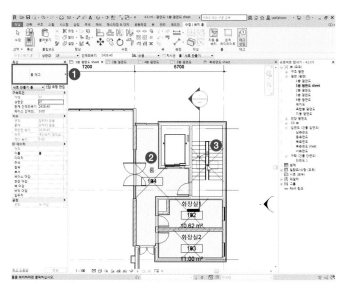

09 복도와 계단실에도 룸을 배치하겠습니다. '건축 - 룸 및 면적- 룸'을 클릭하고 특성 창에서 유형을 면적이 있는 룸 태그로 변경합니다. 복도와 계단실을 차례로 클릭해서 룸을 배치합니다.

10 룸을 선택해서 특성 창에서 이름을 변경거나, 룸 태그를 선택하고 이름 부분을 클릭하면 직접 수정할 수 있습니다. 어떤 방식으로 수정하든 상관없습니다.

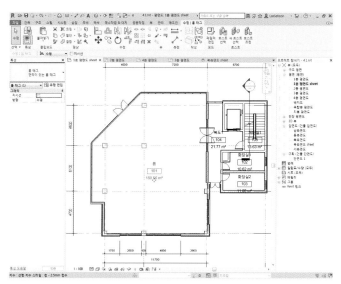

11 '건축 - 룸 및 면적- 룸'을 클릭하고 전용 공간에 룸을 배치합니다. 배치하고 태그를 선택해서 번호를 클릭하고 101로 변경합니다. 룸의 경계를 보겠습니다.

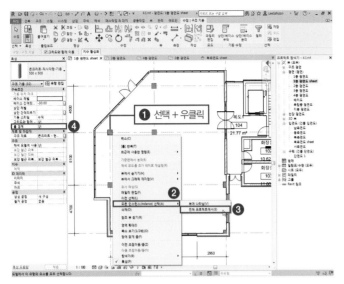

12 기둥이 면적에서 모두 제외되었습니다. 안목치수로 한다면 간단하겠지만 중심선으로 면적을 구하려면 기둥과 마감벽, 커튼월 때문에 조금 복잡해질 수 있습니다. 먼저 모든 기둥을 선택하고 특성 창에서 룸 경계를 해제합니다.

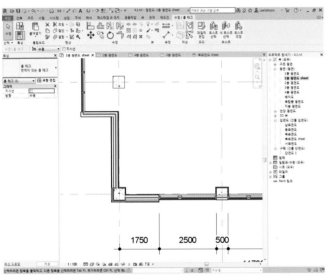

13 구조벽을 작성할 때 기둥의 끝단으로 작성하면 이미지와 같이 외장 마감벽으로 경계를 잡는 경우가 발생합니다. 이런 경우에는 벽을 연장하고 결합하는 방법이 편합니다.

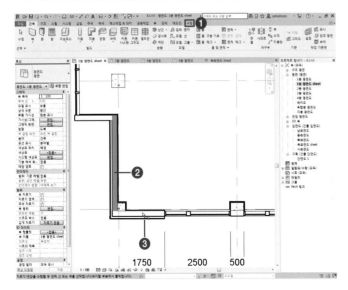

14 '수정 - 수정 - 코너 자르기/연장'을 클릭해서 벽을 순서대로 클릭합니다. 벽과 기둥은 자동으로 결합되고, 구조벽이 연결됩니다.

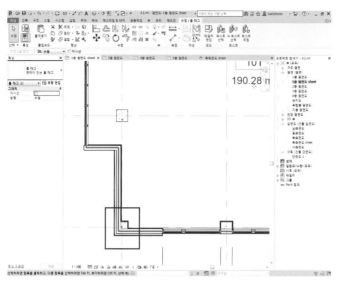

15 벽이 연결되면서 룸 경계가 원하는 대로 수정됩니다. 구조벽과 기둥의 재료를 다르게 했기 때문에 두 개체가 분리되어 보이는데, 구조벽의 재료를 변경하겠습니다.

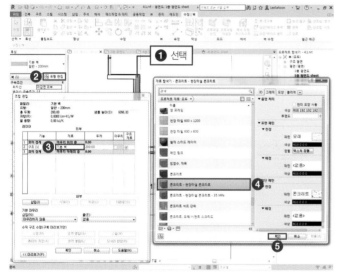

16 구조벽을 선택해서 유형 편집을 합니다. 재료를 기둥과 같은 '콘크리트 - 현장타설 콘크리트'로 변경합니다.

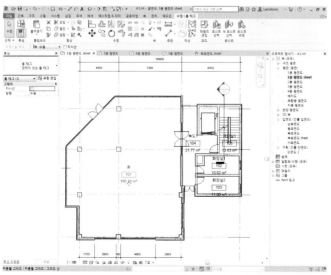

17 벽과 기둥이 형상 결합되고, 룸 경계도 정상적으로 수정되었습니다. 이처럼 안목 치수로 하면 간단한 작업이지만, 중심선으로 하게 되면 몇 가지 고려할 사항이 생겨납니다. 커튼월의 기준선 위치나, 공정, 물량산출 방법에 따라 벽과 기둥의 결합을 다르게 해야 할 경우도 있습니다.

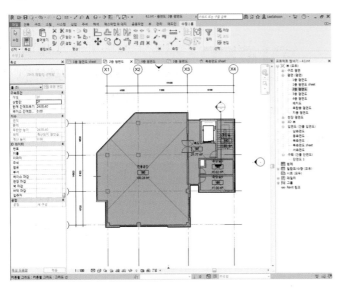

18 2층에 1층과 비슷하게 룸을 배치하겠습니다. 다른 층의 룸 배치도 실습해 보시길 바랍니다.

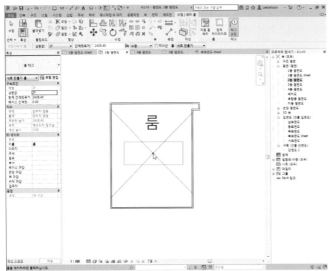

19 Revit의 기능적 한계로 인해 좁은 구간의 룸 경계가 이상하게 작성되는 경우가 발생합니다. 이미지처럼 작은 모퉁이 같은 곳이 생기게 되면 룸이 작성되지 않는 경우가 생깁니다. 아직까지 해결책이 없는 부분입니다.

20 저희 회사에서는 공동주택 단위세대 면적을 구분하기 위해 룸 기능 대신에 면적 기능을 사용합니다. 면적은 작은 틈도 제대로 인식하기 때문입니다. 자세한 내용은 LH활용 BIM 세부가이드를 참고하시기 바랍니다.

일람표

프로젝트에 사용된 구성요소 및 재료를 정량화하고 수량 및 재료 견적을 작성합니다. 일람표는 모델의 또 다른 뷰입니다.

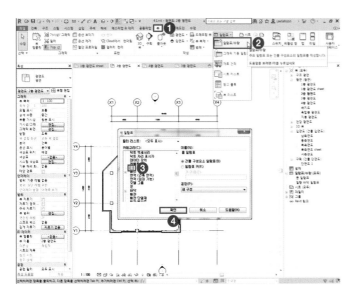

01 먼저 룸 일람표를 작성하겠습니다. '뷰 - 작성 - 일람표 - 일람표/수량'을 클릭합니다. 카테고리에서 룸을 선택하고 확인을 클릭합니다.

02 '사용 가능한 필드'에서 레벨, 면적, 번호, 이름을 선택하고 추가합니다. 일람표 필드(순서대로)에서 위/아래로 이동을 클릭해서 레벨 - 번호 - 이름 - 면적 순서로 정렬합니다.

03 정렬/그룹화 탭에서 정렬 기준에 레벨, 번호를 선택하고 레벨의 '바닥글'에 체크하고 '총계(G)'에도 체크합니다. 레벨 - 바닥글의 체크는 레벨별로 합계를 표시하는 것이고, 총계는 현재 작성된 룸 면적의 총 합계를 표시하기 위함입니다.

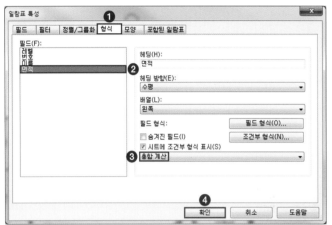

04 형식 탭에서 면적을 선택하고 총합 계산을 체크합니다. 정렬/그룹화 탭에서 체크한 총계에 면적의 합을 표시하는 것입니다. 확인을 클릭하면 룸 일람표가 작성됩니다. 각 층의 룸이 레벨별로 정렬되어 있고, 같은 레벨에서는 번호순으로 정렬되어 있습니다.

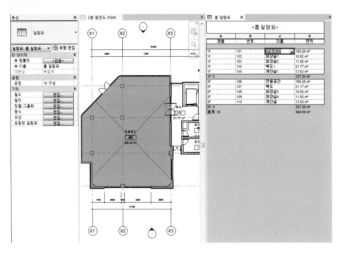

05 다른 뷰는 모두 닫고, 1층 평면도 sheet와 룸 일람표를 열어서 정렬합니다. (뷰 정렬 (WT)을 할 때는 일람표 뷰가 활성화되어 있으면 실행되지 않습니다.) 일람표에서 1층 룸 중 하나를 선택하면 평면 뷰에서 선택된 룸이 표시됩니다.

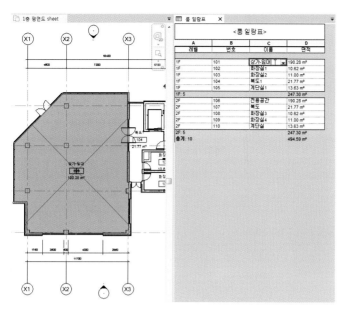

06 일람표에서 룸의 이름이나 번호를 수정해도 룸과 룸 태그에 반영됩니다.

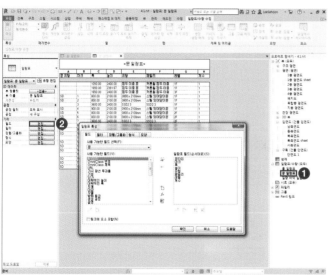

07 이어서 작성되어 있는 문 일람표를 수정해 보겠습니다. 프로젝트 탐색기의 문 일람표를 더블클릭해서 열어 줍니다. 특성 창에서 기타 항목의 필드 - 편집을 클릭합니다.

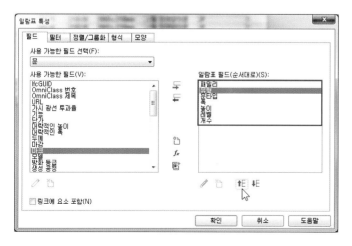

08 마크 항목은 제거하고 일람표 필드를 패밀리 - 유형 - 문타입 - 폭 - 높이 - 레벨 - 개수 순서로 정렬합니다.

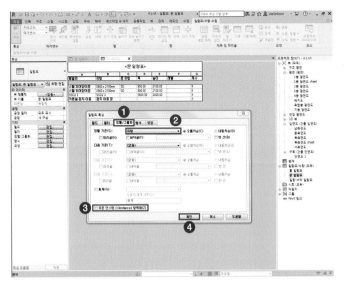

09 정렬/그룹화 탭에서 정렬 기준에 유형을 선택합니다. '모든 인스턴스 항목화'를 체크 해제하고 확인을 클릭합니다. 그러면 유형 우선으로 정렬이 되고, 같은 유형의 개체들은 하나로 표시됩니다. 개수 항목에 해당 유형의 개수가 나타납니다. 레벨 항목은 공통되지 않기 때문에 공란으로 표시됩니다.

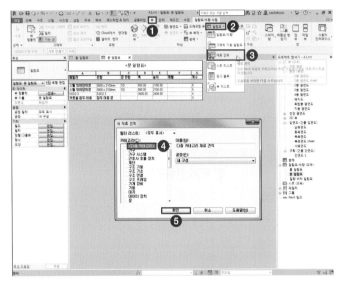

10 재료 일람표를 작성해서 프로젝트의 모든 콘크리트 물량을 산출해 보겠습니다. '뷰 - 작성 - 일람표 - 재료 견적'을 클릭합니다. 새 재료 견적 창에서 다중 카테고리를 선택하고 확인을 클릭합니다.

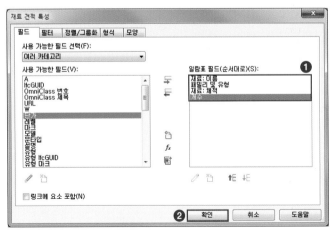

11 재료 견적 특성 창에서 재료: 이름, 패밀리 및 유형, 재료: 체적, 개수 항목을 순서대로 추가하거나, 추가해서 순서를 정렬하고 확인을 클릭하면 다중 카테고리 재료 견적이 작성됩니다.

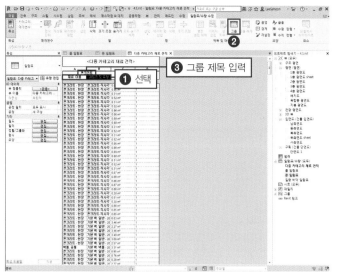

12 엑셀과 마찬가지로 행 제목의 경계로 마우스를 가져가면 행의 넓이를 조절할 수 있고, 시트 제목, 행 제목도 변경할 수 있습니다. 두 개의 행 제목을 선택해서 '일람표/수량 수정 - 제목 및 머리글 - 그룹'을 클릭하면 행 제목을 통합해서 작성할 수도 있습니다. 단 필드의 수치를 조정할 수는 없습니다.

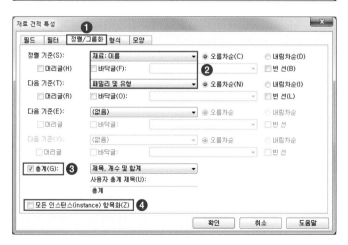

13 현재 일람표에는 모든 재료의 수량이 나타나 있습니다. 특성 창에서 필터 - 편집을 클릭합니다. 필터 기준에 '재료: 이름'을 선택하고 조건에 '포함하는 문자'를 선택합니다. 빈칸의 조건 입력에 '콘크리트'를 입력합니다. 재료 이름에 '콘크리트'가 포함된 유형만 필터링 돼서 일람표에 나타납니다.

14 정렬/그룹화 탭으로 넘어가서 정렬 기준에 '재료: 이름'을 선택하고 다음 기준에 '패밀리 및 유형'을 선택합니다. 모든 유형이 하나씩 나타난 것을 두 가지 항목으로 정렬시키는 것입니다. 총계는 체크하고 모든 인스턴스 항목화는 체크 해제합니다.

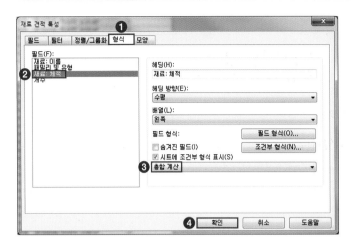

15 형식 탭으로 가서 재료: 체적을 선택하고 총합 계산을 체크하고 확인을 클릭합니다.

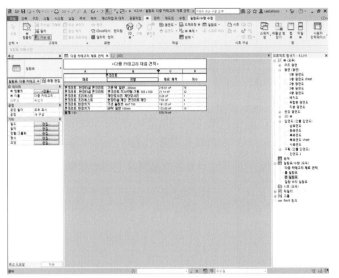

16 열의 제목을 변경하거나, 간격을 조절할 수 있습니다. 값들도 패밀리에서 유형이나 변수로 변경할 수 있는 것들은 일람표에서 직접 입력 가능하지만 자동으로 계산되어 나오는 값들은 변경할 수 없습니다.

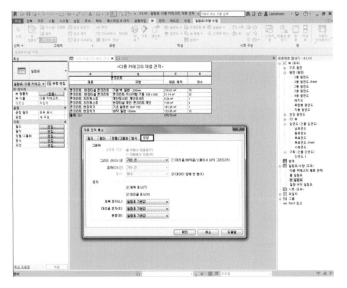

17 일람표의 모양 탭에서는 텍스트의 크기나, 표현 방법에 대해 설정할 수 있습니다. 일람표를 잘 활용하면 층별, 재료별, 유형별 등 여러 가지 방법으로 일람 작성 및 수량 산출이 가능합니다.

05 CHAPTER

태그 작성

태그는 도면에서 요소를 식별하기 위한 주석입니다. 패밀리 라이브러리의 모든 카테고리는 태그를 가집니다. 일부 태그는 자동으로 기본 Revit 템플릿과 함께 로드되는 반면 다른 태그는 사용자가 로드해야 합니다. 원하는 경우 주석 기호 패밀리를 작성하여 패밀리 편집기에서 태그를 직접 작성할 수 있습니다. 또한 패밀리에 대한 여러 태그를 로드할 수 있습니다.

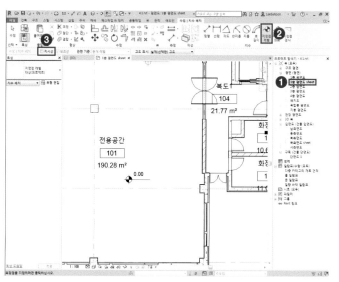

01 몇 가지 태그를 작성해 보도록 하겠습니다. 1층 평면도 sheet뷰로 이동하고, '주석 - 치수 - 지정 점 레벨'을 클릭합니다. 클릭하는 위치의 레벨을 표시하는 태그입니다. 옵션 바에서 지시선을 체크 해제하고 적당한 위치에 배치합니다. 배치 후 마우스로 방향을 한 번 더 클릭합니다.

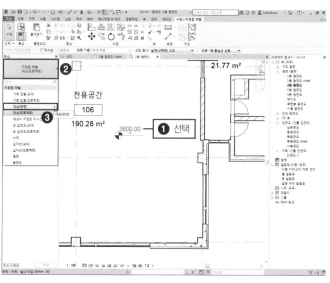

02 2층 평면도를 열어서 비슷한 위치에 지정점 레벨을 배치합니다. 같은 유형을 배치했는데 수치가 0레벨 기준 높이로 나오는 것을 확인할 수 있습니다. 지정점 레벨 태그를 선택하고 유형을 대상(관련)으로 변경하면 레벨 기준으로 되기 때문에 수치가 0으로 변경됩니다. 이처럼 필요에 따라 현재 마감 FL을 표기할건지, EL 높이를 표기할건지 선택할 수 있습니다.

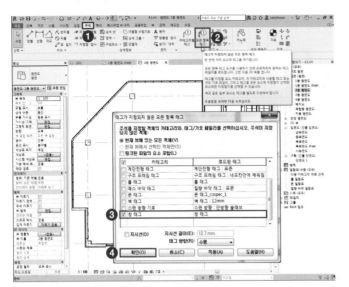

03 '주석 - 태그 - 모든 항목 태그'를 클릭합니다. 태그가 지정되지 않은 항목에 한 번에 태그를 넣을 수 있습니다. 창 태그를 선택하고 확인을 클릭합니다. 현재 뷰의 모든 창에 태그가 작성됩니다.

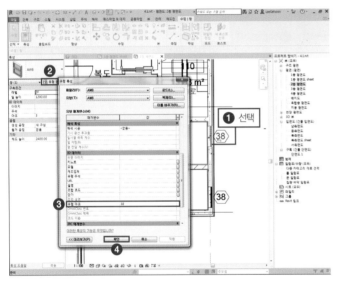

04 화장실 창에 자동으로 태그가 작성되었습니다. 창에 달린 태그의 38라는 숫자는 어떤 것을 나타내는지 확인해 보겠습니다. 화장실 창을 선택해서 유형 편집을 클릭합니다. 매개변수 중에 유형 마크의 값이 38로 되어 있습니다. 창 태그는 이 수치를 자동으로 인식하고 표기하는 것입니다. 확인을 클릭해서 유형 특성 창을 닫습니다.

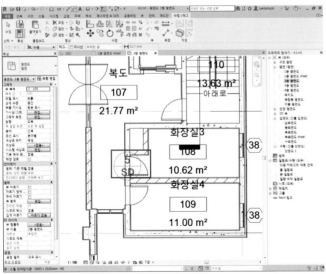

05 태그 패밀리마다 표시하는 매개변수가 다르기 때문에 이를 확인할 필요가 있습니다. 카테고리별 태그를 작성하면서 확인해 보겠습니다. '주석 - 태그 - 카테고리별 태그'를 클릭합니다. 지시선을 체크 해제합니다. 카테고리별 태그는 마우스 커서를 따라 그 위치에 있는 카테고리 태그를 하나씩 작성합니다. 화장실 문으로 마우스를 가져가서 클릭하면 문 태그가 작성됩니다.

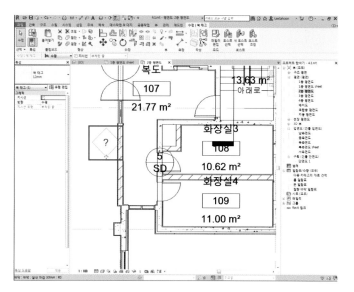

06 이어서 조적벽 위에서 클릭합니다. 벽 태그가 작성되었는데 물음표가 표시됩니다. 명령을 완료하고 문과 벽 태그를 선택해서 확인해 보겠습니다.

07 문 태그를 먼저 선택하고 '수정/문 태그 - 모드 - 패밀리 편집'을 클릭합니다. 문 태그 패밀리 파일이 열렸습니다.

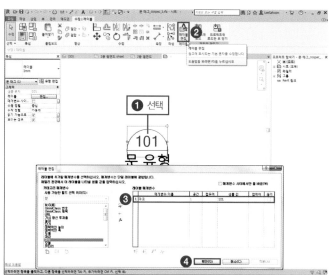

08 101이라 표시되어 있는 레이블을 선택하고 '수정/레이블 - 레이블 - 레이블 편집'을 클릭합니다. 매개변수 이름이 마크로 되어 있습니다. 확인을 클릭합니다.

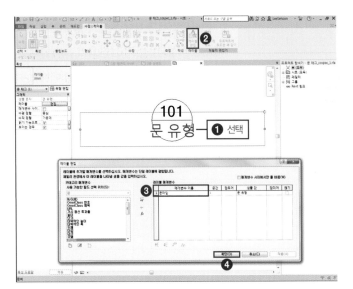

09 이번에는 문 유형 텍스트를 선택하고 '수정/레이블 - 레이블 - 레이블 편집'을 클릭합니다. 역시 매개변수 이름이 문타입으로 되어 있습니다. 확인을 클릭합니다.

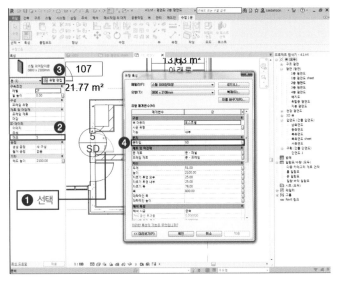

10 패밀리 수정 파일을 닫습니다. 저장은 따로 하지 않습니다. 원래 프로젝트로 돌아와서 문을 선택하고 특성 창을 보겠습니다. 특성 창에 ID데이터 - 마크의 값이 5로 되어 있는 것이 문 태그에 적용되어 있는 것을 확인할 수 있습니다.

유형 편집을 클릭해서 '문타입'을 찾아보면 문타입에 SD로 표기되어 있는 것을 확인할 수 있습니다.

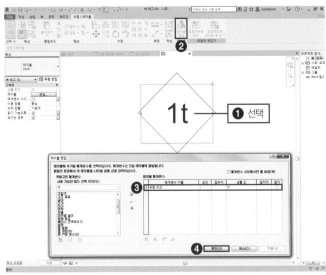

11 이번에는 벽 태그를 선택하고 패밀리 편집을 클릭합니다. 마찬가지로 벽 태그 파일이 오픈됩니다. 1t 텍스트를 선택하고 '수정/레이블 - 레이블 - 레이블 편집'을 클릭합니다. 유형 마크로 되어 있는 것을 확인하고 패밀리 파일을 닫습니다.

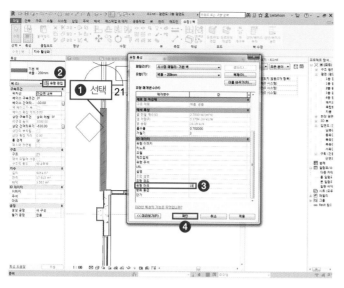

12 조적벽을 선택하고 유형 편집을 클릭해서 유형 마크 항목을 찾습니다. ID데이터 - 유형 마크가 비어 있습니다. 그래서 벽 태그를 선택하면 물음표 표시가 되었던 것입니다. 유형 마크 값에 1B를 입력하고 확인을 클릭합니다.

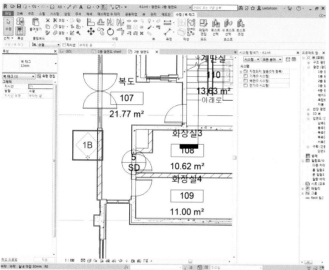

13 벽 태그에 1B가 표시되었습니다. 태그 패밀리에서 내용 확인뿐만 아니라 문 태그처럼 여러 가지 레이블을 추가하거나 변경해서 정보들을 표시되게 할 수도 있습니다. 혹은 여러 정보를 나타내는 태그 패밀리를 로드해서 사용합니다. 레이블을 추가하는 방법은 이어서 설명할 재료 태그를 참고합니다.

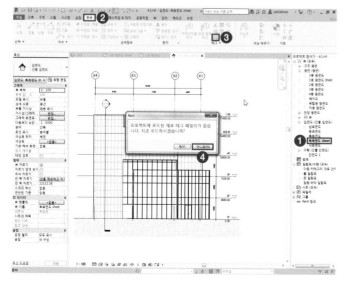

14 북측면도 sheet뷰로 이동해서 재료 태그를 작성해 보겠습니다. '주석 - 태그 - 재료 태그'를 클릭합니다. 프로젝트에 로드된 재료 태그 패밀리가 없습니다. '아니요'를 클릭하고 새로운 태그 패밀리를 만들어 보겠습니다.

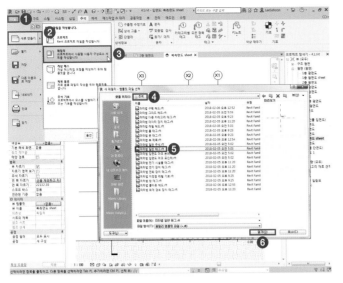

15 파일 - 새로 만들기 - 패밀리를 클릭합니다. '주석 - 미터법 일반 태그'를 선택하고 열기를 클릭합니다.

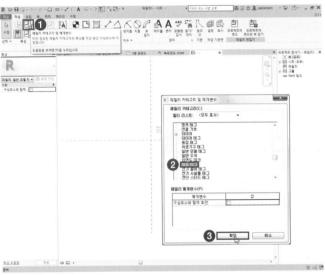

16 새 패밀리 태그 파일이 열렸습니다. 메모되어 있는 텍스트를 한번 읽어보시면 좋습니다. 패밀리 카테고리 및 매개변수를 클릭하고 나타나는 창에서 재료 태그를 선택하고 확인을 클릭합니다. 작성하는 태그의 카테고리를 지정하는 것입니다.

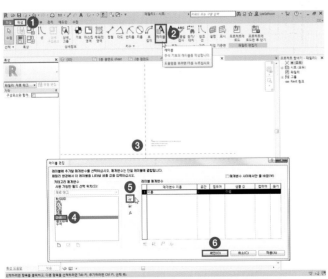

17 '작성 - 문자 - 레이블'을 클릭하고 참조선의 교차점 부분을 클릭하면 레이블 편집 창이 나타납니다. 이름을 선택하고 레이블에 매개변수 추가를 클릭하고 확인을 클릭합니다.

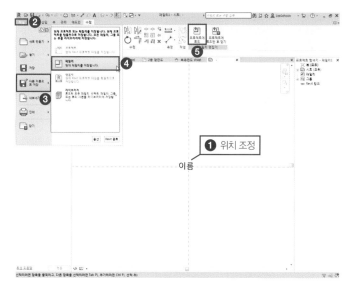

18 명령을 완료하고, 레이블 위치가 가운데가 아니면, 작성된 레이블을 선택하고 드래그해서 위치를 이동할 수 있습니다. 메모 텍스트는 선택해서 삭제합니다. '파일 - 다른 이름으로 저장 - 패밀리' 적당한 위치에 파일을 저장합니다. 이름은 '재료 태그 - 재료 이름'로 입력하고 저장합니다. 모두 되었으면 프로젝트에 로드한 후 닫기를 클릭합니다.

19 프로젝트 파일로 로드되고 북측면도 시트뷰에서 마우스를 가져가면 자동으로 재료 이름이 표시됩니다. 지시선을 체크하고 적당한 위치를 클릭하면 태그가 작성됩니다.

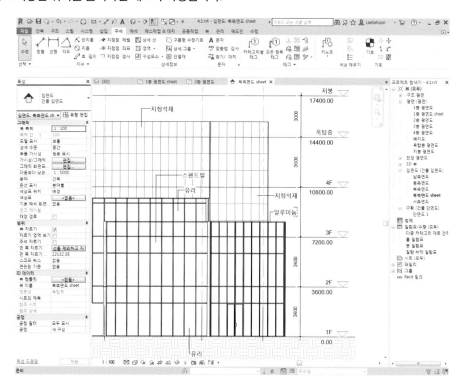

06 CHAPTER

시트 배치

Revit에서의 시트는 주로 도면 폼에 모델뷰와 범례, 일람표 등의 뷰를 넣고 2D요소를 추가하는 방식으로 작성됩니다. 시트에서 직접 작성되기보다는 해당 뷰에서 대부분 작성하고 배치합니다. 도면 폼 역시 수정하거나 로드해서 사용할 수 있는 패밀리입니다.

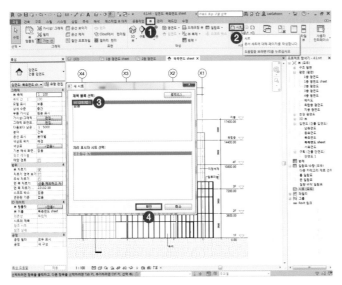

01 새로운 시트를 작성하고 뷰를 배치하겠습니다. '뷰 - 시트구성 - 시트'를 클릭합니다. A1 미터법을 선택하고 확인을 클릭합니다.

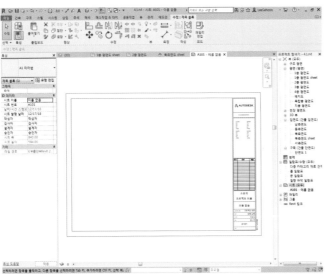

02 새로운 시트가 만들어졌습니다. 프로젝트 탐색기 - 시트 - A101 이름 없음 시트가 생성된 것을 확인할 수 있습니다. 도면 폼은 기본적으로 로드되어 있는 패밀리입니다. 태그와 마찬가지로 여러 텍스트와 선, 레이블로 구성된 하나의 패밀리입니다.

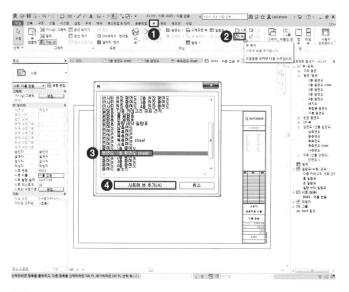

03 시트에 바로 뷰를 배치하겠습니다. '뷰 - 시트구성 - 뷰 배치'를 클릭합니다. 뷰 리스트에서 '평면도: 1층 평면도 sheet'를 선택하고 시트에 뷰 추가를 클릭합니다.

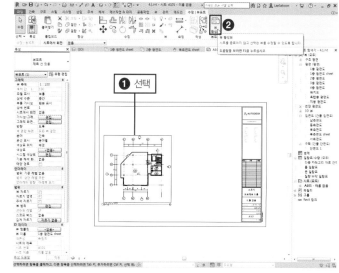

04 적당한 위치에 클릭해서 1층 평면도 sheet뷰를 배치합니다. A1 도면 폼이기 때문에 스케일이 작습니다. sheet뷰가 선택된 상태에서 뷰 활성화를 클릭합니다. 뷰 활성화 상태에서 수정하는 것은 그 뷰를 직접 열지 않고 그 뷰의 특성이나 모델을 수정하는 것입니다.

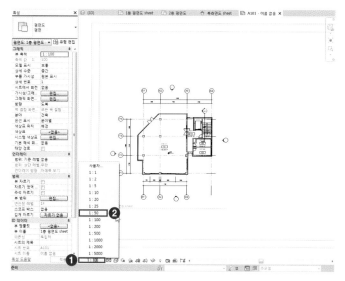

05 그러면 1층 평면도 sheet뷰를 직접 연 것과 같이 수정을 할 수 있습니다. 뷰의 축척을 1:50으로 변경하겠습니다. (뷰의 특성은 시트에 배치한 뷰를 선택하면 특성 창에서 수정할 수 있습니다. 예를 들기 위한 설명입니다.)

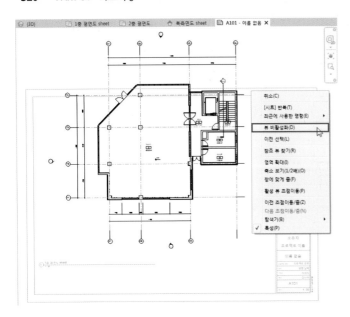

06 작업 창 빈 곳에서 우클릭 - 뷰 비활성화를 클릭합니다. 뷰 수정을 마무리하겠다는 명령입니다.

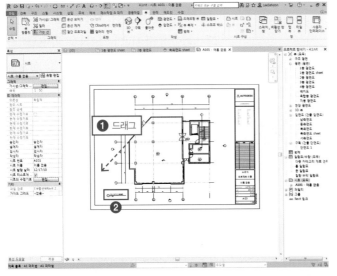

07 배치된 뷰를 선택해서 드래그로 위치를 이동합니다. 뷰포트 제목도 선택해서 드래그나 이동 명령을 이용해서 적당한 위치로 이동합니다. 뷰와 뷰포트 제목은 따로 선택해서 이동해야 합니다. 뷰를 선택하고 뷰포트 제목의 선 길이를 적당히 조절합니다. 배치 후 다시 뷰를 활성화해서 그리드나 치수선을 정리합니다.

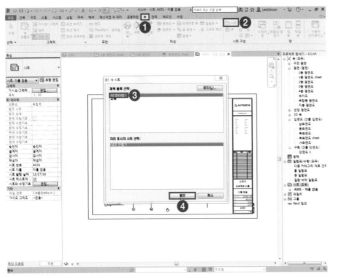

08 '뷰 - 시트 구성 - 시트'를 클릭해서 새로운 시트를 생성합니다.

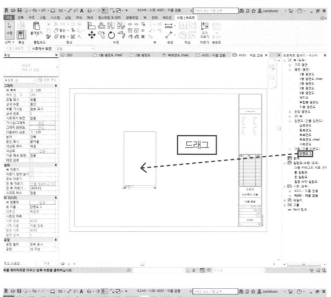

09 '뷰 - 시트구성 - 뷰'를 클릭해서 고르는 방식이 아닌 다른 방법으로 뷰를 배치해 보겠습니다. 프로젝트 탐색기에서 북단면도 1을 선택하고 작업화면으로 드래그합니다. 적당한 위치에 클릭하면 뷰가 배치됩니다.

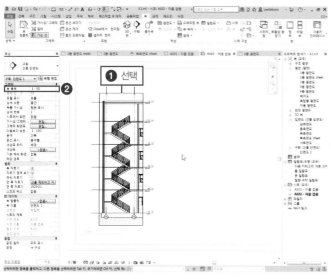

10 배치된 뷰를 선택하면 특성 창에서 뷰의 특성을 수정할 수 있습니다. 뷰 축척을 1:50으로 변경하고 적당하게 위치시켜 줍니다. 시트에 배치되는 뷰는 기본적으로 음영으로 설정합니다.

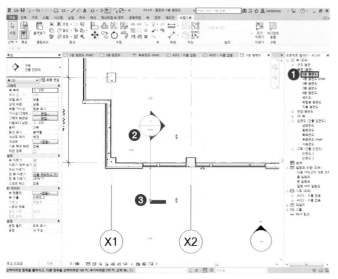

11 1층 평면도로 이동해서 외벽 단면 뷰를 추가 작성하고 시트에 배치하겠습니다. '뷰 - 작성 - 단면 뷰'를 클릭하고 아래 위치에 배치하겠습니다.

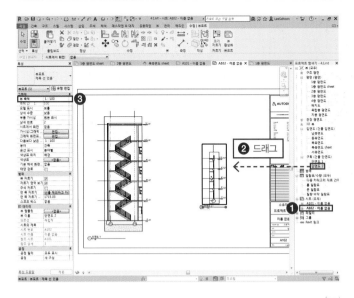

12 프로젝트 탐색기에서 시트 - A102 이름 없음을 열고 '단면도 2'뷰를 드래그해서 배치합니다. 뷰 축척은 뷰 활성화를 하지 않아도 선택하면 특성 창에서 변경 가능합니다. 1:50으로 변경합니다.

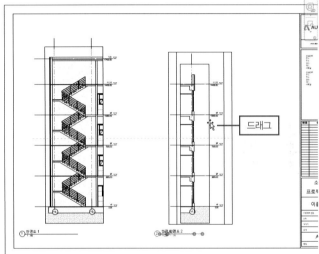

13 축척을 변경하고 드래그해서 뷰의 위치를 옮기다 보면 점선으로 기존의 다른 뷰와 같은 높이에 위치할 때 점선으로 스냅이 잡힙니다.

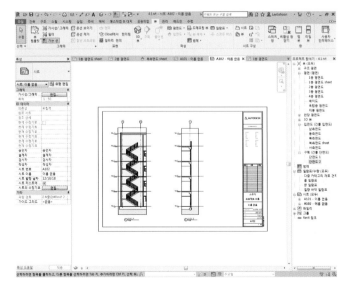

14 뷰를 선택하고 뷰 활성화를 클릭합니다. 뷰 자르기 영역을 선택해서 단면도1과 비슷하게 맞춰 주고 자르기 영역보기를 체크 해제합니다. 우클릭해서 비활성화를 클릭합니다.

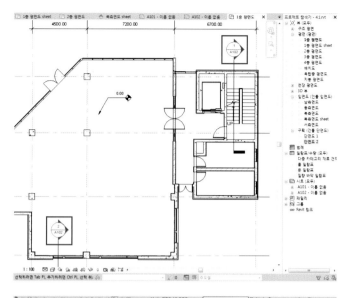

15 1층 평면도를 열어보겠습니다. 방금 배치한 단면도의 뷰 태그에 도면 번호와 상세 번호가 자동으로 입력되었습니다. 또 프로젝트 탐색기 - 시트 - A102를 확장해 보면 어떤 뷰들이 시트에 배치되어 있는지 확인할 수 있습니다.

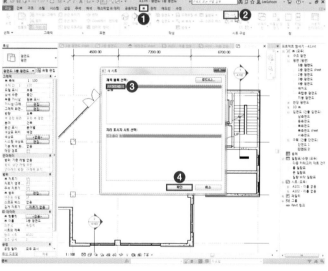

16 여러 종류의 뷰나 일람표를 하나의 시트에 배치할 수도 있습니다. '뷰 - 시트 구성 - 시트'를 클릭하고 새로운 시트를 생성합니다.

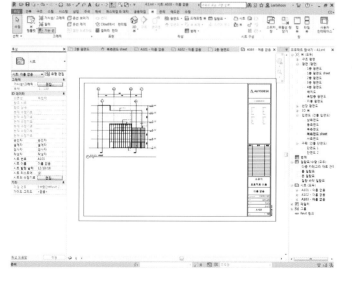

17 프로젝트 탐색기에서 북측면도 sheet를 드래그해서 배치합니다. 뷰 축척은 1:100으로 합니다.

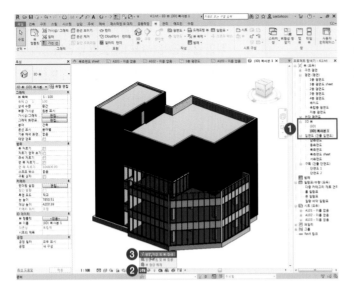

18 프로젝트 탐색기에서 3D를 선택하고 우클릭 - 뷰 복제 - 복제를 클릭해서 새로운 3D뷰를 생성합니다. 뷰의 이름을 3D 북측면으로 변경하고 북측면이 잘 보이도록 적당히 회전시켜 줍니다. 시트에 배치할 뷰이기 때문에 뷰가 회전되지 않도록 방향 저장 및 뷰 잠금을 클릭합니다.

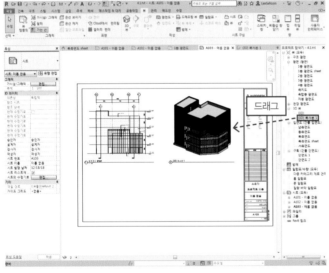

19 A103시트에 새로 작성한 3D 북측면 뷰를 배치합니다. 이처럼 3D뷰 뿐만 아니라 다음 Part에 나오는 렌더링을 한 이미지나 카메라 뷰도 배치할 수 있습니다.

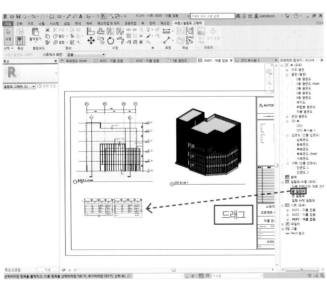

20 일람표도 배치해 보겠습니다. 다른 뷰와 마찬가지로 프로젝트 탐색기에서 시트로 드래그하면 배치할 수 있습니다. 배치한 일람표를 선택하면 나타나는 작은 화살표를 드래그해서 항목의 폭을 조절할 수 있습니다. 일람표가 길어지면 측면의 분할 마크를 클릭해서 분할 배치할 수도 있습니다.

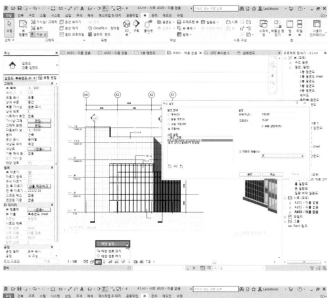

21 입면에서 음영이나 거리값으로 효과적인 표현을 할 수도 있습니다. 입면도를 더블클릭해서 활성화하고 그림자를 켭니다. 태양 설정을 열고 방위각과 고도를 변경하면서 적용을 클릭해 비교합니다.

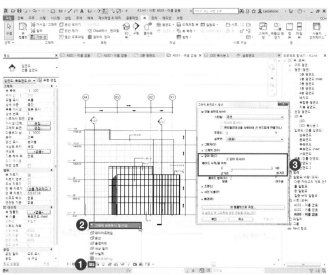

22 그래픽 화면 표시 옵션에서 깊이값을 설정할 수 있습니다. 깊이 큐 값을 확장하고 깊이 표시를 체크합니다. 페이드의 시작/끝 위치에 숫자를 입력하거나 슬라이드 바를 직접 드래그해서 적당한 값으로 설정합니다.

시트의 여러 가지 기능을 설명하기 위해 디테일한 시트 작성이나 제대로 된 시트 구성은 하지 않았습니다. 실무자들이 Revit을 사용할 때 가장 꺼리는 이유 중의 하나가 시트 작성이 제대로 되지 않는다는 이유도 있습니다만, 사실 시트 작성만 놓고 본다면 2D CAD보다 Revit이 월등히 효율적이고 편리합니다. 또한 표현조차 Autocad와 차이 없이 만들어 낼 수 있습니다.

그렇다고 제가 일하는 곳(DA Group 건축사 사무소의 Digital Design Lab)에서 2D CAD를 전혀 사용하지 않는 것은 아닙니다. 2D작성이 효율적인 부분들이 있고 3D모델로 작성하는 도면이 효율적인 부분이 있습니다. 결론은 어떤 것이 더 좋다가 아니라, 효율적인 것을 사용하자는 것입니다.

다음 페이지의 이미지들은 실무에서 Revit으로만 작성된 도면들입니다. 아래의 도면들 중, 공동주택 관련 도면은 'LH BIM 활용 세부가이드'에서 상세한 작성 과정을 보고 따라할 수 있고 필요한 패밀리도 모두 제공됩니다.

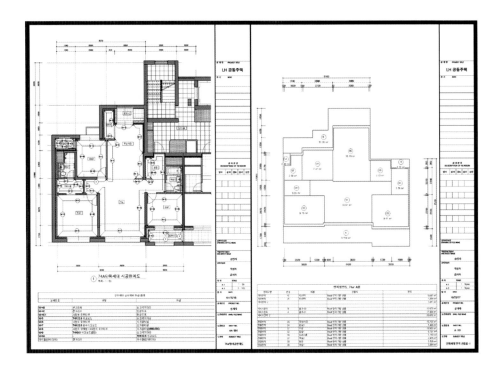

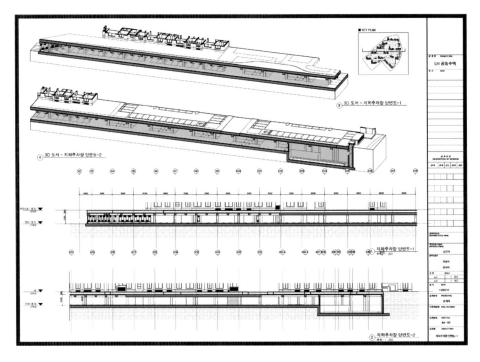

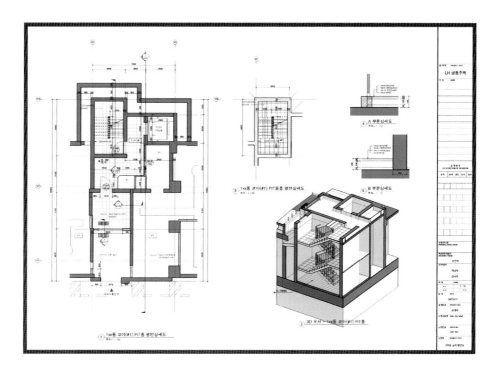

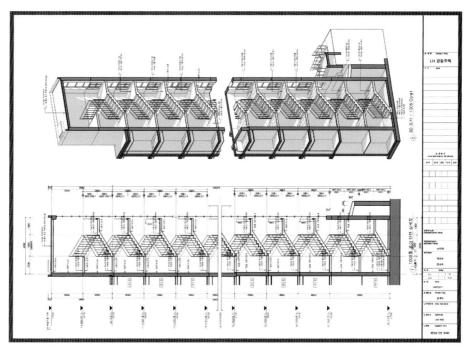

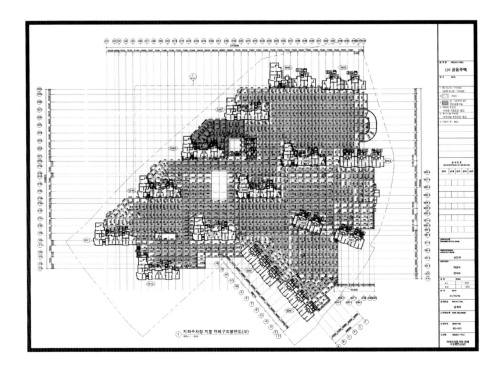

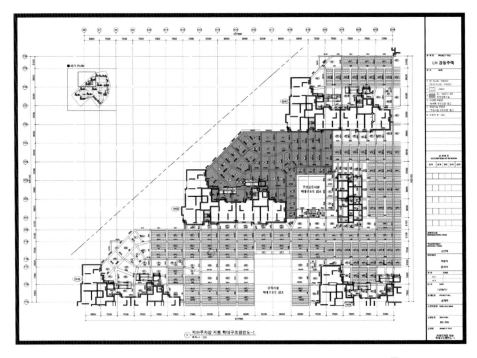

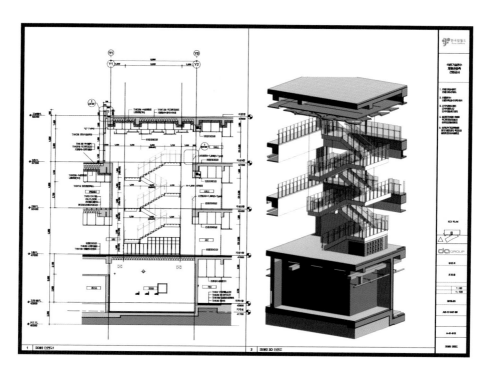

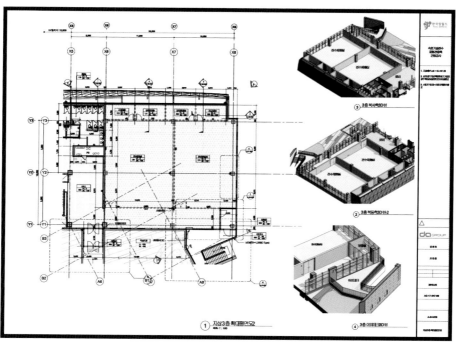

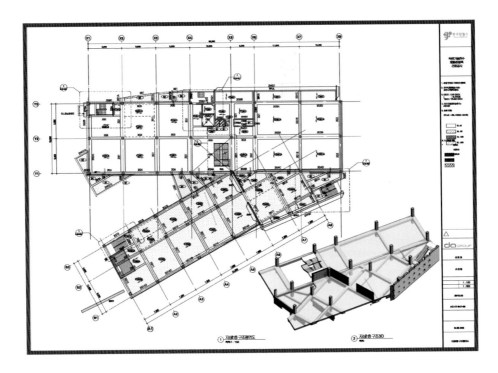

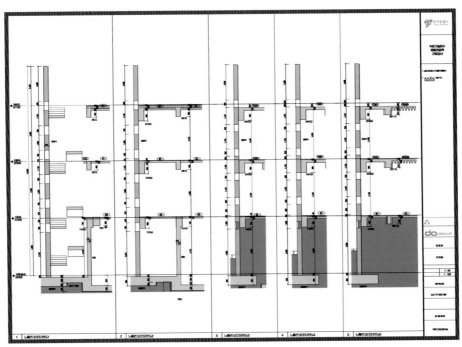

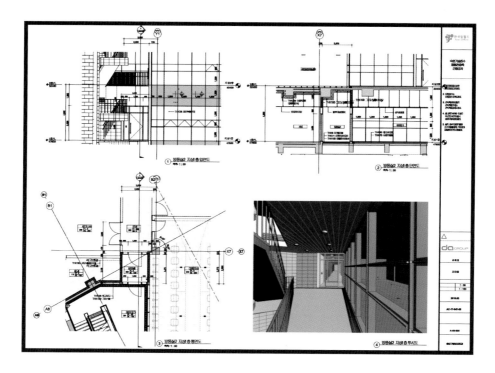

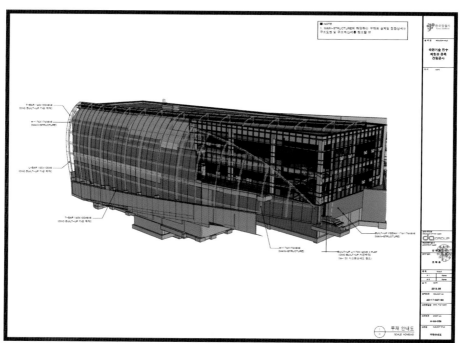

07

CHAPTER

내보내기

Revit는 여러 CAD(Computer-Aided Design) 형식으로 내보내기를 지원합니다.

DWG(도면) 형식은 AutoCAD 및 기타 CAD 응용프로그램에서 지원됩니다.

DXF(데이터 전송)는 많은 CAD 응용프로그램에서 지원하는 개방형 형식입니다.

DGN은 Bentley Systems, Inc.의 MicroStation에서 지원하는 파일 형식입니다.

SAT는 많은 CAD 응용프로그램에서 지원하는 솔리드 모델링 기술인 ACIS의 형식입니다.

Section 1 CAD 내보내기

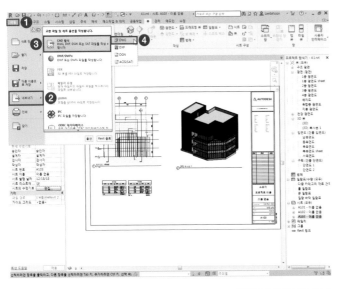

01 작업한 시트를 CAD로 내보내기 하겠습니다. A101시트를 열고 '파일 - 내보내기 - CAD형식 - DWG'를 클릭합니다.

02 내보내기 설정 선택 - 세션 내보내기 설정이 있습니다. 설정된 값이 없기 때문에 기본 값으로 내보내기가 됩니다. 설정 값을 변경하려면 옆에 버튼을 클릭해서 DWG/DXF 내보내기 설정 수정 창을 열어 줍니다. 각 카테고리별로 전환되었을 때 레이어 이름과 색을 지정할 수 있습니다. 새 내보내기 설정을 클릭해서 여러 유형별로 설정 값을 생성할 수도 있습니다.

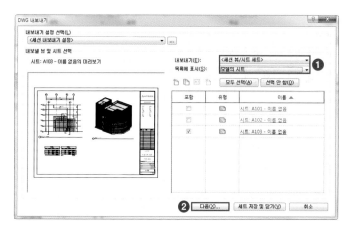

03 내보내기(E)의 <현재 뷰/시트만>을 <세션 뷰/시트 세트>로 변경합니다. 목록에 표시를 모델의 시트로 값을 변경하면 아래에 현재 프로젝트에 있는 시트 리스트가 나타납니다. 선택해서 한 번에 여러 개의 시트를 내보내기할 수 있고 새 세트를 클릭해서 선택을 저장할 수도 있습니다. 다음을 클릭합니다.

04 파일형식(CAD의 버전)과 이름을 지정하고 '시트의 뷰 및 링크를 외부 참조로 내보내기'를 체크 해제합니다. 시트에 배치된 뷰들을 외부 링크로 별도로 저장하고 참조하는 형식으로 저장하는 것입니다. (CAD의 References 기능과 유사)
파일 형식(버전)을 선택하고 확인을 클릭하면 CAD형식으로 내보내기가 실행됩니다.

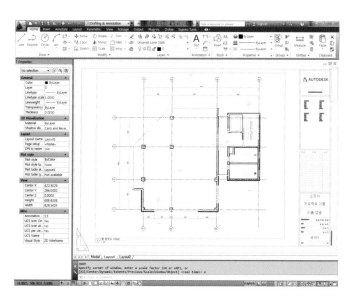

05 A101 시트를 내보내기 한 파일을 CAD에서 파일을 열었을 때의 모습입니다.

Section 2   PDF 내보내기

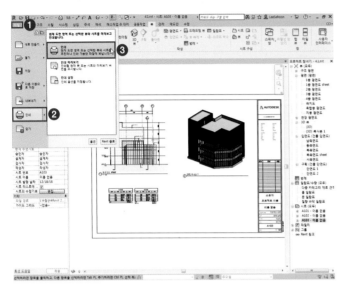

01 출력용 PDF파일로 내보내기 하겠습니다. 파일 - 인쇄 - 인쇄를 클릭합니다.

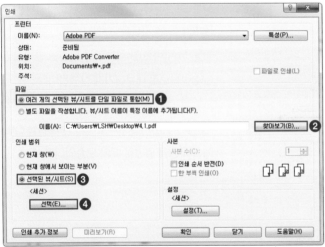

02 프린터 형식을 PDF로 변경하고, '여러 개의 선택된 뷰/시트를 단일 파일로 통합'을 선택하고 경로를 지정합니다. 인쇄 범위는 이미지 내보내기나 dwg내보내기처럼 여러 개를 선택해서 한 번에 내보내기 할 수 있고 선택을 세션으로 저장할 수도 있습니다. 선택된 뷰/시트를 선택하고 선택 버튼을 클릭합니다.

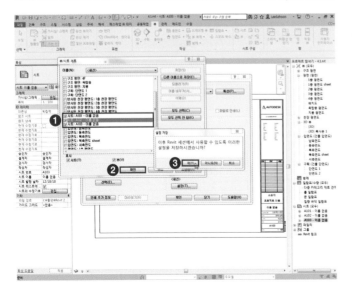

03 PDF로 내보내기 할 시트나 뷰를 선택하고 확인을 클릭합니다. 현재의 선택을 저장하면 다음에 출력할 때도 선택을 불러올 수 있습니다. 예를 클릭하고 적당한 이름을 입력합니다.

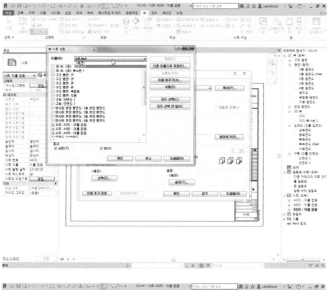

04 예를 클릭하면 다음에 다시 내보내기 할 때 세트를 선택해서 출력할 뷰나 시트를 편하게 선택할 수 있습니다.

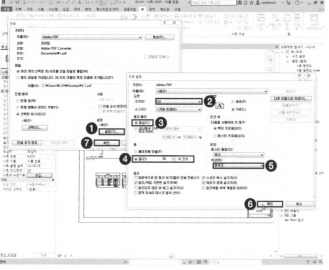

05 인쇄 설정을 클릭합니다. 도면 크기를 A3로 변경하고, 용지 배치를 중심, 시트가 A1 으로 설정되어있기 때문에, 줌 - 줌(Z)를 50% 크기로 변경합니다. 색상은 회색조를 선택합니다. 차례로 확인을 클릭합니다.

06 경로와 이름을 다시 지정하는 창이 나타납니다. 파일 이름을 입력하고 저장을 클릭합니다. PDF파일 내보내기가 완료되고 열기를 클릭해서 확인합니다.

05.

시각화

이번 Part는 시각화입니다. Revit은 프로그램에 자체 렌더러를 가지고 있기 때문에 렌더링도 가능합니다. 또 설정이 간단하기 때문에 간단한 렌더링을 할 때에는 매우 유용하게 사용할 수 있습니다. 하지만, 3ds max나 Lumion3D처럼 강력하고 많은 기능을 가지는 것은 아닙니다. 또 다른 전문 프로그램에 비해서 렌더링 속도도 늦는 편입니다. 하지만 다른 프로그램을 거치지 않고 바로 뷰를 잡고 간단한 설정으로 렌더링을 할 수 있다는 것이 큰 장점입니다.

01 카메라

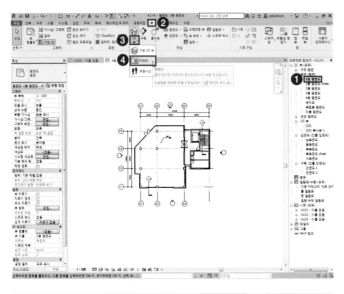

01 Revit에서도 카메라를 설치해서 뷰를 생성할 수 있습니다. 1층 평면도를 열겠습니다. '뷰 - 작성 - 3D뷰 - 카메라'를 클릭합니다.

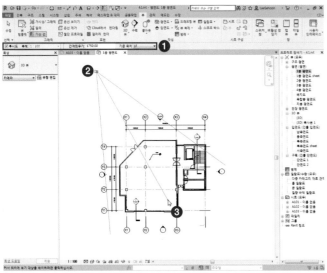

02 옵션 바에 투시도가 체크되어 있고 간 격띄우기는 1750, 기준 위치는 1F로 되어 있 습니다. 마우스를 첫 번째 클릭하는 곳이 카메 라의 위치가 되고 두 번째 클릭하는 곳이 카메 라의 대상점이 됩니다.

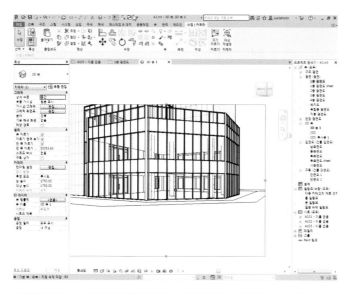

03 카메라와 대상 점은 1층 레벨에서 1750높이로 설치되고 카메라 뷰가 열립니다. 프로젝트 탐색기에도 뷰 - 3D뷰 - 3D뷰1이 생성된 것을 확인할 수 있습니다.

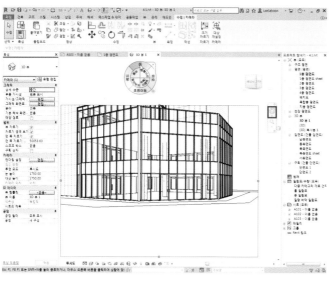

04 카메라 뷰는 일반 3D뷰에서 화면을 컨트롤하는 것과 다르게 탐색 휠을 사용하는 것이 편합니다. 화면 우측에 전체 탐색 휠을 클릭합니다. 클릭하면 탐색 휠이 마우스 커서를 따라다니게 됩니다.

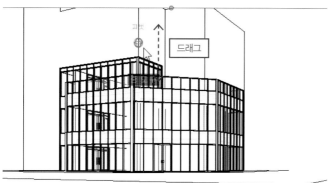

05 줌을 클릭한 상태로 마우스를 위아래로 드래그하면 클릭한 위치에 피벗이라는 점이 생기면서 그 점을 중심으로 마우스를 위로 올리면 줌 인, 아래로 내리면 줌 아웃이 됩니다. 피벗은 카메라의 대상점이 되고 카메라의 위치가 앞뒤로 변하게 되는 것입니다. 건물의 전체가 적당히 나오도록 줌 아웃 합니다.

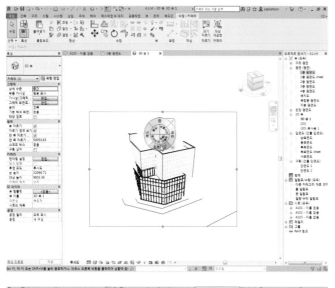

06 초점 이동을 클릭하고 드래그하면 카메라와 대상점의 위치가 앞뒤 거리는 고정된 상태에서 상하좌우로 움직이게 되는 것입니다. 일반 3D뷰에서 마우스 휠로 드래그하는 팬 기능과 유사합니다.

궤도는 설정된 피벗(대상점)을 중심으로 카메라가 회전하는 것입니다. 궤도와 줌, 초점 이동을 이용해서 다음과 비슷하게 뷰를 설정합니다.

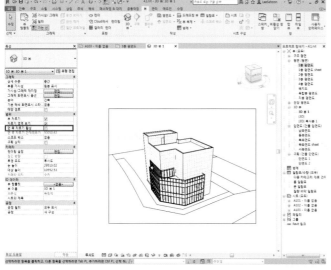

07 건물이 잘려서 보입니다. 특성 창에 먼 쪽 자르기가 활성화되어 있습니다. 먼 쪽 자르기 활성을 체크 해제하거나, 먼 쪽 자르기 간격띄우기 값을 변경하면 되는데, 카메라 뷰에서는 먼 쪽 자르기 활성을 체크 해제하고 사용합니다.

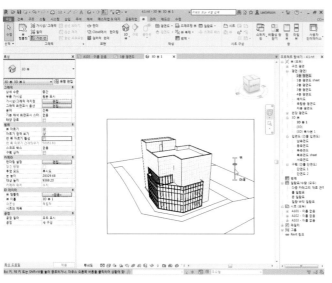

08 ❶위쪽/아래쪽은 카메라를 수직 방향으로 움직입니다.

❷ 둘러보기는 카메라는 제자리에 있고, 시선 방향을 돌립니다.

❸ 중심은 클릭한 지점이 화면 가운데로 오도록 카메라를 이동합니다.

❹ 보행시선은 클릭하고 드래그 하면 그 방향대로 카메라가 걸어가듯이 진행합니다.

모두 어렵지 않은 기능이기 때문에 한번씩 클릭해서 사용해 보면 쉽게 파악할 수 있습니다.

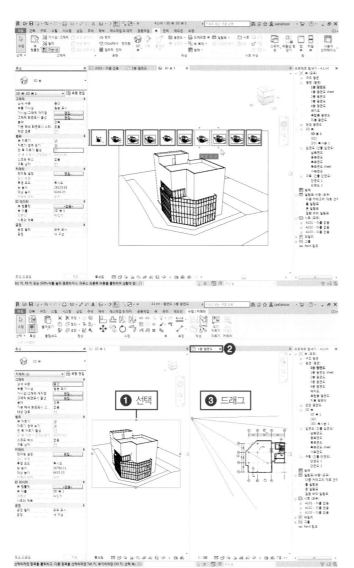

09 '뒤로'를 클릭하면 뷰가 이동이나 변경되어 왔던 모습들이 필름처럼 보입니다. 현재 뷰를 이전 뷰로 되돌리고 싶을 때 뒤로 버튼을 클릭하면 뷰의 변화된 히스토리가 나타나고, 마우스를 움직여서 돌아갈 수 있습니다. 뒤로 갔다가 다시 가장 최근의 뷰로 돌아올 수는 있지만, 뒤로 간 상태에서 뷰를 수정하면 다시 앞으로 돌아갈 수는 없습니다. 포토샵의 히스토리와 비슷한 개념입니다.

10 (Esc)키를 누르면 탐색 휠이 닫힙니다. 다른 뷰는 닫고 1층 평면도와 3D 뷰 1만 열고 뷰를 정렬합니다. '3D 뷰 1'화면 영역을 선택하면 평면도에서도 카메라의 위치를 알 수 있습니다. 이때 평면도를 활성화하고 마우스를 드래그해서 카메라의 위치를 수정할 수도 있습니다.

02 CHAPTER

이미지 내보내기

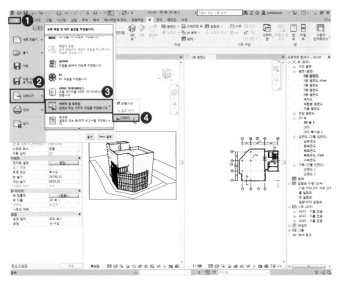

01 모든 뷰를 항상 렌더링을 걸어서 이미지를 만들지 않습니다. 때에 따라서 은선이나 음영처리 모드로 내보내기 할 때가 효율적일 때도 있습니다. 또한 시간도 매우 단축 됩니다. 카메라 뷰를 이미지로 내보내 보겠습니다. '파일 - 내보내기 - (하단의 작은 화살표로 마우스를 가져가면 스크롤 됩니다)이미지 및 동영상 - 이미지'를 클릭합니다.

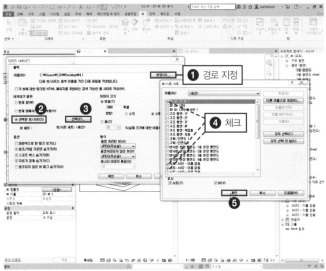

02 출력 - 이름에서 경로와 이름을 지정합니다. 내보내기 범위는 현재 창으로 되어 있습니다. 한 개의 뷰만 내보낼지 여러 개의 뷰를 내보낼지 선택할 수 있습니다. 여러 개의 뷰를 한 번에 내보내 보겠습니다. 선택된 뷰/시트를 선택하고, 선택을 클릭합니다. 3D 뷰1과 시트 A101, A102를 체크하고 확인을 클릭합니다.

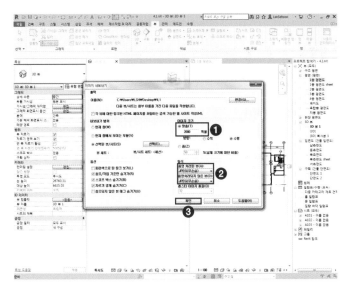

03 방금한 선택을 저장할지 묻는 창이 나타나는데 예를 클릭하면 이 선택이 저장되어서 다음에 같은 뷰를 출력할 때 편하게 선택할 수 있습니다. 여기에서는 '아니요'를 클릭합니다. 이미지 크기를 2000픽셀로 변경합니다. 어차피 용량이 작기 때문에 형식은 jpeg(무손실)로 변경하고 확인을 클릭합니다.

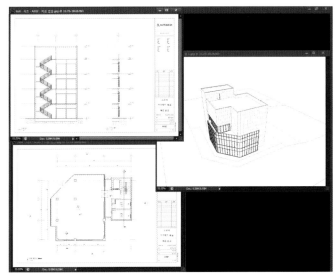

04 선택한 뷰들이 아래와 같이 이미지로 출력 되었습니다.

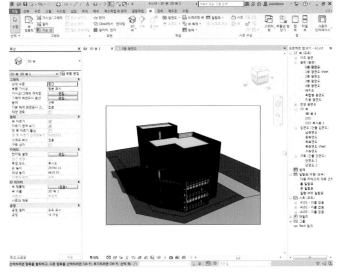

05 이번에는 음영처리 모드에서 출력해 보겠습니다. 뷰의 비주얼 스타일을 음영처리로 변경합니다. 그림자 켜기를 클릭해서 그림자를 켜거나 끈 상태로 이미지를 내보낼 수 있습니다.

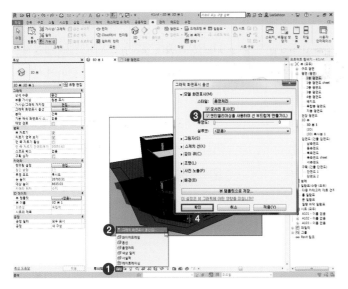

06 이미지 내보내기의 퀄리티를 높이려면 몇 가지 설정이 필요합니다. 그래픽 화면표시 옵션을 클릭합니다. 모델 화면표시의 '앤티앨리어싱을 사용하여 선 부드럽게 만들기'를 체크하고 확인을 클릭합니다.

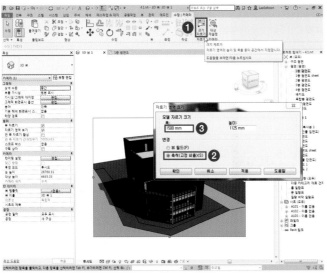

07 카메라뷰 경계를 선택하고 '크기 자르기'를 클릭해서 사이즈를 변경합니다. 축척(고정비율)을 선택하고 폭을 1500으로 변경합니다. 높이 값은 고정 비율로 자동으로 입력됩니다. Revit에서 표시되는 선의 두께는 일정한데, 뷰의 크기(종이의 크기)가 커졌기 때문에 상대적으로 얇은 선으로 나오게 됩니다.

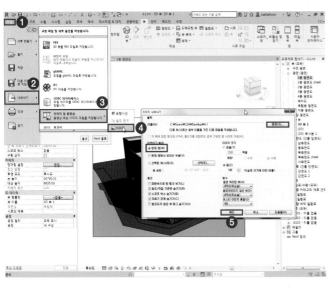

08 '파일 - 내보내기 - 이미지 및 동영상 - 이미지'를 클릭합니다. 이미지와 같이 설정하고 확인을 클릭하여 내보내기 합니다. 매우 큰 이미지로 내보냈기 때문에 이미지 편집 프로그램에서 사이즈를 작게 하면 그냥 내보내기 할 때보다 훨씬 깨끗한 이미지를 얻을 수 있습니다.

03 렌더링 사전 작업

Section 1   재질 편집

01 재질을 편집해 보겠습니다. 재질은 음영 모드나 색상일치 모드에서 보이는 '그래픽'과, 렌더링을 했을 때 나타나는 '모양' 2가지로 볼 수 있습니다. 대부분 개체의 재질은 유형 편집에서 각각의 재질을 지정하거나, 특성창에서 지정할 수 있었습니다. '관리 - 설정 - 재료'를 클릭해도 프로젝트에 만들어진 모든 재료들을 편집할 수 있습니다.

02 그래픽 탭의 설정은 여러 번 해보았지만 다시 한 번 대지의 재질을 편집해 보겠습니다. 아스팔트, 역청을 선택하고 그래픽 탭의 음영처리 - 색상을 클릭합니다. 기본 색상 중에서 선택할 수도 있고 오른쪽에서 자유롭게 클릭하면서 색상을 조절할 수도 있습니다. 또 RGB값을 이용해서 수치로 조절할 수도 있습니다. 특정한 색을 계속 사용하려면 색을 지정하고 추가 버튼을 클릭하면 사용자 색상에 추가가 됩니다.

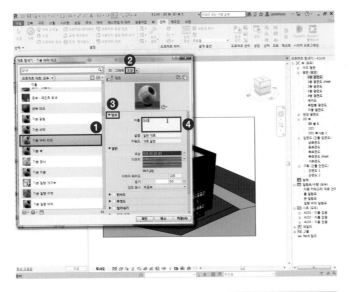

03 이번에는 모양을 편집해 보겠습니다. 모양은 '기본 바닥 - 데크' 재질을 수정하겠습니다. 이 재질은 일반 재질을 복사해서 새로운 재질을 만들고 이미지만 넣은 것입니다. 정보를 확장해서 이름을 데크로 수정하겠습니다.

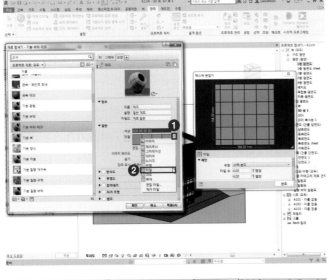

04 일반 항목은 기본적인 모습을 설정합니다. 색상이나 특정 이미지를 넣을 수 있습니다. 색상을 클릭하면 색을 지정할 수 있고, 이미지 옆의 작은 삼각형을 클릭하면 사전에 정의된 재료를 넣을 수도 있습니다.
텍스쳐 편집기 창이 열리고 선택된 이미지가 보입니다. 여러 가지 옵션을 이용해서 이미지가 렌더링 시에 나타나는 모양을 변경할 수 있습니다. 간단한 편집을 위해 이미지 유형을 타일로 변경하겠습니다.

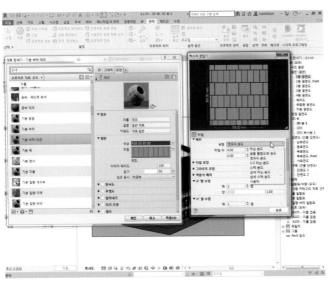

05 여러 가지 옵션 값들을 변경하면 이미지 미리보기가 바뀌는 모습을 확인할 수 있습니다. 이처럼 각 유형별로 옵션 값은 조금씩 다르지만 미리보기를 보면서 조정하면 쉽게 원하는 모양을 만들 수 있습니다.

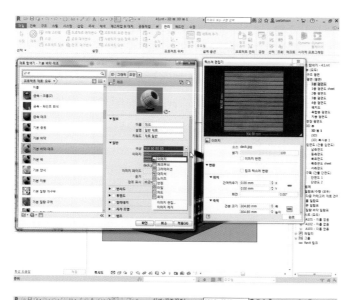

06 다시 작은 삼각형을 클릭해서 이미지를 선택하면 기존의 설정이 다시 적용됩니다.

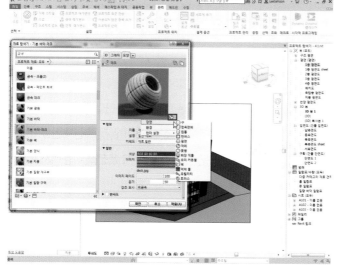

07 텍스쳐 편집기 창은 닫겠습니다. 화면에 렌더링 되는 모습이 작아서 안보일 경우에는 이미지와 정보의 경계선을 드래그하면 렌더링 미리보기가 커집니다. 이미지 옆의 작은 삼각형을 클릭해서 장면을 선택하면 여러 가지 모습으로 렌더링 미리보기가 가능합니다.

08 나머지 재료 옵션들을 살펴보겠습니다.

❶ **반사도** : 주변을 반사시키는 특성을 갖습니다. 직접은 정면, 기울기는 측면의 반사되는 양을 조절합니다.

❷ **투명도** : 전체적인 투명도를 조절하고, 특정 이미지에 따라 투명도를 조절할 수 있습니다. 사전에 정의된 여러 가지 굴절률을 선택하거나 직접 입력할 수도 있습니다.

❸ **잘라내기** : 이미지를 이용해서 검은색 부분을 투명하게 합니다. 타공판 재질 같은 경우, 실제 모델링을 하면 용량이 너무 커지기 때문에 잘라내기를 이용해서 재질로 표현하는 경우가 많습니다.

<u>**09**</u> ❹ **자가 조명 :** 스스로 빛을 내도록 합니다. 전구나, LED같은 빛을 내는 재료를 표현할 때 사용합니다.

❺ **범프 :** 이미지를 이용해서 렌더링 시에 실제로 돌출되는 효과를 냅니다. 이미지의 하얀색을 돌출시켜 줍니다.

❻ **색조 :** 지정된 색을 덧씌워 줍니다.

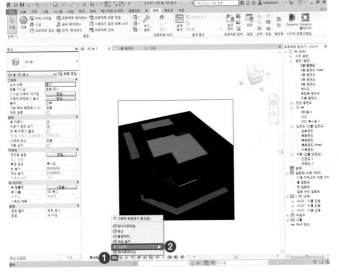

<u>**10**</u> 여러 가지 효과들을 보았습니다. 하지만 재질들에 반사나 범프 같은 효과를 줄수록 렌더링 시간은 같이 늘어나게 됩니다. 꼭 필요한 경우가 아니라면 특수한 효과는 주지 않는 것이 좋습니다. Revit 렌더링이 빠른 편이 아니라서 고품질의 이미지 렌더링을 Revit에서 거는 것 보다 다른 프로그램을 사용하는 것이 효율적이기 때문입니다.

재료의 모양이 프로젝트에 적용된 모습을 보려면 비주얼 스타일을 사실적으로 변경합니다.

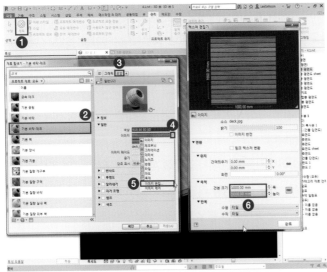

<u>**11**</u> 확대해서 보면 지성 석재 재료와 기본 바닥 - 데크 재료 모두 너무 촘촘하게 들어간 것을 확인할 수 있습니다. 재료 창을 열어서 이 간격을 수정 하겠습니다. '관리 - 설정 - 재질'을 클릭해서 재료 탐색기 창을 열고 기본 바닥 - 데크를 선택합니다. 모양 탭의 이미지 편집을 클릭해서 텍스쳐 편집기를 열어줍니다. 텍스쳐 편집기 창에서 축척의 값을 1000mm로 변경하고 완료를 클릭합니다. 이미지 한 장이 304.8mm길이로 모델에 적용되다가 1000mm길이로 적용되는 것입니다.

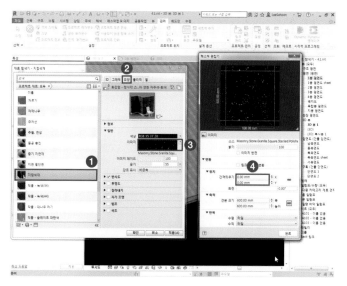

12 마찬가지로 지정석재 재질을 선택하고 이미지 편집을 클릭합니다. 축척을 600mm 로 변경합니다. 수치 옆의 자물쇠는 폭과 높이 비율을 유지하는 기능입니다.

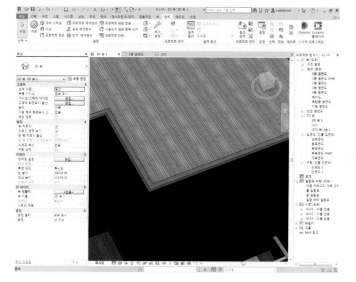

13 확인을 클릭하면 재료가 적용되는 스케일이 달라진 것을 확인할 수 있습니다.

Section 2 RPC / 레이트레이싱

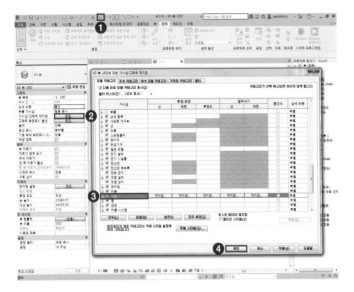

01 이번에는 나무나 사람 같은 RPC를 배치해 보겠습니다. 모델링된 파일을 넣으면 무겁기 때문에 간단한 형상과 맵핑을 이용해서 비슷하게 보이게 하는 것을 RPC라고 합니다. 기본 3D뷰로 이동합니다. 가시성/그래픽 재지정을 클릭하고 지형을 체크합니다.

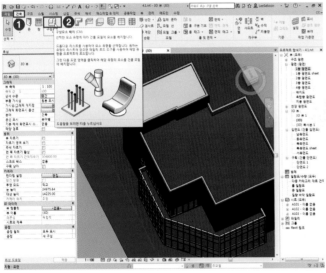

02 '건축 - 빌드 - 구성요소 - 구성요소 배치'를 클릭합니다.

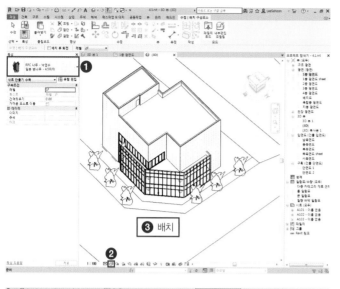

03 특성 창을 보면 가구나 매스 등 여러 가지 것들이 있는데, 리스트를 위로 가져가면 RPC 나무, 사람, 차 같은 것들이 있습니다. 나무 중에 하나를 선택하고 배치가 잘 보이도록 은선 모드로 변경하겠습니다. 배치 레벨과 간격띄우기 값을 변경할 수도 있습니다. 지형 면이 1F 레벨이기 때문에 기본 값으로 배치하겠습니다.

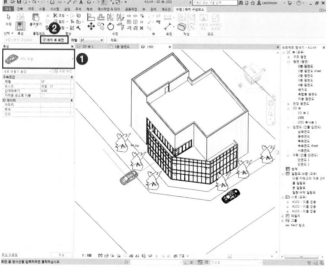

04 특성 창에서 RPC 비틀을 선택해서 배치합니다. 옵션 바에서 배치 후 회전을 체크하면 클릭해서 배치한 다음 각도를 지정해서 클릭하면 개체가 회전됩니다.

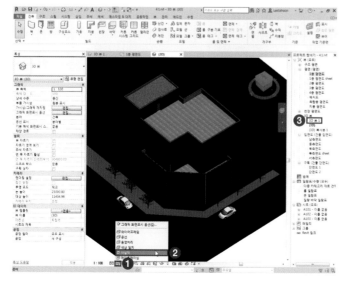

05 사람 RPC도 배치해 보고 비주얼 스타일을 사실적으로 변경해서 확인합니다. 이상이 없으면 다시 은선 모드로 변경합니다. 모델 요소들이 어느 정도 정리되었으면 '3D 뷰1'으로 이동합니다.

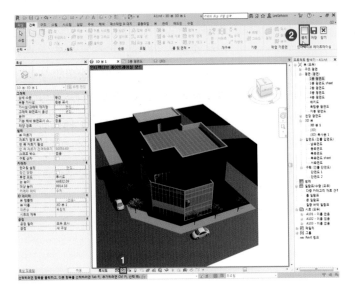

06 렌더링을 하기 전에 비주얼 스타일을 레이트레이싱으로 변경합니다. 레이트레이싱은 빛이 여러 물체들의 표면에서 반사되는 경로를 추적하면서 물체들의 모습을 보여주는 방법입니다. 매우 빠른 속도로 렌더링과 비슷한 모습을 확인할 수 있으며, 중지 버튼을 클릭할 때가지 계속해서 계산합니다. 어느 정도 이미지가 보이면 중지 버튼을 클릭합니다. 시간이 지날수록 이미지의 품질은 높아지지만 어느 이상 되면 큰 차이를 못 느끼게 됩니다.

07 인터랙티브 레이트레이싱 모드는 실시간으로 적용됩니다. 즉, 뷰를 변경할 때마다 다시 처음부터 계산하는 것입니다. 탐색 휠을 꺼내고 궤도나 다른 기능을 이용해서 뷰를 돌리다가 멈추면 그 즉시 레이트레이싱 계산을 시작합니다. 이처럼 레이트레이싱 모드에서 렌더링의 모습을 간단히 확인하고 재질 등을 미리 볼 수 있습니다.

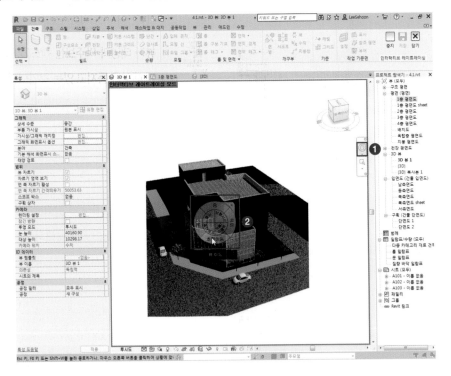

Section 3	태양 각도 설정

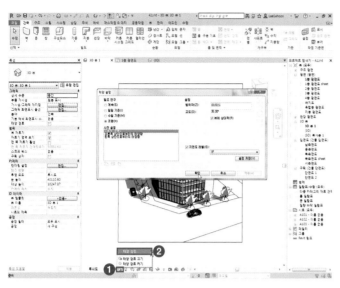

01 리본의 닫기 버튼을 클릭하든가 비주얼 스타일을 다른 모드로 변경해서 레이트레이싱 모드를 완료합니다. 비주얼 스타일을 은선 모드로 변경하고 이번에는 태양의 각도를 변경해 보겠습니다. 태양 경로를 클릭해서 태양 설정 창을 열어 줍니다. 일조 연구는 조명으로 체크되어 있고 설정에 방위각과 고도가 있습니다.

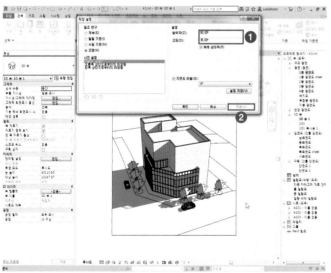

02 뷰에 상대적으로 체크가 되어 있는데 현재 뷰의 135˚ 방향에 태양이 있고 그 태양의 고도는 35˚라는 뜻입니다. 방위각이 0이 되면 뷰가 태양과 마주보는 각도가 되고, 180이 되면 태양을 등지고 있는 것입니다. 카메라가 위에서 아래를 보고 있기 때문에 방위각에 따라 태양의 고도가 달라집니다. 방위각과 고도를 적당히 조절하고 적용 버튼을 클릭해서 그림자의 길이와 방향을 보면서 태양의 위치를 조절합니다.

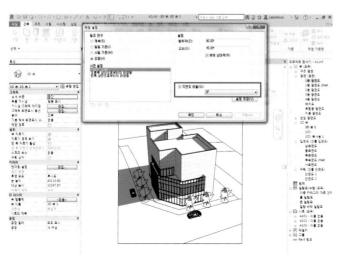

03 지면도 레벨은 그림자가 어느 레벨에 위치하는지를 정하는 것인데 현재는 지형이 있기 때문에 체크를 해제합니다. 그림처럼 체크하고 레벨을 설정하면 해당 레벨에 그림자가 떨어집니다.

04 CHAPTER 투시도 렌더링

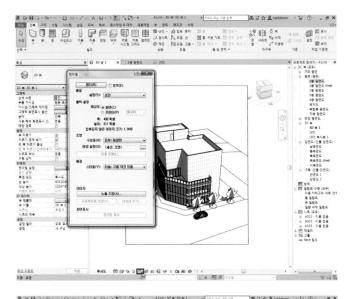

01 태양의 각도와 재질 편집을 모두 마쳤으면 이제 렌더링을 걸도록 하겠습니다. 화면에서 주전자 모양의 렌더링 대화상자 표시를 클릭합니다.

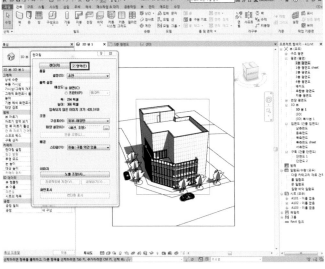

02 렌더(R) 버튼은 렌더링을 설정대로 실행하는 것입니다. 그 옆에는 영역 체크가 있습니다. 체크를 하면 화면에 빨간색 박스가 나타납니다. 빨간색 박스 안쪽 부분만 렌더링을 하는 것입니다.

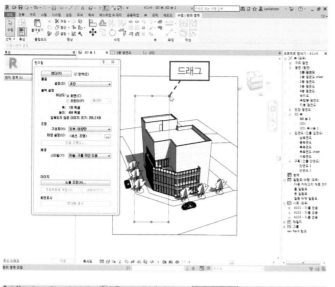

03 빨간색 박스를 선택하면 영역을 조절할 수 있는 점들이 표시되는데 마우스로 드래그하면 영역을 조절할 수 있습니다. 처음 렌더링을 걸고, 재질을 수정하거나 일부분만 렌더링을 다시 걸어서 확인할 때 주로 사용합니다.

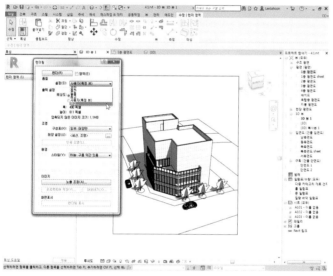

04 품질 - 설정을 보겠습니다. 초안부터 최고까지 4가지 단계와 사용자 뷰로 되어 있습니다. 편집을 클릭하면 상세한 설정을 해서 사용자 뷰에 적용합니다.

05 보통의 경우 레이트레이싱 모드로 대략 테스트하고, 높음이나 최고 단계로 렌더링을 합니다. 사용자 뷰로 설정하고 편집에서 그 중간 정도를 선택해도 됩니다. 시간별 렌더는 특정 시간을 정하고 그 시간 동안 계속 렌더 품질을 업데이트하는 것이고, 무제한은 사용자가 멈출 때까지 계속 품질을 업데이트합니다. 하지만 개인적으로는 더 높은 품질을 원한다면 다른 렌더러나 전문 프로그램을 이용하는 것을 추천합니다.

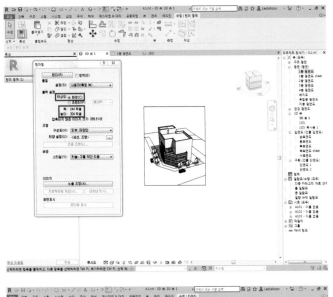

06 다음은 출력 설정입니다. 화면과 프린터가 있고 그 밑에 픽셀로 크기가 표시되어 있습니다. 화면은 현재 모니터에 보이는 크기 그대로 렌더링을 하는 것입니다. 그래서 마우스 휠로 화면을 확대/축소하면, 픽셀의 수치가 변하는 것을 확인할 수 있습니다.

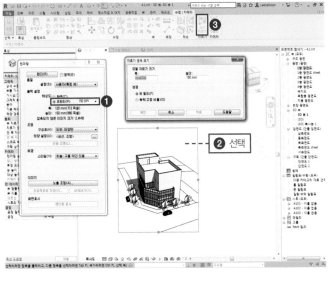

07 프린터를 체크하면 화면의 확대/축소와는 관계없이 렌더링 경계 영역의 실제 크기와 DPI에 영향을 받습니다. 카메라 뷰의 경계를 선택하겠습니다. 경계 영역을 조절할 수 있는 점이 나타나고 드래그로 영역을 늘리거나 줄일 수 있습니다. '수정/카메라 - 자르기 - 크기 자르기'를 클릭합니다.

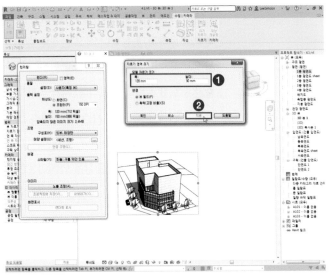

08 모델 자르기 크기의 값이 폭과 높이로 되어 있습니다. 150mm와 높이113mm는 경계 영역의 실제 크기(종이크기)를 나타냅니다. 이 수치를 폭 120mm 높이 90mm로 변경하고 적용을 클릭합니다. 경계 영역의 폭과 높이가 줄어들었습니다.

09 이번에는 변경 - 축척(고정 비율)에 체크하고 폭을 200mm로 변경합니다. 그러면 비율에 맞게 높이 값도 자동으로 변경되기 때문에 바로 확인을 클릭합니다. 영역은 변하지 않습니다만, 렌더창의 폭과 높이가 변경되면서 픽셀(실제 렌더링되는 크기)이 변한 것을 확인할 수 있습니다.

10 폭과 높이가 방금 설정한 200mm, 150mm로 되어 있습니다. 이 크기의 종이에 DPI를 변경하면 가로 안에 표시된 픽셀이 변경되는 것입니다. DPI 수치를 변경해서 해상도를 조절할 수 있습니다.

11 A4종이 크기에 맞게 뷰 경계를 설정해 보겠습니다. 경계 영역을 선택합니다. 크기 자르기를 클릭해서 변경 - 축척에 체크하고, 폭을 297mm로 변경합니다. 적용을 클릭하면 높이 값이 223mm로 자동으로 변경됩니다. 영역은 변하지 않습니다.

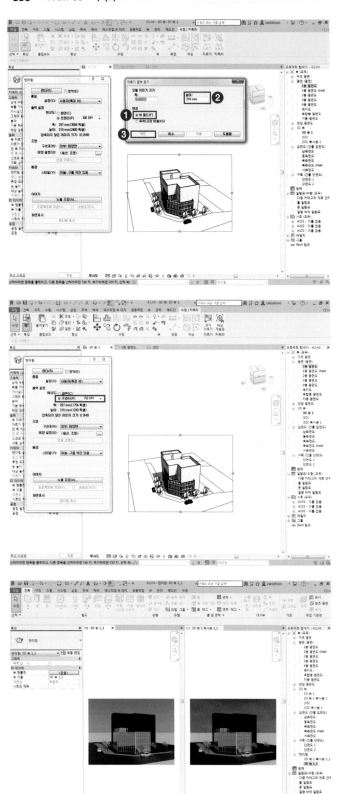

12 변경 - 뷰 필드에 체크하고 높이 값을 210mm로 변경하고 확인을 클릭합니다. 위 아래 폭이 조금씩 줄어들지만 큰 차이는 없습니다.

13 다시 렌더 창을 열고 출력 설정을 보면 폭 297mm, 높이 210mm로 되어 있습니다. 출력을 할 것이라면 DPI는 150DPI이상으로 설정하는 것이 좋습니다. 수치를 직접 입력해서 조절할 수도 있습니다.

14 조명 – 구성표(H)에는 렌더링 시에 적용할 광원을 설정할 수 있습니다. 태양이나 인공 조명을 켜거나 끄고 렌더링을 합니다. 내부와 외부의 차이는 잠시 후에 나올 이미지 노출 조정 값의 차이입니다. 기본 값으로 놓고 진행하겠습니다.

배경 – 스타일은 하늘에 구름의 정도를 조절하거나 이미지로 대체할 수 있습니다. 왼쪽의 이미지는 구름 없음, 오른쪽의 이미지는 짙은 구름으로 설정하고 렌더링을 한 모습입니다.

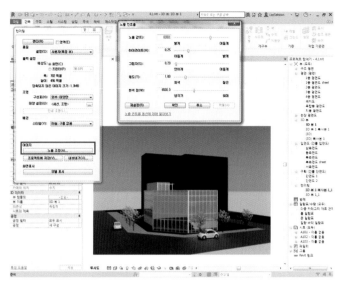

15 이미지 – 노출 조정은 렌더링 이미지의 밝기나 색감을 조절할 수 있습니다. 사전에 설정할 수도 있지만 렌더링 된 이미지를 후 보정 할 수도 있습니다. 기본값으로 렌더를 한 상태입니다.

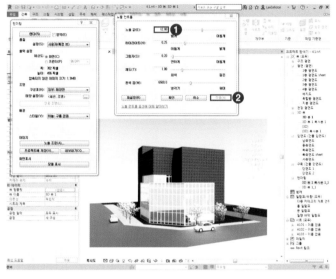

16 노출 값은 전체적인 밝기를 조정하고 하이라이트는 밝은 부분, 그림자는 어두운 부분을 조절할 수 있습니다. 노출 값을 12로 조절하고 적용 버튼을 클릭해 보겠습니다. 적용 버튼을 눌러서 이미지를 확인하면서 밝기를 조절합니다.

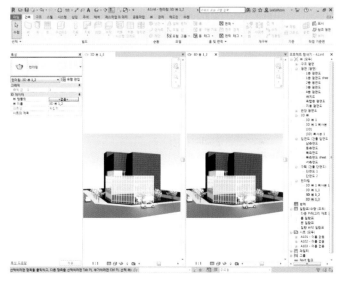

17 흰색 점은 보통 화이트 포인트나 화이트 밸런스라고도 하고 색온도로 표현하기도 합니다. 수치가 낮을수록 이미지가 차갑게 보이고 수치가 높을수록 따뜻한 계열의 색으로 변합니다. 왼쪽은 5000, 오른쪽은 8000으로 값을 변경하고 적용한 이미지입니다.
채도는 0이 되면 흑백이 되고 수치가 높을수록 채도가 강해집니다.

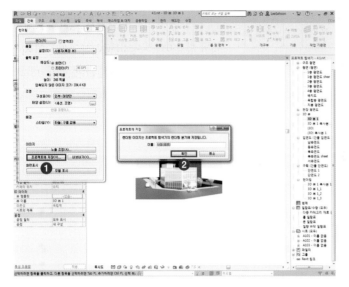

18 이미지 저장은 프로젝트 안에 하나의 뷰처럼 저장할 수 있고, 외부로 내보낼 수 있습니다. 이미지 - 프로젝트에 저장을 클릭합니다. 이름을 입력하고 확인을 클릭하면 프로젝트 탐색기 - 뷰 - 렌더링 항목이 생기면서 프로젝트에 이미지가 저장됩니다. 이미지 - 내보내기는 일반 이미지 파일로 저장하는 것입니다.

19 **화면 표시** – 모델 표시가 있습니다. 클릭하면 원래의 비주얼 스타일대로 화면이 변경됩니다. 그러면 모델 표시 버튼이 렌더링 표시 버튼으로 바뀌는데 클릭하면 다시 렌더링 이미지를 볼 수 있습니다.

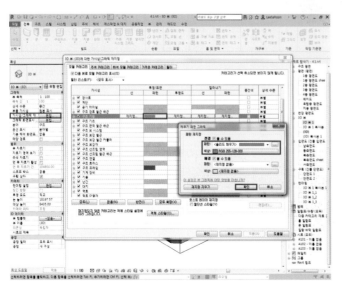

20 Revit에서는 렌더링보다는 음영 모드에서의 이미지 추출을 추천합니다. 실무에서는 렌더링보다 음영 이미지 추출을 더 많이 사용하기도 합니다. 가시성에서 패턴 항목에 부재별로 솔리드 패턴을 색으로 입히고 확인을 클릭합니다.

21 다음과 같은 이미지가 되는데, 실제 작업을 할 때에도 구분이 용이하기 때문에 사용하기도 하고, 내보내기 해서 이미지를 사용하기도 합니다.

22 실제 프로젝트에서 추출한 이미지 입니다. 렌더링보다 오히려 효과적인 경우가 많습니다.

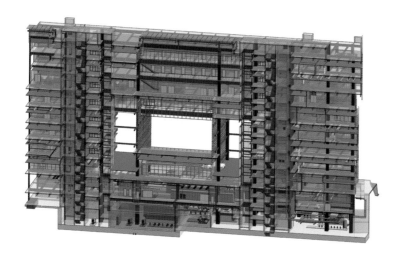

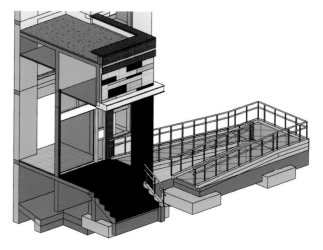

일조 연구

Section 1   프로젝트 위치 지정 및 진북 설정

01 Revit에서는 프로젝트의 실제 지리적 위치와 태양 경로를 설정해서 빛과 그림자 영역을 미리 살펴볼 수 있습니다.

프로젝트 탐색기의 배치도 뷰를 열고 장소와 진북 방향을 설정하겠습니다.

'관리 - 프로젝트 위치 - 장소'를 클릭합니다.

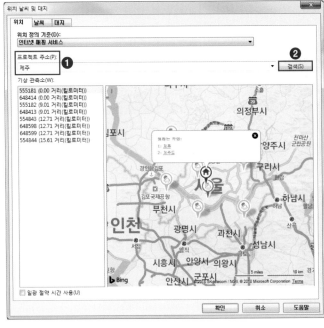

02 프로젝트 주소 창에 가까운 도시 이름을 입력합니다. 제주를 입력하고 검색을 클릭하겠습니다. 원하는 작업에서 첫 번째 항목을 클릭합니다.

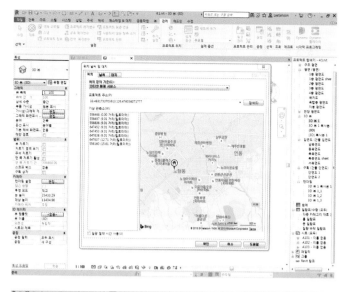

03 마우스 휠로 지도를 확대/축소하고, 붉은 표시 점을 드래그해서 원하는 위치에 가져다 놓습니다. 위도와 경도를 알고 있다면 직접 입력해서 찾을 수도 있습니다. 위치 지정을 했으면 확인을 클릭합니다. 아주 멀리 떨어져 있지 않으면 태양 각도는 크게 차이나지 않기 때문에 표시 점을 적당한 곳에 가져다 놔도 괜찮습니다.

04 이번에는 진북 방향을 설정하겠습니다. 1층 평면도에서 가시성 편집을 클릭하고 숨겨둔 대지 도면을 켭니다. 주석 탭에서 각도를 재보면 45.8°가 기울어져 있습니다.

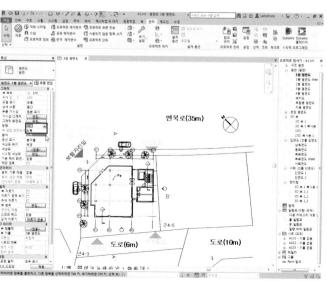

05 뷰의 특성에서 방향을 진북으로 변경합니다. 기본적으로 도북으로 설정되어 있습니다.

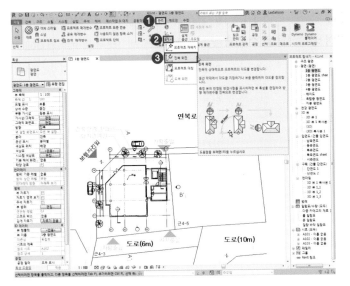

06 '관리 - 프로젝트 위치 - 위치 - 진북 회전'을 클릭합니다. 프로젝트 원점을 기준으로 회전 명령처럼 진북 방향을 클릭해서 회전시킬 수 있습니다.

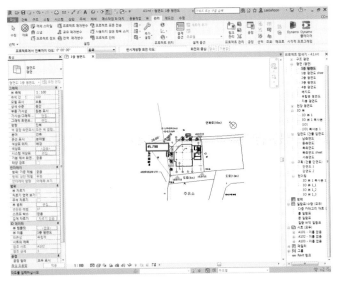

07 빈곳을 클릭하고 45.8(정확하게는 45.798)°를 입력하고 Enter 를 입력합니다.

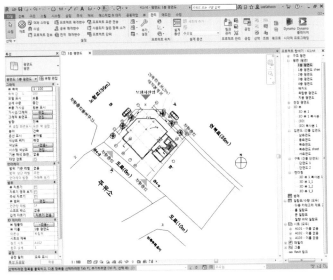

08 뷰가 입력된 각도만큼 회전되면서 진북 방향이 위쪽으로 가게 됩니다.

09 다시 특성 창에서 방향 - 도북으로 변경합니다. 처음과 변한 것은 없어 보이지만 숨겨진 요소 표시를 클릭하고 프로젝트 원점에 있는 조사점을 선택해 보면 방향이 바뀐 것을 알 수 있습니다.

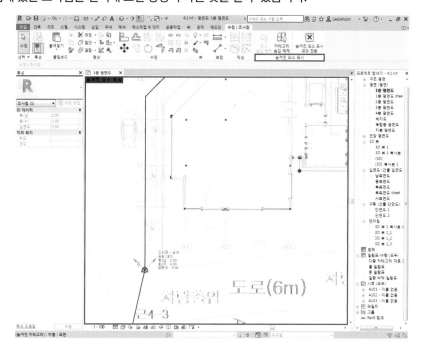

10 기본 3D뷰를 열어 줍니다. 평면도를 클릭해서 보면 동서남북을 가리키는 방향이 달라진 것을 확인할 수 있습니다.

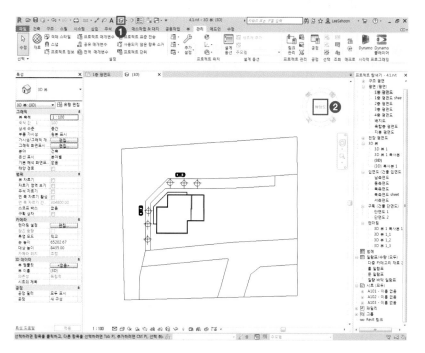

태양 경로 설정

01 태양 경로 설정을 클릭합니다. 일조 연구에서 계속을 선택합니다. 설정에 현재 위치가 자동으로 입력되어 있고, 날짜와 시간을 직접 변경할 수도 있습니다. 사전 설정에서는 춘/추분점과 동지, 하지를 각각 선택할 수 있습니다. 선택하면 설정의 날짜가 자동으로 변합니다(단 2010년으로). 춘분점을 선택하고 확인을 클릭합니다.

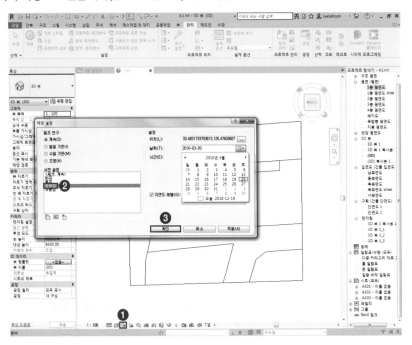

02 다시 뷰에서 태양경로 켜기를 클릭하면 화면에 태양 경로가 나타납니다. 그림자도 켜서 확인합니다.

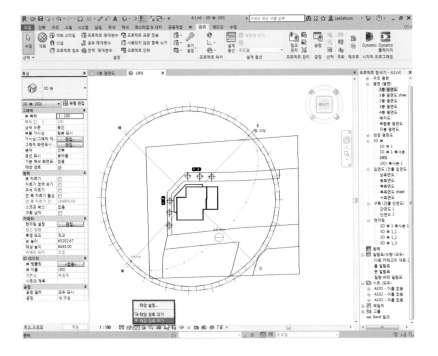

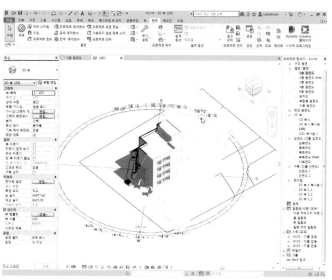

03 뷰를 돌려서 춘분점의 지정된 시간에의 태양 위치와 그림자를 확인할 수 있습니다. 파란 원으로 표시된 태양을 클릭해서 드래그하면 1년간의 태양 경로가 모두 표시되고 원하는 날짜와 시간에 태양의 위치를 옮길 수 있습니다.

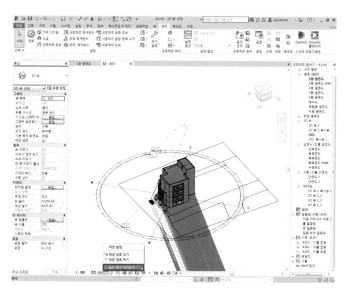

04 다시 태양 설정을 클릭합니다. 설정 창에서 이번에는 일일기준을 체크합니다. 원하는 날짜와 시간을 설정 창에서 입력해서 하루동안 태양의 움직임을 볼 수 있습니다.

사전 설정 - 하지 일조 연구를 체크하고 설정에서 일출에서 일몰까지를 체크합니다. 그러면 시간이 자동으로 고정됩니다. 이 시간은 한국 기준으로 하려면 1시간씩 늦게 계산해야 합니다. 즉 일출 시간이 오전 4:25가 아니라 실제로는 5:25인 것입니다. 시간 간격은 15분으로 변경하고 확인을 클릭합니다.

05 태양 경로가 설정한 날에 맞게 변경 되었습니다. 다시 태양 설정을 클릭하면 일조 연구 미리보기가 생성되었습니다. 클릭해 보겠습니다.

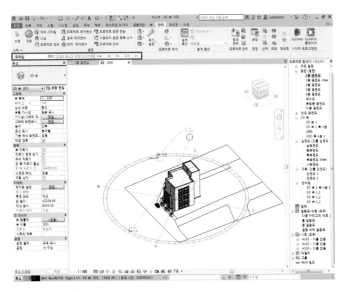

06 옵션 바에 설정 날짜와 시간, 프레임이 나타나고 재생 버튼이 생겼습니다. 재생을 클릭하면 하루 동안 태양의 경로가 재생됩니다.

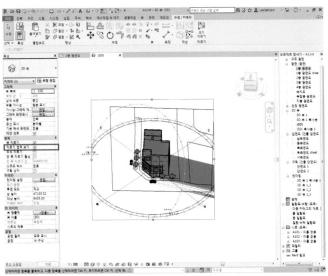

07 일조연구를 동영상으로 내보내기 하겠습니다. 특성 창에서 자르기 영역 보기를 체크하면 경계가 보여 집니다.

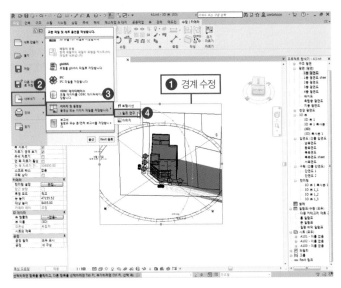

08 자르기 경계선을 선택해서 점을 드래그 하거나 크기 자르기를 이용해서 그림처럼 영역을 적당히 조절합니다. '파일 - 내보내기 - 이미지 및 동영상 - 일조연구'를 클릭합니다.

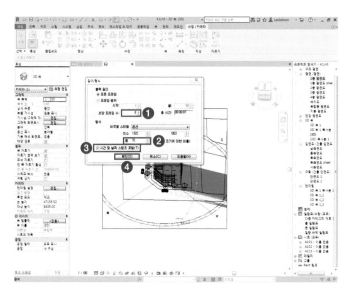

09 출력 길이의 초당 프레임 수를 15로 하면 동영상이 너무 짧기 때문에 8정도로 변경합니다.

줌의 수치를 조정해서 출력 해상도를 변경합니다. 시간 및 날짜 스탬프 포함을 체크하면 동영상에 시간도 함께 표시됩니다. 확인을 클릭합니다.

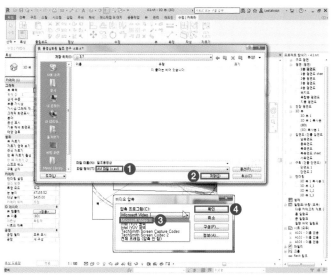

10 경로와 파일 이름을 입력합니다. 파일 형식은 AVI동영상으로 내보낼 수도 있고 각 프레임을 여러 가지 이미지 파일 형식으로 내보내서 동영상 편집 프로그램을 이용할 수도 있습니다. AVI를 선택하고 저장을 클릭하면 압축 옵션이 나오는데 첫 번째 코덱을 선택하고 확인을 클릭하면 동영상이 생성됩니다.

06.
Revit 활용

Revit을 활용하는 방법에는 여러 가지가 있겠지만, 이 Part에서는 Revit의 간섭 체크
기능과 매스를 이용해 자유로운 형상을 만드는 방법을 알아보겠습니다.

01 CHAPTER 간섭 체크

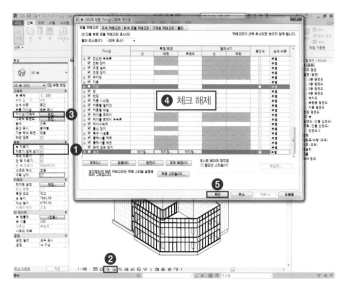

01 간섭 체크는 Navisworks같은 프로그램을 사용하는 것이 훨씬 효율적이지만, 간단한 체크는 Revit에서도 가능하기 때문에 유용하게 사용할 수 있는 기능입니다.

3D뷰에서 뷰 자르기, 영역 자르기 보기와 태양 경로, 그림자를 모두 끄겠습니다. 건축, 구조간의 간섭만 체크할 것이기 때문에 특성 창의 가시성/그래픽 재지정을 클릭해서 수목, 지형, 환경 항목을 체크 해제하고 확인을 클릭합니다.

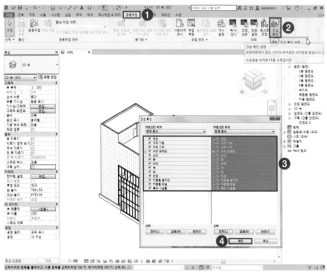

02 '공동작업 - 좌표 - 간섭 확인 - 간섭 확인 실행'을 클릭합니다. 간섭 확인 창에서 양쪽 모두 선택, 체크하고 확인을 클릭합니다.

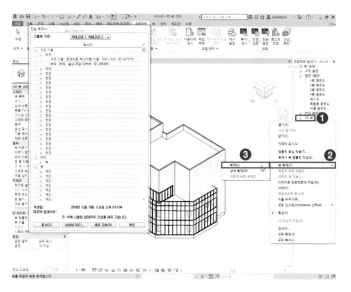

03　간섭이 발생하는 부분을 체크해서 간섭 보고서 창이 나타납니다. 창에 있는 항목이 모두 간섭이 발생하는 부분에 대한 목록입니다. 생각보다 매우 많은 것을 알 수 있습니다. 항목을 확장해 보면 어떤 개체들이 간섭이 발생했는지 알 수 있고, 선택하면 주황색으로 작업 화면에 표시됩니다. 하지만 지금 뷰 설정에서는 주황색으로 표시된 부분을 찾기가 어렵습니다. 뷰를 복제해서 찾기 쉽도록 해보겠습니다. 기본 3D뷰를 선택하고 우클릭 - 뷰 복제 - 복제를 선택합니다.

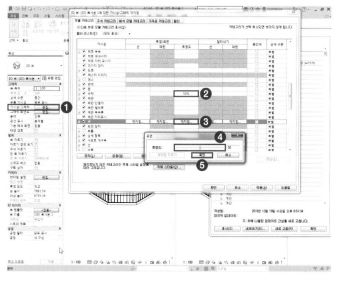

04　복제된 3D뷰의 가시성/그래픽 재지정을 클릭합니다. 벽과 바닥의 투영/표면의 투명도 설정을 50으로 변경하고 확인을 클릭합니다.

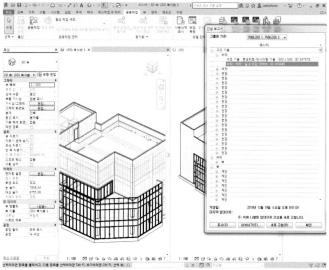

05　뷰를 기본 3D뷰와 복제된 3D뷰만 남겨두고 정렬한 다음, 간섭 보고서에서 다시 항목을 선택해 보겠습니다. 복제된 뷰에서는 쉽게 위치를 찾을 수 있습니다.

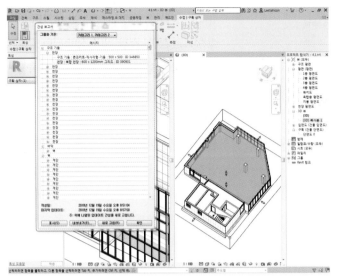

06 기본 3D뷰에서 구획상자를 체크하고, 구획상자를 조정해서 그 위치를 찾습니다. 건축/구조만 놓고 볼때는 대부분 모델의 단순한 실수일 경우가 많습니다. 찾아서 문제를 해결해 줍니다.

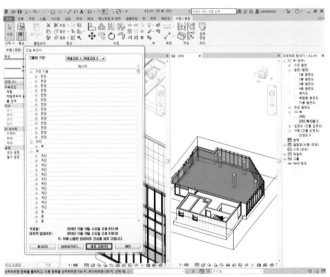

07 수정되었으면 간섭 보고서의 새로 고침(R)버튼을 클릭합니다. 수정된 모델링을 적용해서 간섭 보고서를 다시 보여줍니다. 그런데 천장 하나만 수정했는데 관련된 간섭 몇 개가 같이 없어졌습니다. 다른 기둥과의 간섭도 해결되었기 때문에 없어진 것입니다.

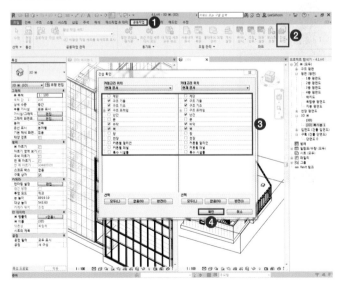

08 Navisworks에서는 공차라는 개념으로 몇mm이하의 간섭은 무시하는 기능이 있습니다만, Revit은 그러한 기능이 없기 때문에 항목들을 새로 고침 하면서 확인할 수밖에 없습니다. 그렇기 때문에 Revit에서는 보통 중요한 간섭만 우선적으로 체크해서 수정합니다. 간섭 보고서에 확인을 클릭하고 다시 '공동작업 - 좌표 - 간섭 확인 - 간섭 확인 실행'을 클릭합니다. 간섭 확인 항목에 그림과 같이 체크하고 확인을 클릭합니다.

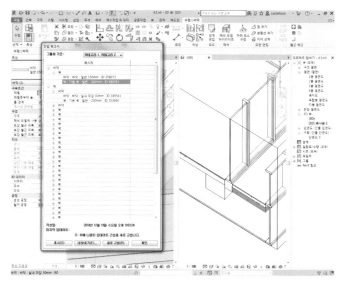

09 아직도 많은 간섭이 발생하였지만 어느 정도 걸러진 것을 알 수 있습니다. 이렇게 주요 부재에 발생된 간섭들은 반드시 확인해서 실제로 간섭이 있으면 수정하고 넘어가는 것이 좋습니다.

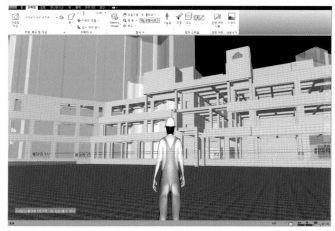

10 간섭은 건축/구조간의 간섭보다는 공종간의 간섭 문제가 많이 발생합니다. 저희 팀에서는 Navisworks라는 프로그램에서 주로 간섭 검토를 하고 있습니다. 단순한 물리적 충돌을 검토하는 것 외에도 다양한 기능이 많기 때문입니다.

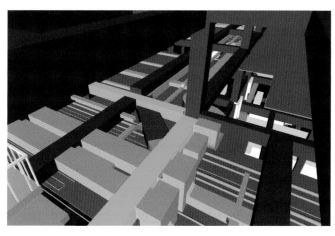

11 이미지는 실제 프로젝트에서 보와 덕트 간에 간섭이 발생한 모습입니다.

02 CHAPTER 사선 / 비정형 매스 모델링

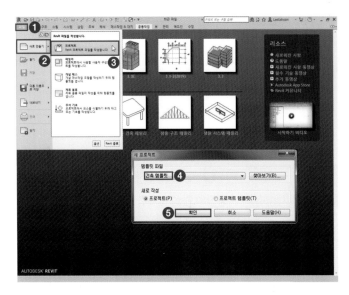

01 매스 모델은 근린생활시설 예제에서 한 번 만들어봤습니다. 간단한 박스 형태의 매스를 만들었기 때문에 만드는 방법에 대해서 조금 더 자세하게 알아보고, 여러 유형의 모델을 작성해서 활용해 보겠습니다. '파일 - 새로 만들기 - 프로젝트'를 클릭해서 건축 템플릿을 선택하고 확인을 클릭합니다.

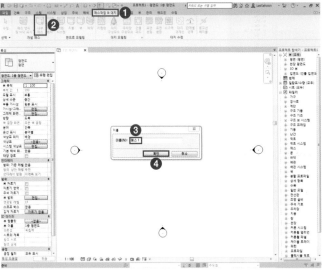

02 '매스 작업 & 대지 - 개념 매스 - 내부 매스'를 클릭합니다. 이름을 매스1로 하고 확인을 클릭합니다.

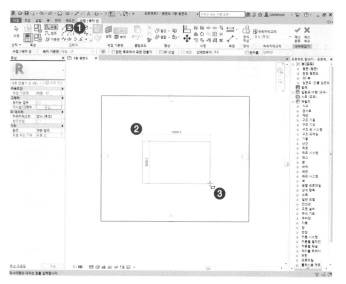

03 그리기 모드에서 직사각형을 선택하고 적당한 크기로 작성합니다. 형태를 만드는 방법을 알아보는 것이기 때문에 수치에 상관없이 적당하게 작성합니다.

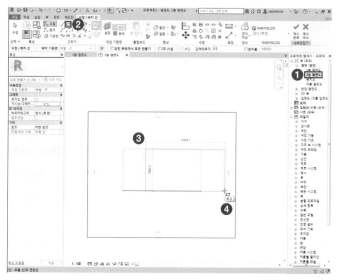

04 2층 평면도로 이동합니다. 1층에서 작성한 사각형이 투영되어 보이는데, 그리기의 직사각형을 선택하고 1층 직사각형보다 오른쪽으로 치우쳐서 작성합니다.

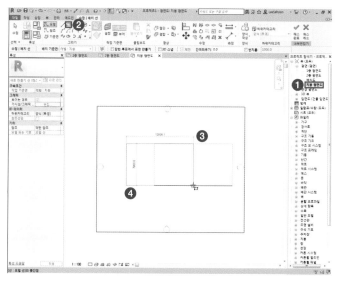

05 지붕 평면도로 이동해서 이번에는 왼쪽으로 치우쳐서 직사각형을 작성합니다.

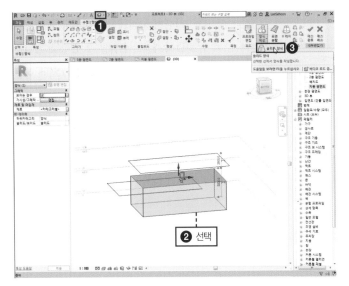

06　3D뷰로 이동해서 보면 3개의 직사각형이 서로 엇갈려서 각기 다른 레벨에 작성되어 있습니다. 솔리드가 잘 보이게 하기 위해 비주얼 스타일을 색상일치로 변경합니다. 1층에 작성된 사각형을 선택하고 양식 작성 - 솔리드 양식을 클릭하면 프로젝트에서 연습했던 모습대로 수직방향으로 돌출됩니다.

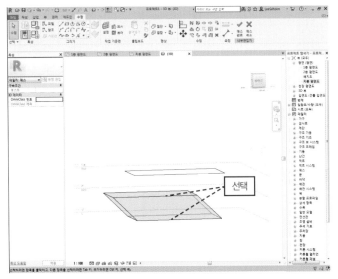

07　Ctrl + Z 를 클릭해서 양식 작성 명령을 취소합니다. 이번에는 1층에 작성된 직사각형과 2층에 작성된 직사각형을 모두 선택합니다. 2개의 닫힌 선 모두를 선택해야 합니다. 양식 작성 - 솔리드 양식을 클릭합니다. 1층 직사각형과 2층 직사각형을 연결하는 솔리드 양식이 작성되었습니다.

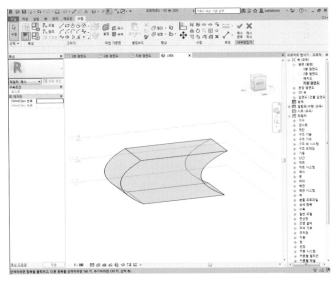

08　Ctrl + Z 를 클릭해서 양식 작성 명령을 취소합니다. 이번에는 작성된 3개의 직사각형 모두를 선택하고 양식 작성 - 솔리드 양식을 클릭합니다. 세 개의 사각형을 한 번에 연결하려는 속성 때문에 곡면이 생기게 됩니다. 3개 이상 여러 개의 직사각형을 선택하고 작성해도 연결해서 생성됩니다.

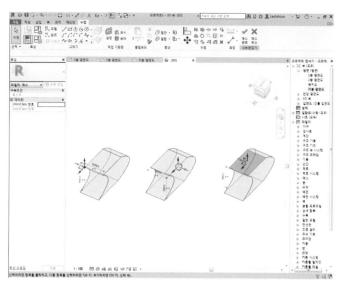

09 작성된 솔리드 양식은 점, 선, 면을 각각 선택할 수 있고, 수정할 수 있습니다. 마우스를 근처로 가져가거나, 근처에서 `Tap` 키를 이용해서 선택할 수 있습니다. 점, 선, 면을 선택한 모습입니다. 선택하면 그 중심에 화살표가 생성됩니다.

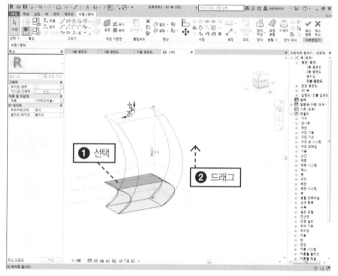

10 위쪽 면을 선택하고 나타나는 화살표의 파란색 축을 위쪽 방향으로 드래그 합니다. 이동되는 면에 맞게 전체적인 형상이 수정됩니다.

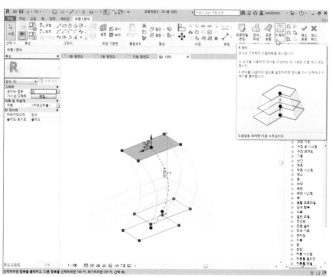

11 면이 선택된 상태에서 '수정/양식 - 양식 요소 - X레이'를 클릭합니다. 이 형상이 어떻게 작성되는지 보여 줍니다. 나타난 점, 선, 면은 모두 선택해서 수정 가능한 요소들입니다. 점선은 패스를 나타냅니다.

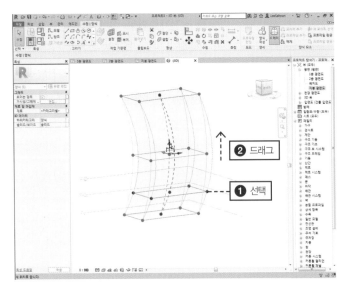

12 Tap 키를 이용해서 가운데 직사각형을 선택하고 파란색 축 방향으로 적당히 옮겨서 곡면이 너무 심하지 않게 조정합니다.

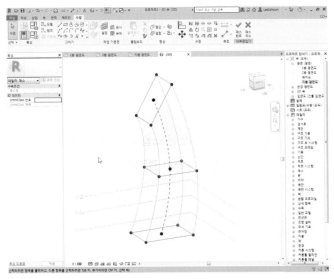

13 여러 선들을 선택하고 이동하면서 다양한 모양의 매스 형태를 작성할 수 있습니다. 수정이 완료되면 매스 완료를 클릭합니다.

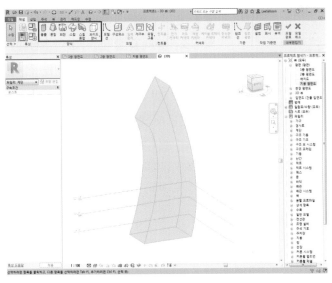

14 매스는 한 개의 커브로 돌출로 작성하거나, 두 개 이상의 커브로 혼합돌출 형식으로 작성하는 것뿐만 아니라 내부편집 모델을 편집할 때처럼 여러 가지 방법들을 모두 사용할 수 있습니다.

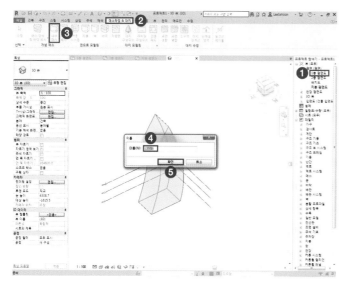

15 이번에는 스윕 기능을 이용해서 작성해 보겠습니다. 1층 평면도를 열고 '매스 작업 & 대지 - 개념 매스 - 내부 매스'를 클릭합니다. 이름에 매스2를 입력하고 확인을 클릭합니다.

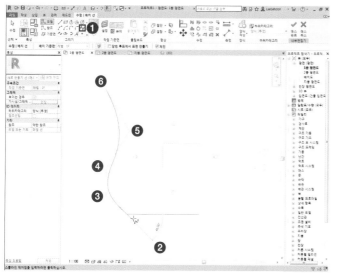

16 그리기 모드에서 (원래 스플라인을 사용하는 것은 추천하지 않습니다만) 스플라인을 선택하고 작업 창에서 클릭해서 작성합니다. 적당한 길이로 작성하고 [Esc] 키를 두 번 눌러 그리기 모드를 완료합니다. 지금 작성한 스플라인은 스윕의 경로가 됩니다. 내부 편집 모델의 경우 경로와 프로파일을 따로 지정해서 작성하지만 매스에서는 Revit이 자동으로 인식합니다.

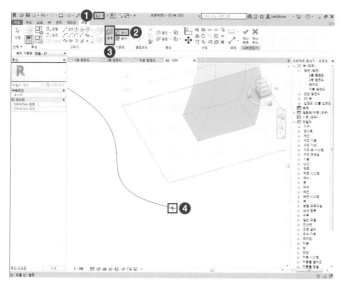

17 3D뷰로 이동합니다. 프로파일을 작성할 작업 평면을 설정해야 합니다. 내부 편집 모델 - 스윕에서는 경로 중간에 작업 평면이 자동으로 설정되지만 매스에서 스윕을 하기 위해서는 지정해서 작성합니다. '수정 - 작업 기준면 - 표시'를 클릭하면 현재의 작업 기준면이 표시됩니다. '수정 - 작업 기준면 - 설정'을 클릭하고 마우스로 끝점을 클릭합니다.

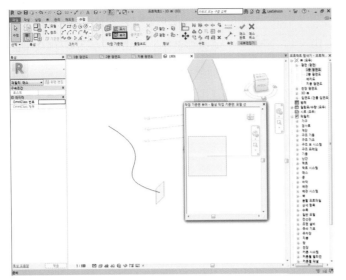

18 작업 기준면이 변경되었기 때문에 어떤 선을 작성해도 표시된 작업 기준면 위에 작성됩니다. 하지만 경로선의 위치가 똑바로 있지 않기 때문에 작업 기준면 역시 비틀어져 있습니다. '수정 - 작업 기준면 - 뷰어'를 클릭합니다. 작업 기준면을 평면처럼 바라보는 뷰어가 나타납니다. 이 뷰어에서 프로파일을 작성하겠습니다.

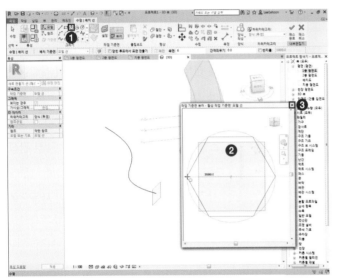

19 다양한 형상을 만들어 보기 위해 다각형을 선택하고 뷰어에서 적당한 크기로 작성합니다. 작성되었으면 뷰어를 닫습니다.

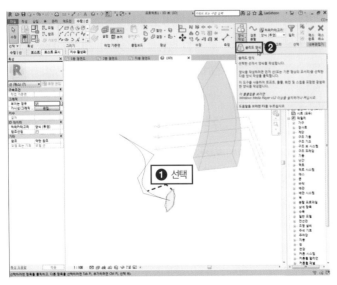

20 두 개의 커브를 모두 선택하고 '수정/선 - 양식 - 양식 작성 - 솔리드 양식'을 클릭합니다.

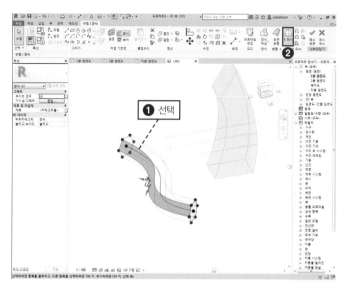

21　솔리드 양식이 작성되면 개체의 점이나 선 아무거나 선택하고 '수정/양식 - 양식요소 - X레이'를 클릭합니다.

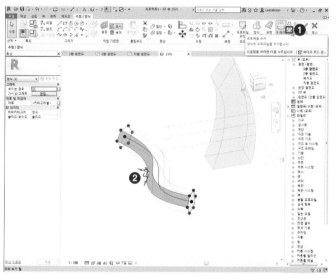

22　이어서 '수정/양식 - 양식 요소 - 프로파일'을 선택하고 개체 중간을 클릭해서 프로파일을 추가합니다.

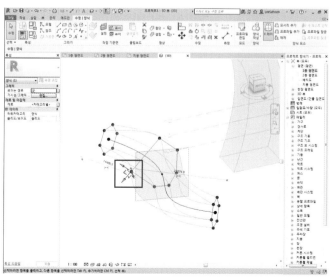

23　점, 선들을 선택해서 형상을 자유롭게 수정해 보겠습니다. 점이나 선을 선택했을 때 나타나는 화살표가 조금 다른 것을 알 수 있습니다. 주황색 계열의 화살표는 선택된 개체의 수직 수평 방향 축입니다. 원래의 축 방향으로 이동할 때는 Space bar 를 누르면 두 축이 번갈아가며 표시됩니다.

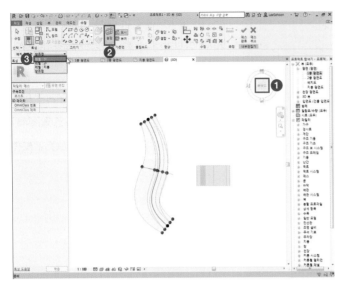

24 1층 레벨 기준으로 매스의 밑 부분을 잘라내겠습니다. 뷰 큐브의 평면도를 클릭해서 위쪽 방향에서 보겠습니다. '수정 - 작업 기준면 - 설정'을 클릭하고 옵션 바의 배치 기준면을 1F로 변경합니다.

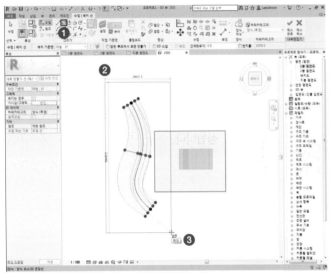

25 그리기에서 직사각형을 선택하고 매스가 모두 감싸지도록 여유 있게 직사각형을 작성합니다.

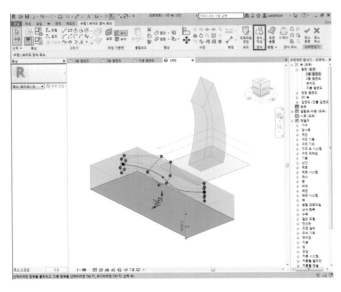

26 작성된 직사각형을 선택하고 '수정/선 - 양식 - 양식 작성 - 보이드 양식'을 클릭합니다. 위쪽으로 돌출되며 선택되어져있는 면을 아래 방향으로 내립니다.

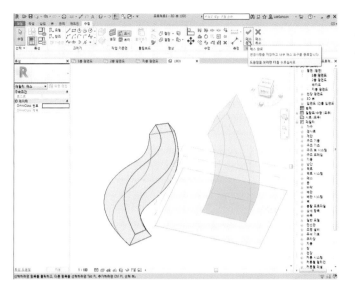

27 작업 창의 빈 곳을 클릭하면 자동으로 보이드됩니다. 매스 완료를 클릭합니다.

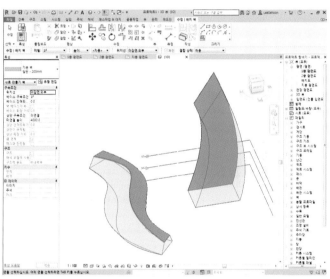

28 매스 면에 커튼월과 벽을 작성해 보겠습니다. '매스 작업 & 대지 - 면으로 모델링 - 벽'을 클릭합니다. 그리기에 면 선택이 자동으로 선택되어 있고 특성 창에서 일반 벽을 선택합니다. 매스 면을 클릭하면 벽이 자동으로 작성됩니다.

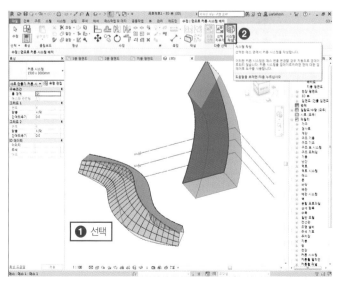

29 Esc 키를 눌러 그리기 모드를 완료하고 '매스 작업 & 대지 - 면으로 모델링 - 커튼 시스템'을 클릭합니다. 커튼 시스템을 작성할 매스의 면을 선택하고 시스템 작성을 클릭하면 커튼월 시스템이 작성됩니다.

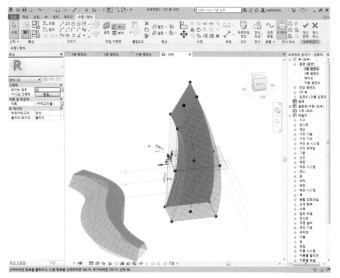

30 매스의 수정에 대한 층별 면적이나 연면적은 일람표를 이용해서 반영되는 것은 근린생활시설 매스를 만들며 확인했습니다. 일람표 면적뿐만 아니라 매스 면으로 모델링된 커튼 시스템이나 벽, 지붕도 매스 형태의 변화에 따라 수정 됩니다. 매스를 선택하고 '수정/매스 - 모델 - 내부 편집'을 클릭합니다. 매스를 그림과 같이 수정하고 매스 완료를 클릭하겠습니다.

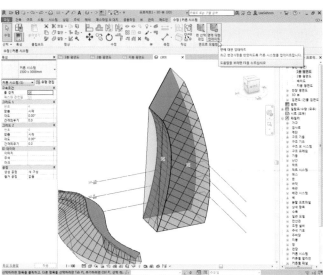

31 커튼 시스템이나 벽을 선택하고 면에 대한 업데이트를 클릭하면 면에 맞게 개체들이 수정됩니다.

Revit에서의 Ramp 및 계단작성

Revit에서 가장 작성하기 까다로운 두 가지가 램프와 계단입니다. 사내 신입사원을 교육할 때나 Revit의 기초 교육만 받으신 분들이 가장 어려워하는 부분 역시 이러한 부분들입니다. 심지어 곡선 Ramp같은 경우는 Revit 모델을 많이 작성해본 분들도 어려워하기 때문에, 끝으로 DA Group에서 사내 교육용으로 사용하는 램프 작성과 계단 작성 방법을 첨부합니다.

Section 1   **램프**

· 램프 작성 1

램프는 경사로 기능이 아닌 구조 바닥 기능으로 작성합니다.

평면 뷰를 열고 램프 길이만큼 구조 바닥을 작성하는데 유형 구분과 상관없이 하나의 유형으로 전체를 작성합니다.

바닥의 레벨은 램프 시작 레벨로 설정하고 작성합니다.

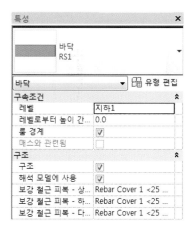

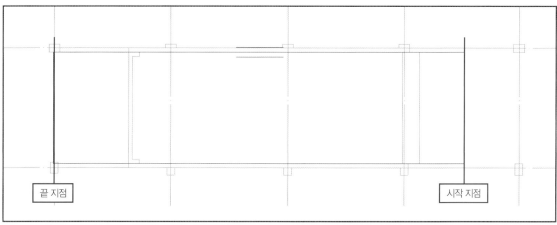

• 램프 작성 2

경사 화살표를 선택하고 작성된 바닥 영역의 시작점과 끝점까지 경사 화살표를 그립니다. 경사 화살표는 DN방향입니다. 작성 후 「특성→ 구속조건→ 테일에서 높이 간격띄우기」에 램프의 높이 차이만큼 값을 입력합니다. 편집모드 완료를 클릭합니다.

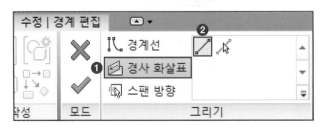

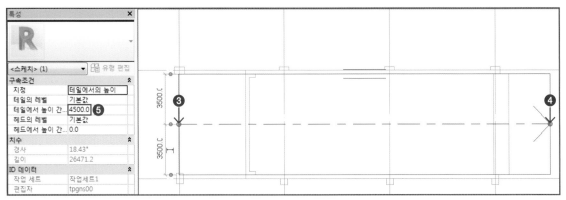

• 램프 작성 3

단면 뷰를 작성합니다.

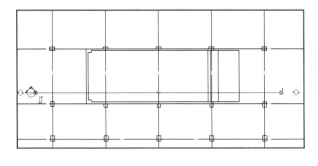

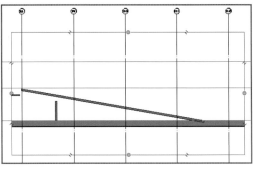

• 램프 작성 4

「메뉴 → 건축 → 구성요소 → 내부 편집 모델링」을 실행하고 카테고리를 바닥으로 선택합니다. 이름은 'RAMP 번호_바닥' 형식으로 합니다.

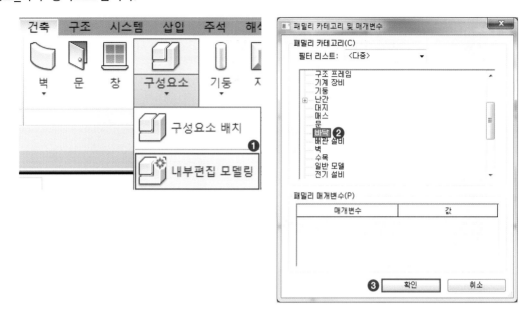

• 램프 작성 5

돌출 개체 작성을 클릭하고, 작업평면을 작성한 바닥 슬래브의 옆면으로 설정하거나 가까운 그리드로 설정합니다. 단면에서 프로파일을 작성하고 편집 모드 완료를 클릭합니다.

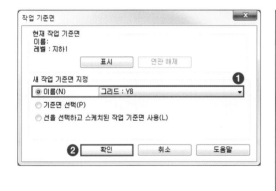

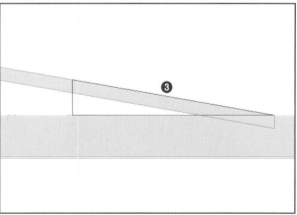

• 램프 작성 6

평면에서 램프 폭과 같이 돌출 범위를 수정하고 편집을 완료합니다.

화살표를 드래그하거나 특성 창에서 돌출 수치를 직접 입력할 수 있습니다.

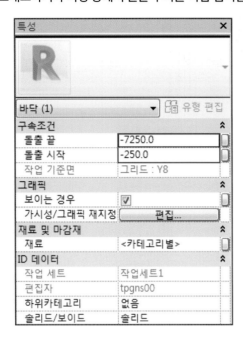
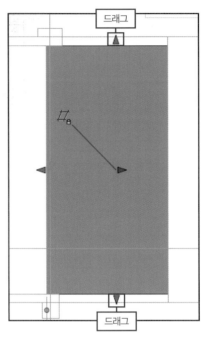

• 램프 작성 7

작성했던 경사로 바닥의 영역을 수정합니다. 바닥을 선택해서 경계 편집을 클릭합니다.

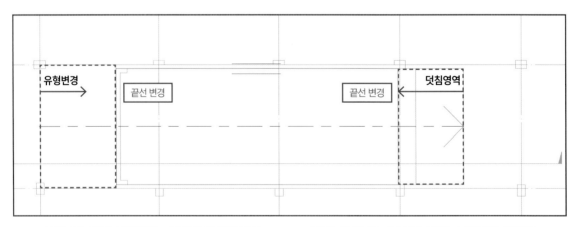

슬래브의 유형이 변경되는 구간이 있으면 경사
화살표는 그대로 두고 영역만 수정합니다.

경사 화살표는 그대로 두고 슬래브를 덧침한
영역까지 수정합니다.

• 램프 작성 8

샘플 도서처럼 하나의 램프에도 슬래브 유형이 다를 수 있습니다. 이 부분은 작성된 슬래브를 이용합니다. 작성한 슬래브를 선택, 클립보드로 복사한 후 동일 위치에 붙여넣기를 합니다.

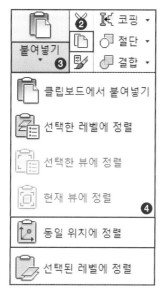

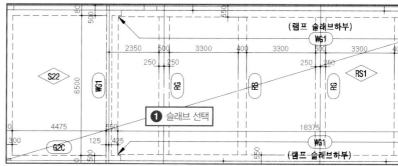

• 램프 작성 9

붙여넣기한 슬래브를 선택하고 경계 편집을 클릭해서 영역을 수정합니다. 이전과 마찬가지로 경사 화살표는 그대로 두고 해당 영역만 수정합니다. 특성 창에서 유형을 변경하고 편집 모드 완료를 클릭합니다. 기존 슬래브도 마찬가지 방법으로 수정합니다.

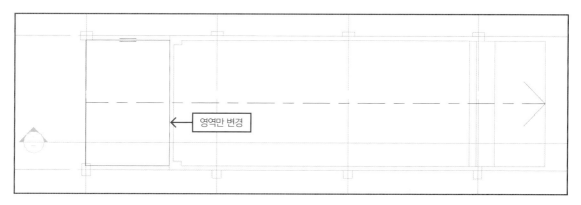

· 램프 작성 10

램프의 진행 방향과 수직인 보를 먼저 작성합니다. 평면으로 이동해서 높이는 해당 레벨에 맞추고 작성합니다. 평면에서 작성이 완료되면 단면에서 이동 명령으로 높이를 맞추고 바닥과 형상 결합까지 합니다.

램프 하부에 벽이 있을 경우 상단부착 기능을 이용합니다. 램프를 경사로 기능이 아닌 바닥 기능으로 작성했기 때문에 하부의 벽은 상단 부착이 가능합니다.

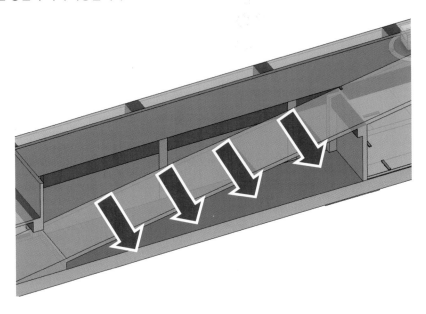

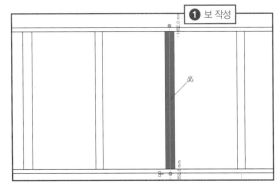

▲ 평면에서 보 작성

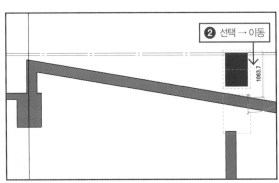

▲ 단면에서 보 높이 조정

· 램프 작성 11

바닥 경사보를 작성합니다. 램프의 경사보는 3D뷰에서 만들어진 바닥을 이용해 3D스냅 기능으로 작성합니다.
보 작성을 실행하고 옵션에서 선 선택, 3D 스냅을 체크합니다. 바닥의 상단 선을 선택합니다.

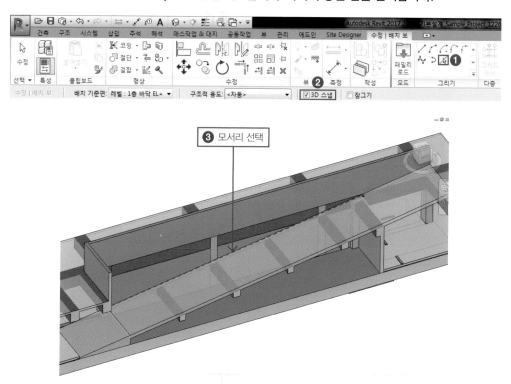

· 램프 작성 12

평면에서 위치를 조정하고 기본 보/기둥과 결합을 완료합니다.

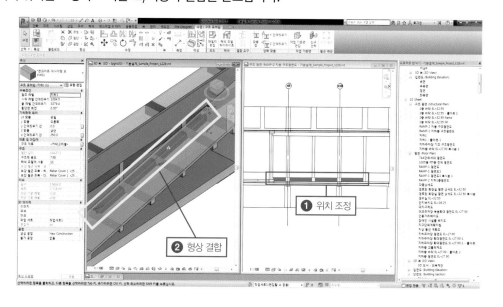

Section 2   **곡선 램프**

• 곡선 램프 작성 1

곡선 램프는 곡선 구간과 직선 구간을 별도의 바닥으로 작성해야 합니다. 바닥별로 각각의 거리와 경사도에 의한 높이를 계산해서 바닥을 작성해야 합니다. 곡선 램프의 경우 경사 화살표를 사용할 수 없기 때문에 하위요소 수정 기능을 이용합니다.

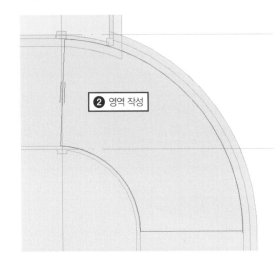

본가이드에서 설명하는 램프는 곡선 – 직선 – 곡선 구간으로 연결되는 RAMP입니다.

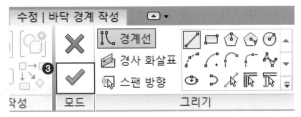

시작점의 곡선 바닥의 영역을 작성하고 편집 모드 완료를 클릭합니다.

• 곡선 램프 작성 2

3D뷰에서 작성된 바닥을 선택하고 「메뉴→ 수정/바닥→ 모양 편집→ 하위 요소 수정」을 실행합니다.

램프의 위쪽 선을 선택하고 숫자를 클릭해 높이 값을 입력합니다. 화살표를 드래그해서 높이를 조절하는 것도 가능합니다.

• 곡선 램프 작성 3

같은 방법으로 경사 바닥을 이어서 작성하면 다음과 같이 됩니다.

직선 램프의 바닥도 같은 방법으로 작성할 수 있습니다. 두 가지 방법 중 한 가지로 작성합니다.

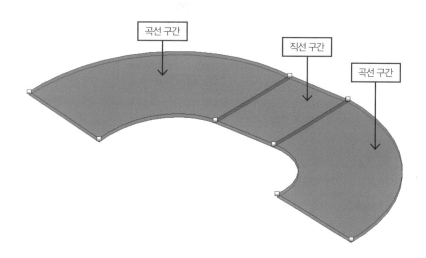

• 곡선 램프 작성 4

Revit의 특성상 곡선보의 작성은 가능하나 곡선보에 경사가 있는 경우 기본 기능으로 작성이 어렵습니다.

곡선 램프의 보는 바닥 기능을 이용해서 유형 이름으로 분류하고 하위 요소 수정 등 램프 바닥과 같은 방법으로 작성해야 합니다. ex)1WG1

바닥의 기능으로 작성되었으므로 일람표 작성 시 보 리스트에 누락되지 않도록 유의합니다.

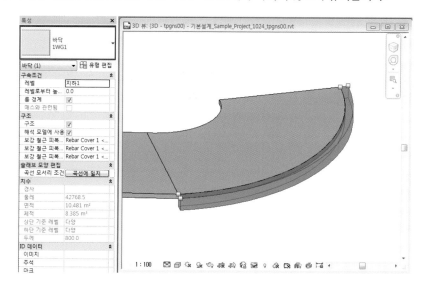

Section 3   계단

• 계단작성 1

계단은 Revit 기능의 한계로 작성하기 까다로운 모델 카테고리입니다. 저층이나 지하층 모델 작성을 먼저 설명하고 기준층 계단 작성을 설명합니다. 지하층의 경우 한 번에 작성할 수도 있지만 층고가 높기 때문에 두 개체로 나누어 작성하기도 합니다. 단, 한단의 높이가 중간에 달라질 경우 한 번에 작성할 수 없고 한단의 높이가 달라지는 곳에서 나누어 작성해야 합니다. 본 가이드에서는 단 높이가 같고 한 번에 작성하는 것을 기준으로 설명합니다.

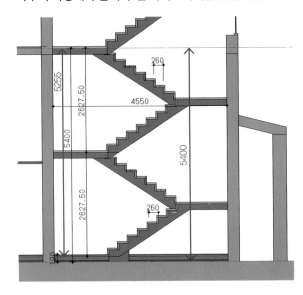

층고 5400인 계단의 예를 들어 설명하겠습니다.
구조와 마감을 분리해서 작성해야 하기 때문에 마감 계단을 기준으로 높이를 계산합니다. 하단 레벨 마감에서 상단 레벨마감까지 고려했을 경우 5255가 되고 이를 적당한 개수로 나누면 32가 된다. (4 × 8 × 164.21875)

계단은 마감부터 작성하고 구조체를 나중에 맞춰서 작성하거나 시작과 끝 레벨을 모두 계산하고 구조체를 작성한 뒤 마감 계단을 추가로 작성해야 합니다. (계단 구조 두께와 마감 두께를 고려해서 시작점 레벨을 설정해야 합니다.)

• 계단작성 2

해당 평면에서 [건축>순환>계단]을 실행하고 '조합된 계단 – 계단마감' 유형을 선택합니다. 베이스 레벨과 상단 레벨을 설정하고 지하층의 마감재 높이(190)와 1층 마감재 높이(45)를 고려해서 간격띄우기 값을 설정합니다. 치수 탭의 '실제 디딤판 깊이(260)' 항목 값을 입력하고 '원하는 챌판 수(32)'를 입력하면 챌판 높이가 자동으로 계산됩니다. 유형 편집을 클릭하고 유형을 복제해서 새로운 유형을 작성합니다.

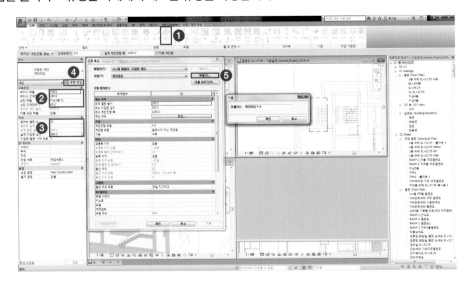

> **· TIP** 계단은 한단의 높이를 직접 설정해 주는 것이 아니라 하단과 상단의 높이를 설정하고 챌판 수를 입력하면 자동으로 계산됩니다. Revit은 계단 구조체와 마감을 같이 작성할 수 없기 때문에 두 개의 계단을 분리해서 작성해야 합니다. 마감 또한 바닥과 같이 바탕재와 마감재를 구분하거나 할 수 없습니다. 구분하려면 재료별로 모두 별도로 계단을 작성해야 합니다. (ex: RC+모르타르 +타일의 재료별로 3번을 작성해야 합니다.) 그렇기 때문에 추천하지 않는 방법입니다.

❶ 계단 규칙에 있는 항목들은 계단이 작성되는 기본 규칙이므로 현재 설정은 한단의 높이가 190이상이거나 디딤판의 깊이가 250이하가 아니라면 상관없습니다. 최소 계단폭은 계단이 작성되는 최소 폭입니다. (규칙을 어기더라도 작성가능하고 이 값만 수정하면 경고는 사라집니다.)

❷ 재료명 1, 2 항목에 바탕과 마감재를 입력합니다.

❸ 계단 진행 유형을 클릭해서 마감 재료를 정의합니다.

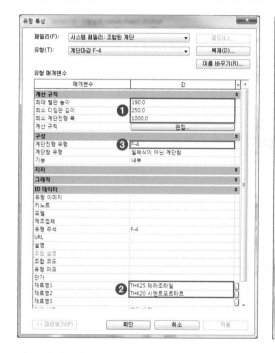 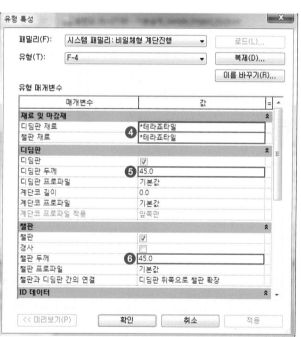

다른 마감 유형이 필요하면 복제해서 새로운 유형을 생성합니다. 실제 마감 계단의 두께와 재료를 설정합니다. 디딤판과 챌판의 생성 여부와 재료 및 두께를 다르게 설정할 수도 있습니다.

· 계단작성 3

계단 유형 편집이 완료되었으면 해당 위치에서 작성을 시작합니다. 옵션 창에서 위치선을 설정합니다.

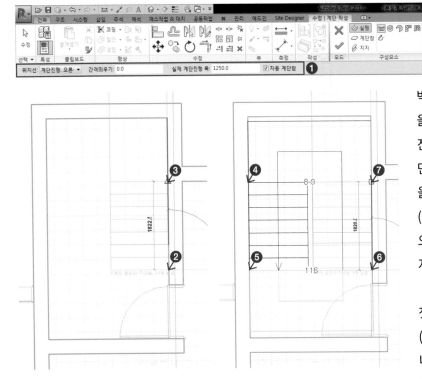

벽이 이미 작성되어 있으므로 벽을 기준으로 작성하기 위해 계단 진행 방향의 오른쪽으로 설정하면 작성하는 선의 왼쪽에 계단이 올라가는 방향으로 작성됩니다. (계단의 위치선은 계단 방향의 오른쪽) 실제 계단 진행 폭 값까지 설정하고 작성을 시작합니다.

첫 번째 클릭 이후 원하는 개수(8개)가 되면 두 번째 클릭을 합니다. 현재 개수와 남은 개수가 화면에 표기됩니다. 차례로 다음 단들의 계단을 작성합니다.

계단참도 자동으로 작성됩니다. 계단참을 선택하면 나타나는 화살표를 드래그해서 영역을 조절합니다. 총 세 개의 계단참이 생성되므로 모두 수정해야 합니다. 수정이 완료되면 편집 모드 완료를 클릭해서 계단 작성을 완료합니다.

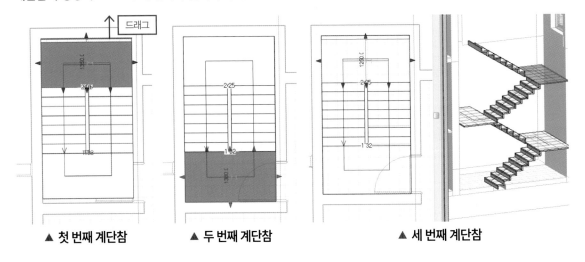

▲ 첫 번째 계단참   ▲ 두 번째 계단참   ▲ 세 번째 계단참

· 계단작성 4

계단 작성이 완료되면 난간도 자동으로 생성됩니다. 옵션에서 자동으로 생성되지 않게 할 수도 있으나 별도로 작성하기보다는 자동으로 생성된 난간을 수정하거나 불필요한 부분을 삭제하는 것이 편리합니다. 불필요한 난간을 선택하고 삭제합니다.

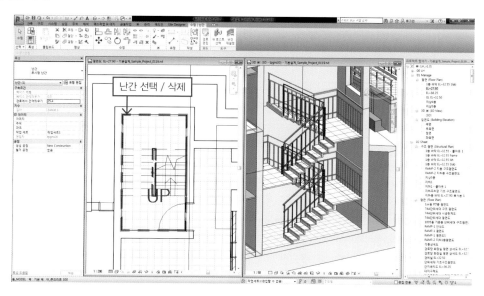

계단실 1층 마감을 작성합니다. 바닥 기능을 이용하고 유형 특성과 기타 정보를 입력합니다. 단위 세대 바닥 마감 작성을 참고합니다.

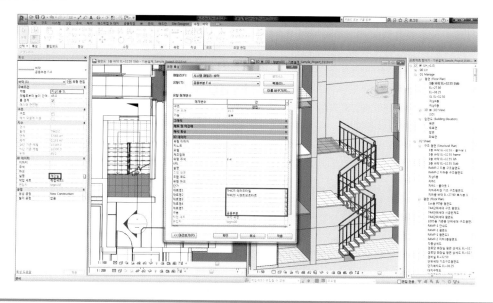

> **· TIP**
> 1층 바닥을 계단참으로 한 번에 작성할 경우, 실내 재료 마감표에 계단 일람을 추가해서 계단실 바닥에 대한 마감표를 별도로 작성해야 합니다. 다른 방법을 사용해도 무방하나, 일람은 모델 정보에서 추출하고 데이터가 연동되는 전제는 지켜야 합니다.

· 계단작성 5

구조 계단을 작성한다. [건축>순환>계단]을 클릭하고 '현장타설 계단 SR_Concrete_150'유형을 선택합니다. 난간은
마감 계단을 작성할 때 작성해서 없으므로 [수정>도구>난간]을 클릭해서 없음으로 설정합니다. 특성 창에서 베이
스 간격띄우기와 상단 간격띄우기 값을 각각 마감 계단 두께만큼 빼고 입력합니다. 챌판 수와 디딤판 깊이 값을
마감 계단과 같게 입력하고 작성을 시작합니다.

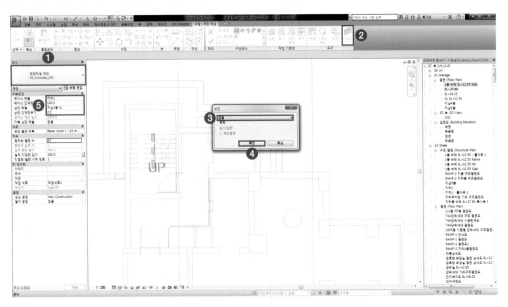

옵션은 마감 계단과 같이하고 위치는 마감 계단 두께를 고려해서 작성합니다. (마감 두께만큼 뒤쪽에서 작성) 스냅이
잡히긴 하지만 위치를 찾기 힘들다면 뷰를 와이어 프레임 모드로 변경하고 마감재 뒤쪽으로 작성합니다. 계단 작성
이 완료되었으면 마감 계단과 같이 작성된 계단참의 범위를 수정합니다.

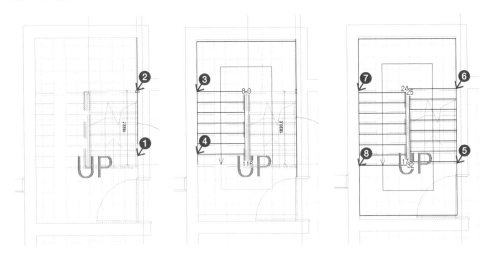

> **·TIP** 지하층 계단처럼 한 번에 반복되는 계단을 작성할 때는 뷰 범위를 변경해서 작업하거나 지하층, 1층의 뷰를 같이 열어두고 작업하면 편리합니다.
>
> 구조 계단의 유형 특성에서 마감재 1, 2는 해당 층의 도료와 콘크리트 바탕을 넣습니다. 벽의 경우 1mm로 직접 작성하면 되지만 계단처럼 기울어진 경우 도료 마감을 작성하는 것이 매우 비효율적이기 때문에 마감 재료에만 정보를 입력합니다. 대신, 도료의 재료가 달라지면 당연히 계단 유형을 구분해서 작성해야 합니다.

· 계단작성 6

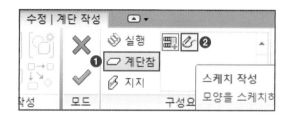

계단 작성을 완료하지 않고 상단 레벨의 계단참을 작성합니다.
계단참의 스케치 작성을 클릭합니다.

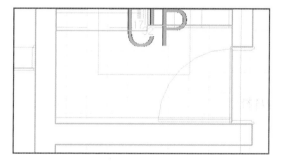

'선 작성'으로 1층 계단실 슬래브를 계단참으로 작성합니다.
차례로 편집 모드 완료를 클릭해서 작성을 마칩니다.

지하 1층부터 지상 1층까지의 계단 작성이 완료되었습니다. 하지만 계단이 슬래브에 정착되는 부분은 작성되지 않았습니다. 이 부분은 Revit의 계단 기능으로는 작성이 안 되기 때문에 별도의 모델을 작성해서 보완해 주어야 합니다.

· 계단작성 7

❶ [건축>구성요소>내부 편집 모델링]을 클릭합니다.

❷ 계단 카테고리를 선택하고 확인을 클릭합니다.

❸ 이름을 구분하기 편리한 이름으로 입력하고 확인을 클릭합니다.

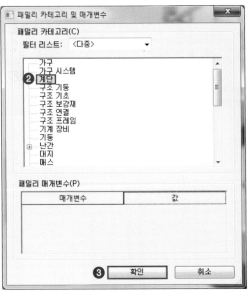

해당 부분은 3D뷰와 단면도를 열어서 작업하는 것이 편리합니다. 작업 기준면을 먼저 설정합니다. 설정을 클릭해서 작업 기준면을 기준면 선택으로 체크하고 확인을 클릭합니다. 3D뷰에서 계단의 측면을 선택합니다. 표시를 클릭하면 현재의 작업면이 나타납니다.

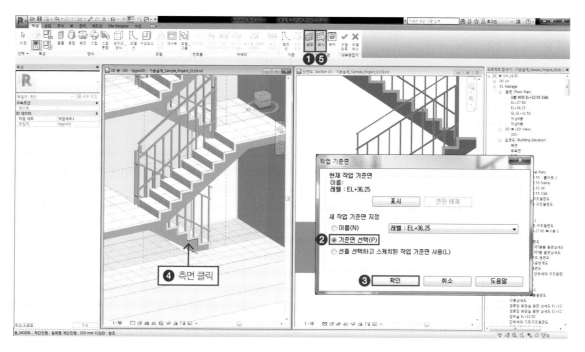

돌출을 클릭하고 단면도에서 해당 프로파일을 단면 작성합니다. 특성 창에서 '돌출 끝' 값을 방향에 따라 + 값이나 − 값으로 계단의 폭 만큼 입력하고 편집 모드 완료를 클릭해서 지하층 계단 작성을 완료합니다.

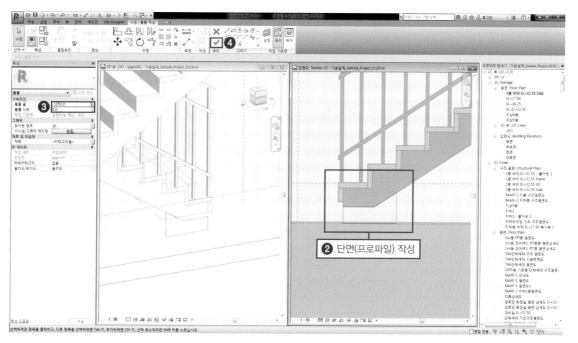

· 계단작성 8

기준층 계단의 기본적인 작성 방법은 지하층과 유사합니다.

❶ 구조 계단은 하단 레벨과 상단 레벨 SL기준으로 작성하고 마감 계단은 상단과 하단 모두 마감 두께만큼 간격 띄우기 값을 주면 됩니다.

❷ 계단과 계단실 슬래브(계단참으로 작성된)의 정착 부분을 별도로 작성해 주는 방법도 동일합니다.

❸ 계단참의 난간 부분만 지하층과 다른 부분입니다.

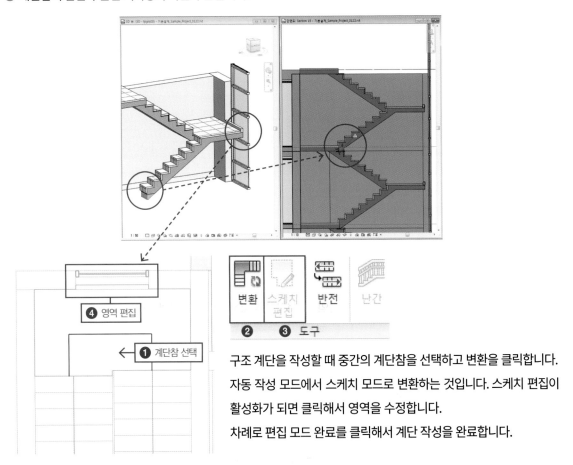

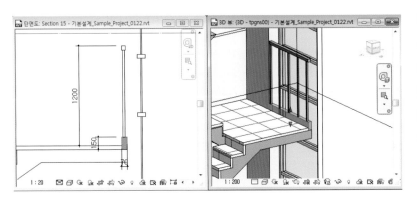

❹ 영역 편집
❶ 계단참 선택

구조 계단을 작성할 때 중간의 계단참을 선택하고 변환을 클릭합니다. 자동 작성 모드에서 스케치 모드로 변환하는 것입니다. 스케치 편집이 활성화가 되면 클릭해서 영역을 수정합니다.

차례로 편집 모드 완료를 클릭해서 계단 작성을 완료합니다.

해당 부위의 RC벽과 난간을 작성합니다. 계단실 및 코어의 벽 마감 방식은 단위세대와 동일합니다. 벽과 천장 마감이 완료되면 모두 선택해서 그룹으로 작성합니다.

건축 BIM 입문을 위한

Revit

architecture 2019

REALITY

1판 1쇄 인쇄 2019년 8월 1일   **1판 1쇄 발행** 2019년 8월 5일
1판 2쇄 인쇄 2022년 1월 25일   **1판 2쇄 발행** 2022년 1월 30일

—

지 은 이 이세훈
발 행 인 이미옥
발 행 처 디지털북스
정   가 28,000원
등 록 일 1999년 9월 3일
등록번호 220-90-18139
주   소 (03979) 서울 마포구 성미산로 23길 72 (연남동)
전화번호 (02)447-3157~8
팩스번호 (02)447-3159

—

ISBN 978-89-6088-269-0 (93000)
D-19-17
Copyright ⓒ 2022 Digital Books Publishing Co., Ltd

DIGITAL BOOKS
디지털북스